肖川教育随笔㊁

教育的智慧与真情

THE WISDOM AND PASSION OF EDUCATION

肖川 著

岳麓书社

序

刘铁芳

初识肖川兄，是在十多年前，那时我还是学生，坐在台下，确乎是虔心仰视着，听他关于道德教育的演讲。演讲的具体内容记不清了，但印象深刻的是他行云流水般的话语，从头讲到尾，几乎没有一句重复，还有他别具一格的结束语，那次是北岛的诗《一切》：

一切都是命运/一切都是烟云/一切都是没有结局的开始/一切都是稍纵即逝的追寻/一切欢乐都没有微笑/一切苦难都没有泪痕/一切语言都是重复/一切交往都是初逢/一切爱情都在心中/一切往事都在梦中/一切希望都带着注释/一切信仰都带着呻吟/一切爆发都有片刻的宁静/一切死亡都有冗长的回声

我大学毕业留校任教，有幸进入教育学圈子里，慢慢有机会与肖川兄相识相知，逐步感染于他旷达率真、不拘一格的性情，胸忧天下、秉笔直书的襟怀，优美隽永、自然睿智的文笔。肖川兄90年代初即开始用优美的文辞写作教育随笔，十年积玉，2002年《教育的理想与信念》一书由岳麓书社出版，一时洛阳纸贵，至今印数已逾10万。

长期以来，我们的教育学话语模式大抵是以凯洛夫教育学话语作为基本样式的，注重的是现成学科体例，我们的文章习惯于停留在既定的话语框架里，动辄规律原则、方式方法、一二三四，以高高在上的理论灌输者的姿态，强迫人接受，很少顾及接受者的细微感受，未能给他们留下足够的想象与思考的空间。如何有效地提升教育学的品质，正成为国内不少教育学才俊的拳拳努力的目标。这种努力的方向多种多样，一是增加外援，积极借鉴、大量移译国外优秀的教育理论成果；一是尝试用新的研究方法，寻求新的视域、新的问题，展现新的教育学思路；一是加强内功，拓展教育学的人文视界，向文史哲等相关学科借鉴思想资源，与此同时，积极回应现实教育的重大问题，从而把教育思考纳入人文—社会—历史多重视角之中。教育学要赢得社会的尊重，赢得教师的信赖，唯有通过每个教育学人的切实努力，真正提升其言说的品质。

这些年来，肖川兄所做的正是这样一种努力。也许，在今天的现实中，我们难以更高地期待肖川教育美文的价值，毕竟，对于积弊颇深的当前中国教育现实而言，几篇文字的力量是十分有限的。但肖川兄的教育美文的确在沉闷多年的教育大地上四处掀起清新的波澜，甚至可以毫不夸张地说，肖川兄改变了中国数十万一线教师的教育阅读习惯。一本《教育的理想与信念》，竟然在两年多的时间里印行了十万册，这在学术著作销售不景气的今天，能有如此佳绩，不能不说是个奇迹。个中原因何在？肖川兄究竟有何魔力？

我想，其中，至少在两个方面的突破是毋庸置疑的：一是对传统教育学社论体话语模式的超越，其真挚的性情和精心锤炼的语言让人耳目一新，认识到原来教育学也可以这样说话的；一是对传统教育学话语框架的突破，把教育学的思考深深地植根于丰富、开阔的现代社会生活视野之中，拓展了教育学的问题视野，增强了教育学对现实社会问题、对时代问题的深层次的积极回应，而不是依葫芦画瓢似的机械应对。更重要的是，一种对教育生活，对教师，对教育中的生命个体的发自内心的深情眷顾。他抱定宗旨，一门心思为教师而写作，“从具体的事件中抽象出普通的义理，将为人处世的道理和良知融渗于日常的生活；在理想的光辉里触摸真相，在眺望的瞳孔里考量现实；把寻常的道德烹制成可口的美味佳肴，将习以为常的生活点缀出诗意的灿烂”。这样，肖川兄的写作就不仅大大地增强了教育学的可读性，及其对读者的感染力，也在很大程度上提升了教育学话语的品质，使教育学言说并不只是干瘪的形式，原来也可以是活泼、丰盈、灵动的，充满对现实的温情关照。

我常常思考，文章总是写给别人看的，且不说怎样开导别人，影响别人，总得让人看了不至于头皮发麻，两眼无光，总得要讲点趣味。何况，教育学是直接与人关涉的学问，是一门直接关涉着活生生人事的学科，尤其是跟活泼的少年儿童相关更近。可怕的循环是，自己没趣，还想方设法教导别人没趣，最后弄得整个教育都成了受教育者尤其是儿童的苦役。那么，写作的趣味从何而来？写作的趣味来自我们对周遭世界中的活生生的人与事的真切的理解与关怀，这种关怀又离不开我们的深厚的文化涵养，还有一颗平常之心。文如其人，写作的趣味归根究底是一种文化的趣味，生活的趣味，人生的趣味。

趣味中人的肖川兄，喜歌善舞，妙语如珠，就连流行时尚，虽不趋之有加，却能娓娓道来，“风声雨声读书声，声声入耳；家事国事天下事，事事关心”。走在大街上平平常常的他，只要开口，就能让人感受到一种难以抗拒的吸引力，感受到一种无法拒绝的清明的智识、随意的情性和真实的趣味。正是对世界之中活生生的、平凡的人与事的温情关切，开放的心态，广泛的学术兴趣，通达的学术性情，对其所认定的社会和教育理想的殷殷执著，跃然纸上，寄予我们熟悉的汉字以优雅的魅力。

当然，我们不是为趣味而趣味，不是插科打诨。美文的特点是好看，有时美文也可能因为美而容易流于浮华，用优美的文字来煽情。怎样使文字在华美的同时不流于空泛，在传达激情的同时保持理性的深沉，肖川兄对此深有警惕，并且作出了有益的尝试。在走向公民社会的今天，写作已很难称得上是一件“经国之伟业”，但也绝不应是文字之游戏。肖川兄的写作中饱含着一种责任，一种对社会、对人事的深深的关切。个中幽味，把人引向对教育，对社会，对时代，深深的、久久的思考。

钱钟书先生在《围城》里曾这样写道：“因为大学里，理科学生瞧不起文科学生，外国语文系学生瞧不起中国文学系学生，中国文学系学生瞧不起哲学系学生，哲学系学生瞧不起社会学系学生，社会学系学生瞧不起教育系学生，教育系学生没有谁可以给他们瞧不起了，只能瞧不起本系的先生。”（人民文学出版社 1991 年，第 72 页）钱先生的话语虽不乏几分尖刻，但也不无道理。到目前为止，尽管教育学的发展还是不乏可圈可点之处，并曾被知名学者李泽厚先生称为 21 世纪的显学，让学教育学的我们也可以稍微舒口气，但教育学在今天的尴尬依然是难免的事实。我们的教育学，且不说还远没有其成熟的独到的问题空间和思想理路，单就其对现成的问题思考的深度与广度、对现实问题，甚至教育问题本身回应的力度而言，跟文史哲老大哥比起来，都还有着很大的差距。

好在今天我们教育学界已经有诸多后学开始努力走出教育学话语的低迷，追求一种逐步走向成熟的教育学言说方式，肖川兄就是其中典型的一个。在纪念王小波的文中读到“那些连王小波的随笔都没有读过的人一定是错过了”，套用一下，那些连肖川的教育随笔都没有读过的人，也许是错过了，特别地，是那些对教育学素抱成见的人们。

自序：用一生写三本书

本书是我的《教育的理想与信念》《教育的智慧与真情》《教育的情趣与艺术》三卷本教育随笔系列的第二部。我之所以决定将这本书题献给田家炳先生，那是因为田先生是我直接交往过的最伟大的爱国者和慈善家。田先生是以实际行动深切地爱着我们的祖国和人民的杰出代表。这种精神是值得我们每一个中华儿女铭记在心并发扬光大的。2001年，我的学术论文《道德教育必须关注学生的生活世界》以全票获得“田家炳教育基金会21世纪学校德育发展路向”优异论文奖，这更使我对田先生及其家人的高风亮节和宽广胸怀由衷地感佩和景仰。

我打算用一生来写这三本书，之所以要这么做，是因为有的文章不很理想，需要替换下来，有的文章整体上还不错，但仍然需要润色，需要不断推敲。我非常认同约翰·布雷恩的观点：“如果一本书不能被大声朗诵出来的话，它就不是一本好书。”一篇文章只有当它不仅能够给人以心智的启迪，也能够给人以美的陶冶的时候，才能算是一篇好的文章。

我的书是为教师写的，我力图反映教师的需要与趣味。在我写作时，我的头脑中总是浮现出我在重庆的巴蜀小学，在北国冰城哈尔滨，在广西师大，在北京崇文区，在青岛，在深圳的西丽小学，在福州的台三小，在石首实验小学……在全国各地，与教师们座谈、讨论、分享时的情景。他们所关注的事物，他们所困惑的问题，他们的喜怒哀乐，他们的委屈与追求，成为我思考、探索和写作的推动力。为教师写作，和他们一道分享我对历史、对社会、对人生、对教育的感悟和理解，就成为了我作为一个理论工作者、一个读书人的旨趣与追求。

随笔是最自由的文体。它没有一定之规，想怎么写就可以怎么写，可长可短，可文可白，可叙事可抒情，可感叹可议论，可信马由缰驰骋八方，可逆水航船独行一路。在我的文字中，不仅表达着我的教育理想，也表达着我的社会理想和人生理想。正如三本书的书名所标示的，我力图在字里行间溶渗着理想、信念、智慧、真情、情趣与艺术六大元素。这也就是辉煌灿烂的教育大厦和幸福美好人生的六大基石。

没有理想，就没有企盼和期待，也就没有明天；没有信念，就没有勇气和毅力不断生发的源泉，我们就无法超越横亘在通往理想之境上的无数险阻和艰难；没有智慧，“教育”就只是心灵和精神的一种牵累，一种“认知结果的堆积”；没有真情，生活就是无边的荒漠，“教育”也就只是一种敷衍和应付；没有情趣和艺术，才情就会逐渐地枯萎，生命之花就不能得到醇美的滋养；没有情趣和艺术，理想、信念、智慧与真情，就缺少了最有力、最动人的表达方式。

我殚精毕力所要回答的问题是：如何为个人自由充分的发展创设一个民主的社会、法治的社会、开放的社会、多元的社会和自由的社会？如何创造一个美好的、幸福的人生？这是一个极其宏大而崇高的主题，也可以说是一切关注社会和人生的思想者共同关心的问题。有心的读者不难发现在我的文章中有一些反复出现的关键词：自由社会、幸福人生、制度建设、民主性格、有效教学、公正、宽容……虽然个人的努力是微弱的，但我坚信如果一个人坚持不懈用一生来做一件事情，必定会有所成就。

对于伟大的人类文明成就而言，每一个人的贡献都只是沧海一粟。而没有任何一篇急功近利的作品可以经受得起时间的洗淘。且不说才情的高下，没有千锤百炼的功夫，是难以成为经典的。那些浑然天成之作，其实是“成如容易却艰辛”的。尽管放翁有诗云：“文章本天成，妙手偶得之”，但这偶一得之，是以丰厚的积累为条件的。我们今天仍然能从庄子的散文、陶潜的诗、李煜的词、蒙田的随笔、托尔斯泰的小说、莎士比亚的戏剧……这些不朽的文字中去感受作者的思想与情怀。既然文字的奇迹可以变为生命的奇迹，那么文字的永恒也就会变为精神的永恒。

杜甫在怀思被流放的李白时感叹：“文章憎命达，魑魅喜人过。”那些八面玲珑、攀龙附凤的人可能左右逢源，志得意满，在我看来，他们是乏味的。一个没有自由意志和独立人格的人，当然也不会有灵魂。为了在文字中，在字里行间留存一份真情，“失意”又何妨？争一世，而不争一时，这才是大智慧，大追求。我把这些习作集结在一起，命名为《教育的智慧与真情》，它表达着我对教育的智慧与真情的向往、求索与感悟。智慧与真情，二者都是光芒万丈的字眼，就因为它标示着人性的崇高与伟大。正如《南方周末》所信奉的：“总有一种情感会让你泪流满面”，我想这种情感中一定蕴含着浓浓的人间真情。

我的目的远远不在于出一本书，而希望通过这些文字表达我的梦想与渴望，记录我的精神之旅，使那些具有永恒元素的东西凝固定型，并时时使我回眸。李白的“落笔惊风雨，诗成泣鬼神”（杜甫），那是何等豪迈的气势，令人向往，令人艳羡。作为芸芸众生中的一员，“我们无法在人间做大事，我们只能用大爱来做小事”（德雷莎修女）。这里收集的仍旧是一些小文章，可它倾注了我的全部心血和向往。我字斟句酌，精心打磨，为的是不让读者失望，我知道这是超出我的能力的追求。我向往暮年超然物外的心境，我也力图用真诚的文字，将平淡如水的岁月定格为永恒。

目录

教育的方向

教育的真义

教学的智慧

语言的世界

心灵的阳光

自由的言说

书的芳香

壹 教育的方向

JIAO YU DE FANG XIANG

1 教育的方向与方法

教育作为人类关注自我延续和发展的一项实践活动，涉及到两个基本的问题——方向与方法。所谓方向，就是我们的教育究竟应该为一个怎样的社会培养怎样的人。我对这个问题的回答是：为幸福人生奠基，为自由社会培养人——为民主社会培养好公民。公民区别于臣民，自由平等和充分介入社会合作是公民的基本特征。而方法更多的是一些将理想和信念化作实际行动的实践策略和操作程序。教育的方法包括用什么内容和用什么途径、策略与手段去培养我们所希望培养的人。

教育的方法固然是重要的，可教育的方向才是第一位的。如果方向错了，方法越好，越有效，就越有可能南辕北辙，越来越远离真正的目标。教育的方向在很大程度上决定着我们对于教育的方法选择、使用和创造。假如你要为专制社会培养奴才，那什么样的内容最好呢？一大堆的清规戒律、各种各样的条条框框、没有内在逻辑联系、知其然而不知其所以然、没有质疑与探索空间、脱离儿童生活经验、枯燥乏味、阴森晦涩的内容最好；用呆读死记、简单重复、机械训练、强制纪律，用轻蔑、无情打击和严厉罚惩摧毁他的自尊心，泯灭他的自信心，你准能培养出一个俯首听命、惟命是从、仰人鼻息、自轻自贱的奴才。假如你要培养一个幸福生活的创造者、自由社会的建设者，你就需要带给他那些充满自由、民主、人权和科学精神的内容，有巨大的质疑、探索、修正、丰富和补充空间的内容，与儿童的生活经验密切相关的内容，有内在的意义（逻辑）联系的内容，能激发起儿童学习的内在兴趣与需要的内容，更多地用探索学习、发现学习、合作学习的方法，带给他们更多的成功的体验和发现的快乐，把所有的学习都提升到自主学习的高度——能够自我导向、自我激励和自我监控，我们才有望培养出具有"自尊自重之意识、是非判断之智识、责任担当之能力、独立自主之品格"的幸福人生的创造者和民主社会的建设者。

教育的方法涉及到为学生提供高品质的教育和为教师创造高品质的教育人生所需要的方方面面的工作。从大的方面来说，包括怎样创设人性化的、生命化的、高品位的学校文化，怎样有效利用和开发课程资源，怎样实现有效教学、提高课堂教学的效率，怎样有效地进行班级的组织与管理，怎样转变学习困难的学生，怎样进行发展性评价以促使所有的学生成功，等等。而在这些背后，还包括怎样创建高效率的学习型组织，怎样提升教师校园生活的品质，怎样有效地促进教师的专业成长——这其中又包括怎样进行校本教研，怎样组织集体备课、说课和教学观摩，等等。

如果一个教师只有别人告诉他应该怎么做，他才会怎么去做，而不会主动地探索一些有效的方法，那他的发展前景就很难令人乐观。这并不是说我们不能向别人学习，向别人求教，而是不能过分依赖别人。其实，有关教育的方法已经有许多好的概括和总结，比如各种各样的教学模式、各种各样的评价方法、各种各样的示范课。在各种各样的《方法大全》《实用指南》中也早有收录。但任何方法都不能简单地搬用，而需要根据实际情况创造性地运用。古人讲的“运用之妙，存乎一心”，强调的是精神的修养，心性的修养。否则，任何好的方法，都可能变成照猫画虎、鹦鹉学舌、邯郸学步的笑柄。实践证明，能否创造性地运用各种各样的教育方法，能否创生有效的教育策略，能否形成自己行之有效的教学技艺，都取决于我们是否有深厚的文化底蕴，取决于我们的学识的积累、眼界和追求。所以任何急功近利的思想和做法都可能真正损害我们的事业，损耗我们成长的潜能，污损我们职业的内在尊严。

我们的教育实践工作者更关注方法，而存在着忽视方向的倾向。老师们更多地关注学生对于学科知识的掌握，而忽视学生学习策略和思考策略的发展，更谈不上对于学生作为完整的人的成长的关照；老师们对具体的方法更感兴趣，对于理论的学习比较轻视，这在很大程度上局限了我们教师的发展。如果我们总是只顾埋头赶路，我们怎么可以欣赏到天空的广袤和美丽？

为什么教育实践工作者会更关注方法，而存在着忽视方向的倾向呢？首先，我们要承认，方法的确是重要的。在方向正确的前提下，好的方法可以收到立竿见影的效果，也可以收到事半功倍的效果。其次，方向的正确与否，难以检测出来，因而也就不容易凸现出来，使广大教师对它有充分的意识。第三，我们的教师长期忙于事务性的工作，被大量的琐事遮蔽了眼光，被俗务消磨了高远的追求。

教育的方向不是由政府文件决定的，也不是由课程标准决定的,更不是由教科书和学生决定的,而是由教师决定的。作为教师,我们首先是一个教育者,其次才是一门课程的教师。每一门课程的最终目的都是要帮助我们的学生成为一个具有自主性、独立性、创造性的人,一个具有积极、乐观、正直、光明的心态的人,一个对人友善、宽容和积极介入社会合作的人。眼界决定境界,方向决定方法。方向对了,路就在脚下。因此,在今天唤醒和强化教育实践工作者的方向意识就显得尤为迫切和重要。

2 为幸福人生奠基

基础教育是一个历史性的概念。随着社会的进步，人们进行新的创造所需要的基础将愈加雄厚，基础教育的年限也将逐渐延长。在今天的西方发达国家，就出现了大学本科教育也逐渐成为基础教育的趋势。在今日中国，基础教育是指从幼儿园到高中的教育。我们说，基础教育要为学生的终身发展奠定基础，要为学生幸福的人生奠定基础。那么，这个基础都应该包含些什么？对于这个问题的回答，反映着我们的眼界、见识、胸襟与怀抱，反映着我们对于教育的价值追求。过去，我们将基础教育中“基础”的含义仅仅理解为基础知识、基本技能，即所谓“双基”，这种理解不仅是片面的、狭隘的，在实践中也是有害的，那就是不利于基础教育为学生幸福的人生奠基，不利于使基础教育服务于完整的人的造就。

在我看来，基础教育要为学生幸福人生和终身发展所奠定的基础，就至少应该包括以下几个方面：

首先，基础教育应该在学生的内心世界中打下一个亮丽的底色，让学生感受到生活的美好，人性的美好；让学生学会过精神生活，珍视精神的价值，眷注内心，使学校生活成为整个人生美好回忆的巨大的源泉和宝库，以便让学生形成快乐、开朗、积极、乐观的人生态度。快乐是心灵的阳光。一个不快乐的人，就有可能内心变得阴暗，就可能对人不信任，甚至充满敌意，就有可能成为害群之马，甚至是穷凶极恶之徒。

其次，基础教育的基础应该包括学生终身学习的愿望、兴趣和能力。学生终身学习的愿望、兴趣和能力的培养和发展是比他们学到了什么更有意义的。“问题不在于教他各种学问，而在于培养他有爱好学问的兴趣，而且在这种兴趣充分增长起来的时候，教他以研究学问的方法。”（卢梭）当然，这离不开对具体学习内容的学习。但这个过程是不是能够让学生感受到智力劳动的快乐，是不是有一个精神充实的过程，是不是能经历精神的历险和理智的挑战，决定着我们的基础教育能不能发展出学生终身学习的愿望、兴趣和能力。《学记》中说：“善歌者，使人继其声；善教者，使人继其志。”“知之者不如好之者，好之者不如乐之者。”而只有当我们教师有不断学习的愿望和兴趣，才可能为学生打下终身学习的基础。

再次，基础教育的基础中应该包括发展学生独立地、有尊严地面对世界的品质和能力。这就需要学会质疑与独立思考——不轻信、不盲从、不唯书、不唯上，一切都放在理性的天平上来考量，思考别人思考过的问题；就需要学会有效地自我表达——能够充分地、体面地表达自我，包括口头语言、书面语言、形体语言的表达，也包括我们的待人接物、穿着打扮，甚至一切的创造性的活动都是一种自我表达；就需要学会收集和处理信息——当你作出选择和决定时，你知道从什么地方可以获得可靠的、足够的信息。作为民主社会合格的公民，必须具有自主判断、自主选择、自主承担的能力，这些能力的发展，是造就独立的而不是仰人鼻息、依附于人的，有尊严而不是自轻自贱的人的重要方面。

第四，基础教育为学生幸福人生奠定的基础中还应该包括人类千百年来积累的基本经验和核心价值。如："民主能够防止最坏的事情发生"，"权力导致腐败，绝对权力导致绝对腐败"，"兼听则明，偏听则暗"，"知人者智，自知者明，胜人者有力，自胜者强"，"S(距离)是T(时间)和V(速度)的乘积"等等，这些都是人类的基本经验。至于人类的核心价值，我比较推崇西方近代启蒙思想家所提倡的"自由、民主、平等、博爱、人权"。教育是一种价值引导的工作，没有明确的、代表人类文明进步方向的价值的追求，就谈不上真正意义上的教育。这一点将教育区别于单纯的规训。特别值得指出的是，强调夯实学生的知识基础仍然是必要的，只是学生学习基础知识、基本技能的过程应该成为完整的人的全副心身高度投入并充满主动性、创造性和深层次情感体验的过程，将发展学生的学习策略和思考策略作为教学的目标追求。

最后，基础教育要帮助学生与他人、自我、自然建立积极的、建设性的关系。学会宽容，学会善待他人，学会珍惜亲情、友情，学会与他人建立起真诚的、亲密的关系；学会自我反省、自我检视、自我超越和自我发展，形成积极的自我图像，形成自我的同一感和统一的生活哲学；学会亲近自然，聆听天籁之音，珍爱万物，珍惜我们生活的环境和自然资源，不暴殄天物，不人为物役。

一言以蔽之，基础教育不仅要对学生的升学考试负责，更要对学生一生的幸福人生负责。基础教育要带给学生希望、力量，带给学生内心的光明、人格的挺拔与伟岸，带给学生对于自我、对于生活、对于未来和对于整个人类的自信，以便使每一个学生都能够成为自由社会的建设者和幸福人生的创造者。

3 为自由社会培养人

教育除具有使个人获得发展——培养其生存、发展和享受的功能之外，教育还有其社会功能，即使社会安定、和谐并得以延续。但此社会不同于彼社会，有人道之社会，亦有非人道的社会；有民主社会，亦有专制社会；有自由社会，亦有缺乏人权保障的社会。我们的教育要服务于何种社会，这是教育的方向问题，亦即教育的根本问题。

自由社会，民主社会，多元社会，开放社会，法治社会，这些词几乎是同义词，指这样一种社会：人人享有广泛的人权；人人享有平等之权利；人的尊严受到高度的尊重；只要在法律允许的范围内，无人能剥夺其权利，亦不得损害其权利；政府只能做那些法律所赋予它权力的事情；而对于公民而言，什么都可以干，只要法律没有禁止（法律禁止之事亦可以干，但违法必究，且法律面前人人平等）；言论自由、思想自由、出版自由、信仰自由、结社自由、婚姻自由得到充分的尊重和履行……只要你不危害国家安全，只要你不侵犯他人的权利，只要你遵守法律，你就不会遭到拘捕、拘禁，就不会受到法律的追究，更不会受到公权的威胁，你就是安全的。

老子说："祸莫大于无敌。"用现在的话来说，就是

“没有约束是最大的祸患”。民主是人与人平等的政治权利(众生平等),是人与人相互约束的政治运行机制(对立平衡)。

自由社会的核心价值之一,就是平等。平等之所以重要,是因为它关系到人们的生活机会,即他们的幸福与自尊。平等之所以重要还在于:一个极度不平等的社会,由于未能使其公民最充分地发挥天才和能力,从而会损害社会自身;不平等还会威胁到社会的凝聚力,并能够造成其他我们不愿意看到的后果,例如犯罪率居高不下。过去,的确也存在过一些虽然包含着大量的不平等,但却依然保持着稳定的社会——例如,传统的印度世袭阶层制度。而在一个日益民主化、信息化的时代情况就大不同了。一个制造出大范围不平等的社会,会产生普遍的不满与冲突。

我们不否认现实社会中存在的财富、身体、地位差异状况,但是,每个人在人身、人格和尊严等权利方面都必须受到平等保障,享有充分的自由,这是一个民主社会运转的基石。如果我们的孩子,从小就习惯于区分等级和被区分,习惯于在一个公益的口号下牺牲少数无辜者的利益,习惯于漠视他人的尊严和权利,我不敢指望他们会成长为一个合格的现代公民。

自由社会也是多元社会和开放社会。所谓多元社会,即存在着相互冲突而同等重要的价值观念、存在着不同利益共同体、存在着不同声音的社会。在一元和封闭的社会中,过度的垂直控制是其重要特征。著名政治学者帕特曼对这种体制做过大量比较研究,他发现这种制度安排必然在解决集体行动困境中显示出局限性。这种自上而下的垂直控制方式产生出一种以“庇护—附庸”为特点的社会网络关系，使各项实际制度更多因人设事，更多行为短期化，更少公共精神，并必然降低国家行政的效率，阻碍经济增长。垂直的网络，无论多么密集，无论对其参与者多么重要，都难以有效地维系社会信任和合作。信息的垂直流动，常常不如水平流动可靠，其原因部分地在于，下属为了自身利益而对信息有所保留。更为重要的是，那些支撑互惠规范的惩罚手段，不大可能向上实施，即使实施了，也不大可能被接受。这种控制方式有时候会动用极大的资源来做一件事情，并可做成功，但其结果是总体效率的低下。

经济学家米尔顿·弗里德曼认为不管是建筑还是绘画，科学还是文学，工业还是农业，文明的巨大进展从不是来自集权的政府，哥伦布、牛顿和莱布尼兹、爱因斯坦、爱迪生等诸多人，其发明创造没有一个是出自政府的指令。他们的成就是个人天才的产物，是允许多样化和差异的社会风气的产物。

个人自由的保障必须以限制政府权力为前提，一个国家政府官员的权力越大，权力寻租、官商勾结的机会就越多，社会为之付出的交易成本就越大。

对自由最大的威胁是权力的集中。为了保护我们的自由，政府是必要的，通过政府这一工具我们可以行使我们的自由。然而，由于权力集中在当权者手中，它也是对个人自由产生威胁的主要原因。即便行使权力的人们开始是出于良好的动机，我们也不能因此便忘却阿克顿勋爵那句名言：“任何权力都会产生腐败，绝对的权力产生绝对的腐败。”

自由社会当然也是法治社会，而不是“人治社会”。法治意味着社会公众自己替自己做主，享有充分表达自己愿望、期待和要求的权利。法治也表明了只有人民（社会公众）自己才有资格拥有对法律之好坏、良善与否予以最终判断的权利，而其判断的共同标准，乃是人本身的生存、发展和完善，即人的全面自由发展。建设法治社会之所以必要，就在于“贤人政治”靠不住——这不仅在于“贤人”可能经不住声色犬马的诱惑而堕落，也在于贪官可以把自己伪装成“满口的仁义道德，一肚子男盗女娼”的“正人君子”。计划经济时代，政治和社会资源紧紧捆绑在一起，政治决定其分配和归属。当时实行“行政级别”体制，不同级别分配给不同层次的社会资源，例如，政治荣誉、工资、房子、车子等。这些都关乎个人切身利益，当改革要改变特权者的既得利益时，就遭遇到了最大的抵制。而这些抵制改革的人，也有着非常动听的借口，他们总是假以“人民”的名义。

自由社会也是能最大程度地发挥人的主体精神和创造潜能的社会，一个能使人的个性最和谐、最健康发展的社会，也是一个最人道、最合乎人性、最有利于每一个人创造属于自己的幸福生活的社会。自由社会否弃特权，拒斥一部分人对另一部分人的奴役和欺瞒，它禁绝强权，它公开、透明，它公正、公平，它能最大程度地集中全体国民的智慧，把少数人（甚至是个别人）可能的独断专行、利令智昏的危害降低到最小的程度。权钱交易、权色交易、买官卖官、欺上瞒下、欺软怕硬……许多丑恶现象在众目睽睽之下变得不可能，公权权力处于全民监督之下。“民主的思想是重要的，因为它不仅体现了自由、平等和公正等诸多价值中的一种价值，而且它是可以联系和协调相互竞争的既有问题的一种价值……民主并不以不同价值的一致为先决条件，毋宁说，它只是为把价值相互联系起来以及把解决价值冲突放到公开参与公共过程之中提供一种方法……”（[英]戴维·赫尔德著:《民主的模式》，中央编译出版社 1998 年 3 月第一版）

在一个自由的社会中，个人最有可能去追求自我完善，去追求体现个人智慧的魅力、个性的魅力的机会，而不是靠仰人鼻息、人身依附、趋炎附势去获得现实的好处。“权利”是市场经济以及与之相适应的法治社会的基石和最鲜明的旗帜。良好的市场经济和法治社会的一切制度安排都是以民众的自主权利为核心而逻辑地展开的。特权及其意识的强烈腐蚀作用不仅腐化公共权力，破坏经济效率、秩序和社会公正，而且造成社会道德观念的严重混乱乃至堕落，其危害性在市场经济体制尚未完善的条件下尤为突出。事实上，这正是体制转轨时期影响经济与社会发展及稳定的诸多问题的一个根源。

光有好的制度是不够的。如果执行民主制度的人本身没有经历一个由专制性格向民主性格的转变，没有养成民主的性格，民主的制度仍有被无耻践踏的可能。更何况民主制度的建设有赖制度建设的人们基于民主的理念行事。简单地移植一种制度，而没有广泛的民主基础，其制度能发挥作用者未之尝闻。

一个国家国民政治素质的高低是评价其民主文明程度的重要标志之一。政治学家马克思·韦伯认为，落后民族从根本上来说是一个“非政治的民族”，亦即由于缺乏一套能够使全体国民都参与其中的政治过程和政治机制，大多数国民并不生活在本国政治之中。现代“政治民族”的生成，需要每一个社会公众具有强烈的政治参与意识与政治责任感，这是一个十分迫切的建设性课题。

为自由社会培养人，这就成了我们教育的使命。教育不仅要使个体识文断字，知书达理，有谋生之技能，可以独善其身并兼济天下，教育还要为一个理想的社会奠基，为理想之社会培养人。这个理想社会，就是自由社会、民主社会、开放社会、多元社会，法治社会。这是几千年来人类文明的最杰出的成就——一个尊重人、尊重人道和人性的社会。

理想的社会应当由具有民主性格的人来建设。所谓民主的性格，就是乐于分享、善于沟通、服膺真理、勤于反思、勇于承担、敢于创新的性格。这种性格只能在一个人的人格的定型期来逐渐养成。鲁迅先生说：“惟有民魂是值得宝贵的，惟有他发扬起来，中国才有真进步。”(《华盖集续编·学界的三魂》)鲁迅先生所说的“民魂”，在今天看来，一定得包含民主和自由的因子。分享是民主的基础，没有分享意识的极端，便是独裁。

而为了培养民主的性格，从培养目标到评价选拔的标准，从课程内容到教学方式，从校园生活到家庭教育等，都应该是充满平等、民主、尊重和开放的。学校应该成为民主社会的雏形，应该成为引领社会前进的力量。教育无疑要关注每一个学生的发展，但关注学生发展必须要有这样一个眼界，那就是学生发展的时代内涵，自觉引导学生去过一种民主的生活，形成民主的性格，进而有可能去建设民主的社会。一个国家的光荣与梦想不仅仅是“两弹一星”，也不仅仅是飞船上天，也不仅仅是随后展开的更复杂的太空探索。国家主权的强大、民族的强盛也不仅仅依赖于此，还在于给每个社群、每个公民实现自己的光荣与梦想的充裕空间，并让社群与公民的追求保持和谐与统一。为自由社会培养人，这是教育的社会职能在现时代最核心、最根本的体现，因而是今天我们教育的重要使命。

造就自主发展的人 4

“以学生的发展为本”愈来愈成为人们认同的教育思想。我认为，这一理念可以展开为以下六个命题：学生的发展首先是为了他能够成为他自己，成为他自己的幸福生活的创造者，并进而成为自由社会的建设者；教育的要求是基于学生的需要，高于学生已有水平并且是学生通过努力可以达到的；教育必须着眼于学生潜能的唤醒、开掘与提升，促进学生的自主发展；教育必须着眼于学生的全面成长，促进学生认知、情感、态度与技能等方面的和谐发展；教育必须关注学生的生活世界和学生的独特需要，促进学生有特色地发展；教育必须关注学生的终身学习的愿望和能力的形成，促进学生的可持续发展。其中，自主发展是其核心和灵魂。

在我看来，一个自主发展的人，就是有清晰的自我认识、有积极的自我形象、悦纳自我的人；就是有明确努力的目标，有内在的学习需要与成长渴望的人；就是有良好的学习策略与学习习惯的人。

《学记》中说：“善歌者，使人继其声；善教者，使人继其志”，叶圣陶先生说：“教就是为了不教”，这都是与“高品质的教育就是要促使所有学生的成功——造就自主发展的人”这一思想相一致的。一个自主发展的人，才可能是有发展的后劲、有发展的潜力的人;就是在他离开学校以后仍然热爱学习、不断成长、变得越来越有力量的人。一个自主发展的人,也是具有健康人格的人。“健康人格意味着人把自己看作是一个人,一个拥有自由和责任的人,而不是一个感情冲动的消极工具或他人所期望的人。对他人方面,健康人格也把他人看作是一个人,而不是物或工具。像布伯指出的那样,他们生活在与同等地位的人的‘我与你’的对话关系之中,而不是‘我与它’的关系。”(悉尼·乔拉德等:《健康人格》,华夏出版社1990年版,第18页。)

为了造就自主发展的人,关键是提高课堂教学的效率,实现有效教学。让学生过充实的精神生活,让学生感受到智力劳动的快乐;让学生全副身心地卷入到学习活动之中,让学生获得更多的成功的体验,让学生的自信建立在点点滴滴的成功的基础上,这是造就自主发展的人的最根本的途径。

其次就是切实地推行发展性评价。发展性评价就是为了促使学生参与评价过程,包括参与制定评价标准,以实现评价标准的内在化,形成内在的自我评价的尺度。评价是学校生活的重要内容,是人的社会化不可或缺的社会性刺激生成的方式。重视评价,对于明确教育的质量标准,丰富和提升教育者的教育智慧,有着重要的价值。发展性评价就是旨在促进教师成长与学生发展的教育评价。

教育评价有诊断、反馈、导向、激励、甄别等功能,而这些功能都可以服务于教师的成长和学生的发展。让评价者和被评价者参与制定评价的内容和标准;共同设计评价工具;客观、全面地收集和分析事实、证据;充分真诚地肯定所取得的成绩,明确改进的方向并制定努力改进的工作方案。“让被评价者最大程度地接受评价结果,就是评价的最大效益”,这是第四代评价的核心理念,为了使受评价者心悦诚服地接受评价结果,评价过程中的相互尊重、友好协商和充分沟通就十分必要。另外,评价标准的多元化,使不同风格和个性的人都有被认可与赏识的机会和可能也十分重要。

发展性评价的另一个原则即激励性、期待性,以呵护学生的自尊心和自信心,以便学生形成积极的自我形象。自信心是极其重要的,应积极通过发展性评价着力培养学生的自信心。当一个人自信时,他最有可能发挥他的潜力,表现出最佳的生命状态。而当学生经常遭受打击和挫折时,就会形成一种“习得性无助”。习得性无助是描述动物——包括人在内——在愿望多次受到挫折以后,表现出来的绝望和放弃的态度。这时的基本心理过程是退缩和放弃,对人来说,还有自我怀疑、自我否定和自我设限等,使自己变得悲观绝望、听天由命,听任外界的摆布, 任自己的命运随着外力的强弱而波动起伏。人在成长的过程中,如果在某一方面总是受到其他人的批评或负面评价, 他就会倾向于形成一种信念,认为自己在这方面真的不行,从而放弃努力。同样,人在做一件事的时候,如果一次又一次地遭到失败,他也会倾向于放弃再试一次的努力,认为自己无论如何也做不好这件事。

粗暴的、贬损性的评价广泛地存在于我们的教育之中,存在于我们人与人的交往之中。归根到底,这是一个国民性的问题，一个文化的深层结构的问题。在自然的、真诚的交往、沟通和互动之中，渗透发展性评价的理念，是良好教育的天然要素。

另外，在学生全部的生活之中，特别是在课堂生活中，我们要特别注重发展学生想象未来、憧憬未来、规划未来、设计未来的能力；着力培养他们一个十分重要的品质：干什么都要有一个明确的追求，而不是稀里糊涂、浑浑噩噩、听天由命、随波逐流；要经常和学生讨论当下学习领域和学习主题的意义，带给学生理智的挑战，让学生感到思考与探索的乐趣——这就需要精巧地设计问题，基于问题的解决来进行教学。

最后，发展学生的学习策略和思考策略始终应该作为教学的重要目标来追求。教师在教学设计和教学过程中，都要予以高度关注。在我看来，有学问的人较之于没有学问的人，首先不是因为前者比后者学得更多，而是因为在学习上的浪费更少。善于学习的人，有良好的学习策略和学习习惯的人，一定善于做认知加工，及时复习，一定会经常温故知新，一定善于对认知过程进行思维的自我监控，不会有口无心地背诵，不会不加分析地盲目做习题。

在造就自主发展的人的努力中，家庭教育起着重要的作用。比如，如何培养孩子良好的学习习惯；如何表达对孩子的期许——既不过高，从而构成对孩子的压力，也不过低，从而致使孩子的成长动力不足；如何带给孩子高品质的日常生活经验；家长如何以身作则；等等。这些对于孩子的成长有不可替代的作用。因此，加强家庭和学校之间的沟通与合作就极其必要。

目前不论是大学生，还是中小学学生，厌学的情况都是比较严重的。其原因是多方面的，如课程内容不当——过于艰深，脱离学生的生活经验，枯燥乏味；教学方法简单、单一，缺乏趣味性；师生关系紧张；题海战术导致课业负担过重；等等。

值得我们高度关注的是，在城市的学校中，大概有10%的“学困生”，农村的比例就更高。“学困生”的产生原因固然很多，但主要是由于在一些重点知识的掌握上没有及时拾遗补阙，导致知识链条的断裂，积累得越来越多，最终导致积重难返。培养学生学业求助的能力，使学生对自己的学业成败切实地负起责任，这不仅是学校教育的责任，也是家庭的责任。

5 受过教育的人

什么样的人是受过教育的人?这是教育中最核心的问题,因为我们的教育要培养什么样的人,决定着我们用什么(课程内容)去培养和怎么(教育的途径和方法)去培养。倘若我们对于这个问题缺乏精深的思考,我们的努力将是盲目和低效的,有时甚至可能是负效的。因为,教育是一个价值引导的过程,一个引领学生成为我们所希望成为的人的过程。只有当我们的心中有一个血肉丰满的、鲜活的、蕴涵着时代精神的理想的人的形象时,我们的教育才能在学生的精神世界中真正地培植起信念、理想、爱心与希望,我们所做的一切才能真正成为成全完整的人的意义深远的工作。

在我看来,一个受过教育的人,或许他(她)没有英俊的外表或姣美的容颜,但是他(她)自然朴实,乐观自信,不卑不亢,能够平等地与所有人交往;或许他(她)并不高大,却有人格的挺拔与伟岸,有坚定的意志、强烈的责任感和不屈不挠的品格;或许他(她)没有机会去干大事,他(她)却能够以饱满的热情和潜心的投入去做小事;或许他(她) 既没有显赫的身世,也没有超人的才智,或许他(她)并不耀眼,并不引人注目,但他(她)悦纳自我、友爱他人,易于领导与合作,而难以奴役和盘剥……

受过教育的人，是这样一个人：他(她)严正而又宽容，深邃而又单纯；执着而又潇洒，真诚而又练达；他(她)勤勉而又从容，刚毅而又柔情，豪放而又儒雅，平实而又不断地追求人生更高的生命境界。一个受过教育的人，是具有某种品质的人，而不是指“上过学”的人，不是指获得了某种学位、具有某种学历和文凭的人，受过教育的人，应该是具有民主的性格的人——乐于分享，善于沟通，勤于反思，服膺真理，敢于承担，敢于创新的人；一个有胆、有识、有情、有义、有趣的人。

可是，我们的生活中并不缺少没有受过教育的政坛名流、商界大亨——他们欲壑难填，为富不仁，就因为他们没有强烈而深刻的精神需要；更不缺少没有受过教育的大腕明星，他们的自我膨胀往往会污损别人的尊严，他们的粗俗源于缺乏健康的趣味和心性的修养；我们的生活中甚至也不缺少没有受过教育的专家、教授——他们知道做一些事情，却不知道为何做这些事情，就因为他们缺乏深厚的理性精神，缺乏坚定的信仰，缺乏道义的承担。而更为令人心忧的是，我们的生活中更多的是没有受过教育的生活在社会底层的人——他们没有足够的谋生的技能，没有发育健全的心智能力，没有收集与处理信息的能力，没有体面和充分地表达内心真实愿望的能力(更不用说平等和充分地参与公共事务的决策和管理的能力了)，他们甚至没有现代社会公民必备的权利意识和公共意识，甚至没有过健康生活的基本知识和技能……他们缺少的太多太多！然而，没有人有权利去责备他们，他们是我们心中深深的痛。我无数次想起那句话：“没有任何一国受过良好教育的人民是贫穷的，也没有任何一国没有受过良好教育的人民是不贫穷的，在民智力开启的地方，经济发展自然水到渠成……”

对于我们每一个人来说，有什么比受过良好的教育更重要呢？它会写在你的脸上：坚定而深邃的目光，宁静而舒展的表情；“桃李不言，下自成蹊”——它会使你成为受人尊敬和受人欢迎的人，它会赋予你一双发现美的眼睛——这并不是说受过教育的人就看不见丑恶，而是因为它同时会赋予你一颗悲天悯人而又温暖宽容的心。受过教育的人，并不就是一个完人，一个“高大全”的人，但是他（她）一定善于学习，勤于自我反思，有开放的胸襟和怀抱，不断地追求生命更高的境界；他（她）也许会有这样那样的不足或弱点，有这样那样的软肋和局限，但是他（她）能正视自我，不文过饰非；他（她）能够从善如流，并不断地开拓生活和自由。

教育的过程就是一个不完美的人引领着另一个（或另一群）不完美的人追求完美的过程。也许我们始终只能在现实与理想之间徘徊，然而，我们眺望着理想的高地，我们不屈服于现实；我们也会有暂时的休憩和沮丧，但我们永远怀着寻找精神家园的冲动，且吟且行。

让更多的人成为受过教育的人，应该成为我们全社会努力追求的一个目标。“知识改变命运，教育成就未来。”命运的改变就不仅仅是那些作为弱势群体的人们个人的事情，改变的将是整个国家的命运、民族的命运，改变的将是我们所有的人的生活品质。

我们更有理由相信，用良好教育成就的未来一定是光明的、温暖的，我们梦寐以求的阳光普照开满鲜花的未来。

素质教育的旨趣 6

关于素质教育见诸报刊的议论自然不乏真知灼见，但也不乏浮词曲说。其定义之多，内涵之丰富，概念之歧义，都使得我们不得不进行选择。这个选择的过程实质上是研究者赋予素质教育以确当的内涵的过程。

我认为，所谓素质教育就是能够促进学生自主发展、和谐发展、有特色的发展和可持续的发展的教育。“理论的基本职能是描述、预言和解释。”作为学术研究，概念的厘定是最基础性的工作。因为概念不仅是思维的工具——有了概念才能作出判断、形成命题、进行论证，也是学术探索的成果——在对概念的界定和使用中包含着论者的学术主张，概念的演变往往标志着学术思想的演变。一切研究成果不但在概念和范畴中积累，而且理论也借概念和范畴而发展；理论的确立和深化，离不开概念和范畴的确立和深化。有鉴于此，对素质教育的研究，概念和概念系统的建构其实是思想上的澄清与理论上的梳理。

对于什么是素质教育，以下表述是比较有影响的：“素质教育是以促进学生身心发展为目的，以提高国民的思想道德、科学文化、劳动技术、身体心理素质为宗旨的基础教育。相对立的，应试教育则是以考试得分为手段，以把少数人从多数人中选拔出来送上大学为唯一目的，片面追求升学的教育。”

笔者认为，如果仅仅将应试教育作为素质教育的对立面，那么就大大地窄化和浅化了素质教育的意旨和内涵；素质教育应该承担起否弃一切不人道的教育、一切非人性的教育的历史使命。由于人的发展的全面性，要求教育具有全面性；理想的教育应当具有良好教育的所有特征，这也就是为什么一切有益的教育改革的探索、一切被实践证明好的教育的途径和方法都可以囊括在素质教育之中的原因。因此，素质教育作为“理想的教育”“先进的教育”“良好的教育”的代名词，作为面向新世纪的教育的价值追求，是有着学理上和实践上的确当性的。它对于凝聚全民族的智慧，去创造、建构一种理想的教育模式，去营造一种追求良好教育的社会心理氛围是有着十分重要的意义和价值的。

另外，一般论者都是对应试教育的弊端与危害广加罗列，如应试教育导致学生自信心、自主性的下降，导致生活激情和自我期望的贬抑，导致探索精神与批判精神的匮乏，导致情感—价值体验的苍白，导致不良和过度的竞争，导致人与人之间的不和谐，等等。这些弊端和危害应该说的确是“应试教育”中实实在在存在的，但如果对“应试教育”存在的现实必然性缺乏深层的分析，我们就很难做到对症下药，从而从根本上实现向素质教育的转轨。

素质教育的提出和全面展开，实际上意味着我国基础教育改革的重心已开始由体制、结构等外部性的因素转向教育过程内部，意味着我国基础教育的发展追求开始把质量与效益提到了主要位置,因而是带有整体和根本意义的教育变革。

本着严肃认真的态度，要赋予素质教育以确当的内涵,不能靠想当然,需要对我国教育的思想基础进行审思:我们究竟是为了什么在办教育。这就需要我们对“教育与人权”“教育与个性解放”“教育与人道主义”“教育与民主政治”“教育与社会公正”等问题进行深入、系统的研究;需要深入思考为什么应试教育虽然已成众矢之的却能大行其道，素质教育虽然千呼万唤却仍难觅踪迹。

要走出这一困境,就需要对教育发展的战略有高屋建瓴的把握;需要对当下的社会现象和教育现象进行学理分析;需要对世界教育改革的措施与经验进行认真的研究。如果对上述问题缺乏深入、细致的探讨,就会对素质教育的内涵和应当承担的使命缺乏确当的认识,在实践上素质教育就有可能流于形式和肤浅,因而缺乏应有的生命力。

当我们把素质教育作为我国教育发展的方针,作为一面旗帜、一个口号时，需要对素质教育进行价值分析、政策分析;需要对素质教育的目标进行系统建构;需要对素质教育的课程改制和实践模式进行可行性分析;还需要对素质教育这一概念和术语进行知识社会学的分析。只有这样,对于素质教育的研究才能真正起到教育学的学术积累和推动我国教育发展的作用。

7 质疑“学会做人”

“学会做人” 是当今中国教育界非常流行的一个口号。在我看来，“做人”这个词本身就值得考量。“做人”问题是在“熟人社会”、封闭社会中产生的，其原因就在于：在这个私人交往的领域，由于每种关系都是个别的，需要特殊而适当的感情回应，并且如果没有做到这一点就会相应地产生回报是否得当的问题，它经常呈现为一个困难的任务或责任。而同陌生人的关系通常同“做人”问题无关。在同陌生人的关系中，人们感觉到摆脱了“做人”的重负与困难，因为在这种与陌生人交往中，一个人无须对同这一个人的关系与同另一个人的关系给予特别的区分。

另外，“学会做人”也带有对学生的不尊重。因为“做人”带有外在化、行为模塑的意味，人成了盛装“道德”的容器。更重要的是，在什么样的价值体系中去成就（成全）一个人，这是问题的关键。专制社会有专制社会关于“好人”的标准，民主社会中有民主社会关于“好人”的标准。如果我们模糊了这样一个关键性的问题，“学会做人”的标准就是空洞的、肤浅的，甚至是有意无意的误导，以致使“学会做人”不仅不能成为一个正确的价值引导，反而会对人构成一种不当的要求，一种无形的压力，强化传统社会中泛道德主义，更确切地说，是回到泛道德主义的老路上去。

所谓的“做人”就是取得成绩不要沾沾自喜，有意外的惊喜不要得意忘形，要学会察言观色、见风使舵，要戒骄戒躁(其实就是要自我贬抑)，这样那些不如你的人会觉得你和他们差不了多少，你就可以免遭嫉恨、免遭诬陷，免遭恶语中伤。说话重要的是要看对象、看场合，至于究竟是不是真话、是不是心里话无关紧要，如此等等。

“做人”基本上是面子上的事情，所以与人相处，重要的是不要撕破脸皮。要是撕破脸皮，对方会记恨你一辈子，许多事情也就不好办了。如此一来，在一个单位内，面和心不和、相互猜忌、勾心斗角，“当面说好话，背后下毒手”的事便会层出不穷。而这只能毒化社会风气，锈蚀我们的心灵，使人们的心思大多用在相互防范、相互揣摩、给对方设置陷阱的无耻勾当之中。

“做人”所强调的基本上是外在化的表演，而不是内心的真诚、善良、纯朴等。“学会做人”总容易让人联想起外在化、面具化、器物化、模塑、他律等。“做人”做得好不好，全看他表演得如何。我们的社会中有那么多道貌岸然的伪君子，这恐怕与我们整天人喊“学会做人”不无关系。那些高呼要别人“学会做人”的人，一定私下里有着一种自己做人如何好、如何成功的优越感。

几千年来，中国人一直在强大的道德压力下生活，人成了表现道德的工具。节妇、烈女们成为道德的殉葬品，道德成为杀人的武器，整个社会在旧的道德、僵化的道德、非人道的道德下，“年复一年，丝毫没有长进”(鲁迅)。直到20世纪初，新文化运动的先驱们才吹响了埋葬旧道德的号角。而旧道德不是一具僵尸，而是一种病毒，它渗透在国民的心理结构之中。在“学会做人”的鼓噪中，就遗传着、携带着这种病毒。

在中国，一个人可以没有知识，没有学问，没有头脑，没有思想，没有血性，没有肝胆，没有智者作风，没有大家风范，但不能不标榜自己有道德。把自己打扮成代表道德规范的正人君子或道德法庭的裁判者，从私人生活方面入手攻击、败坏、诽谤和诬蔑别人，攻其一点而不及其余，往往是最为惯用、最为有效的手段。因为倘若某个人被指责为道德上有问题，似乎就有抹不去的污点。这在中国，稍具人生阅历的人，都是并不感到陌生的。恐怕是由于人们熟谙这一道理，所以才告诫青少年学生要如何如何“学会做人”，为了免于他们今后被别人抓住把柄而吃尽苦头。从这层意义上说，提倡“学会做人”也是用心良苦。可是我们在传承和强化着一种什么样的传统呢？

伪君子们以貌似道德的表现来达到他们不道德的目的，道德也往往成了他们掩盖自己的无能、打压创新者的工具。有人就是以道德的名义、以教别人该如何做人为幌子，对人进行精神施虐，以达到控制他人的目的。就是在今天，中国人仍然生活在无处不在的“看不见的眼”的窥视之中，大多都感到活得很累，都有过“做人难”的感慨。“夹紧尾巴做人”就成了一些人的处世策略或对别人的“忠告”。由于长久地生活在“做人”的精神禁锢之中，也就少有个性的和谐、心灵的舒展和人格的伟岸。

其实“做人”或者说道德是属于私人领域的事情，是个人自我求取的空间，是人们自主判别、自主选择、自主承担的行为领域。史蒂文森(Robert Louis Stevenson)说得好:“表现出自我的本色，并成长为我们所能成长为的人,这是生命的唯一结局。”不以本色示人的人,是不可能成就大事的。原因就在于他缺乏真诚,缺乏勇往直前的果敢,缺乏虔诚投入的品质,缺乏与世界的深度交往,进而缺乏个性的魅力和人格的魅力。

我们必须基于民主社会的一些核心价值来对儿童进行品德培养,这些核心价值包括:社会公正、平等、诚实、守信、个人责任等。学校是人类希望赖以生发、奠基和培植的地方,学校所具有的人类行为,应该是具有繁殖力和经受得起方方面面批评的,学校愈来愈成为未来社会的雏形和孕育新型文化的基地。

我很难想象,一个率真的人,一个淳朴憨厚的人,一个具有赤子之心的人,一个童言无忌、口无遮拦的人,他能坏到哪里去?只恐怕是他们最有可能道出“皇帝新装”的真相,“成人们”才早早地、严格地教导他们“学会做人”吧。

如果一定要说,“教育首先要教学生学会做人”,那必须强调的也是:到底要做什么样的人?毫无疑问,应该是学做现代化国家的“公民”。懂得什么是民主政治,什么是对权力的制衡,什么是司法独立,懂得什么是市场经济、法治国家、宪政国家……懂得以法律保护自己的权益。所以,我更主张:学会分享,学会质疑,学会自主选择,学会快乐地生活,学会开拓生活与自由,学会成为独特的自己……

如何待人、如何处世,是非常私人的事情。如果彼此志趣不相投,保持距离就是了;如果对方违法了,自然是

“天网恢恢，疏而不漏”，用不着人们说三道四。让我们共同来营造一种有利于个性张扬的文化，更多地尊重人们对于生活的选择，这将有助于提升我们精神的品位，有助于提高我们生活的品质。

充分发掘和彰显学校教育的力量 8

教师和学校在青少年的道德教育中应该起到什么样的作用？如何才能充分发挥学校在学生道德成长中的作用？这是我们必须关注的问题。我非常认同这样一种观点：所有的教育都具有道德教育的意义，因为所有的教育都会涉及人的内在的价值系统的发展。为了帮助学生形成健康的价值观、态度与道德的行为和习惯，教师要提高自己的专业素养，学校也应该努力提升专业品质。

我们一直非常强调“师德”建设，但实际效果并不理想。“师德”一词，不足以表达出教师这个职业的丰富内涵，也不足以表达出我们对于教师应有的期待。不能用放大了的道德标尺去衡量教师的行为，强加于教师头上的精神禁锢必须解除。我们要求的是教师的专业素养，而不是要他们成为道德完人。

教师的专业素养是高品质教育的一个条件，这种高品质教育当然也包括对学生的思想道德教育。教师的专业素养体现在很多方面，比如要充分理解和尊重每个学生的独特性，不要简单地按学业成绩把学生分成三六九等；教师要有情绪的自我管理能力，不能态度粗暴和恶劣地当面大声训斥学生，尽量避免对学生极端的批评；

教师对学生谈话的语调、语速、措辞怎样才能被学生更好地接受；教师待人接物是不是真诚、宽容、有分寸；教师是否能对学生做出正确的评价，对学生的肯定与否定是不是敷衍；当学生表现优秀或者出错的时候，是不是能够帮助学生从因果关系上展开分析；课堂上，是否能做到与学生之间的自然真诚的交往，是否有发自内心的对学生的热爱、信任与宽容；当学生犯了错误的时候，是不是光有说教而没有理解与宽容……这些都不是用“师德”两个字所能涵盖的，而是教师专业素养范畴内的事，而这些对学生道德品质的形成都起着不可或缺的作用。

当前要把教师的专业成长放在一个重要的位置。过去我们更多的是对教师提出要求，而对教师作为一个生命个体却关注不够。只有教师本身有幸福感、有内在的尊严、能感受到生命的价值和乐趣时才能更好地发挥自身潜力，更好地投入工作。从这一点上说，从政府到教育行政部门和学校，都要为教师的专业成长提供良好的条件和空间，更多关注教师的生命质量，进一步提高教师的待遇，使他们有职业的稳定感、安全感，建立良好的学校人际关系。整个社会也要自觉维护教师良好的职业声望，真正形成尊师重教的氛围，不要因为极个别教师的不良表现和极端做法而污损教师的形象，因为教师崇高的职业形象是教育力量的源泉。

对于学校来说，“德育不是一项工作，而必须融渗于学校的全部活动之中”。一方面我们整个社会缺少一种稳定的、被社会大多数人认可的、与人的生命息息相关的核心的社会价值，另一方面我们的整个社会文明程度还不够高，比如制假造假、腐败堕落、社会不公正以及对弱势群体没有给予足够的关注等现象，都影响与制约着学校德育的有效性。虽然社会上存在着种种不良现象，但学校在学生的道德发展上是应该也能够有所作为的，那就是学校应该成为理想社会的雏形，成为学生人生经历中十分重要的一部分。

学校教育最重要的就是培养学生的道德判断与推理能力，通过发展学生的道德判断与推理能力，来发展学生道德的选择能力。道德更多地存在于有价值冲突的情境之中，发展学生道德判断和道德选择的能力就非常重要。学校的道德教育不是一个说教或搞一个活动就可以达到目的的，因为个体的道德发展更多的是来自于学生的生活经验，即别人是怎样对待他的，人们是怎样立身行事等，所以学校要给学生提供一种良好的校园生活，创造一个好的校园文化环境，做到"宽松、宽厚、宽容；温情、温暖、温馨；自主、自由、自信；成长、成功、成人"。学校不同于军营，更不同于监狱，也不同于医院，要让学生在这里感受到最美好的东西，给他们欣赏与鼓励、宽容与信任。假如能让我们的学生感受到存在于人身上的人性的光辉的话，他就能够真正深刻地被感动，在他的心中就会建立起道德底线，这就是教育的力量。

当然，学校可以设计一些活动，让学生通过体验来达到对道德的理解。作为学校，要更多地关注一些存在于学校生活中的具体问题，比如同学之间的关系如何，是不是存在着以强凌弱、以大欺小的现象，校园是否存在软暴力。特别值得关注的是，现在有许多乡村的孩子到城市上学，他们是不是被孤立、被拒绝，能不能平等地被接纳，等等。如果一个孩子被人欺侮或欺侮别人，他就会养成病态的人格，学校要关注诸如此类的问题，而不是那种运动式思维与表面功夫，所以我们的学校还应该提升专业品质。

以改革的精神反思课程改革 9

改革的精神，就是开放的意识、探索的心态、包容的气度、多元的观念、虔敬的情怀。教育改革是一件严肃的事情，没有任何一个人可以作为我们的试验品，我们需要有谨慎的态度和务实的精神，这也是改革精神的应有之义。

我对课改的必要性给予充分的肯定。因为一方面，社会变化的速度越来越快，任何社会系统要能有效地发挥作用，就需要不断地作出结构与功能的调整；另一方面，在现代社会中，教育不仅要适应社会发展的需要，而且应成为社会发展的一种先导力量。所以，改革是现代社会和现代教育的一个重要特征，而当前正在进行的课程改革是整个基础教育改革的重要着力点。

在我看来，本次课程改革有两点非常突出：一是有助于改造国民性。我国是一个农业大国，有着长期的封建专制主义历史，致使我们的国民在性格上比较内敛，缺乏主动性，过于迷信权威，习惯被动与依赖，不够开朗、积极和乐观，不够自信，个性的自我表现力不强，这是个文化问题，当然也是一个教育问题。传统的教学压抑了学生丰富多彩的个性，我想通过这次课程改革，可以让我们的课堂给学生更多的参与、思考、表达和展示自己的机会，更多自主的空间，从而使他们获得更多的成功的体验，变得自信、积极和乐观，从本质上改变现状，弥补国民性格的缺陷。

另一个重要意义是促使教师成为探索者和研究者。过去的教师是“依纲靠本”来进行教学，教学大纲给予了教师非常详尽的指导，教师只是教材的执行者。而现在的课程标准是粗线条的，没有可以依靠的外在行动指南。它的好处就是可以发挥教师自己的创造性，显现自己的教育个性，也迫使教师去研究教学的内容，去探索教育的艺术，通过这些活动使教师获得自身素质的提升，变得更富有教育的智慧，从而带给学生更高品质的校园生活，进而丰富教师的工作动机，增加成就感，提高教师生命质量，为教师赢得更多的尊严，使其成为一个不可替代的职业。

因此，课程改革最关键的是改变教师的观念和行为。我认为，一个好的教师必须具备三个层面的素质：一是深厚的文化底蕴；二是教育的理想和信念；三是教育的智慧，包括批判性地使用教材的能力以及教学机智等。其中文化底蕴是最重要、最难做到的，也是教师最为缺乏的。因为只有具有深厚的文化底蕴，教师才能内源性地生长出教育的理想与信念，换言之，才能有教育的理想与信念生长的土壤，否则只是简单地从外界接受的一些东西，就会成为外在的、皮毛的东西。

对于教师的成长，我想提出三点建议：一是教师要系统地读一些东西，特别是要养成读一些好的教育刊物的习惯。因为教育刊物能比较快地反映各方面人士对教育问题的一些思考，帮助教师用相对少的时间获得相对多的信息；同时，相对于那些拼凑而成的书籍而言，好的教育刊物能带给我们更真实的东西。这里顺便提一下，为了抢占市场，最近匆忙炮制的有关课程改革的不少读物相继出版，有些是靠行政命令发行的。在此，我呼吁，不要使中小学成为倾销出版垃圾的场所！二是学校要搞好教学科研活动，要促成教师之间真诚交流。三是各级教育行政部门一定要本着对教师高度负责的态度组织好师训，真正提供给教师高水平的培训；要请一流的学者作指导，因为“假冒伪劣”的学者会严重败坏教师对教育理论的兴致，严重挫伤教师参与课程改革的热情。

我想特别强调的一点是，我们一定要以务实求真的态度对待改革。首先，课程改革只能是一个探索的过程，没有一个现成的模式，不是简单的政府行为，也不是一个政绩工程。对实验学校和实验教师来讲，课程改革的过程也绝非完成指令性任务的过程。强调课程改革所具有的探索活动的属性可以使这一改革试验不致成为服务于教育外在价值的一种运动。其次，课程改革决不能急于求成，不要搞课改的“大跃进”，要充分估计这一改革的长期性、艰巨性与复杂性。这其中的道理很简单：没有教师的成长，就没有真正意义上的教育改革。更深入一点说，课程改革是对教师人格的一种锻造，这种锻造不是一种表面的行为，不能指望通过几次培训、听几次报告就收到立竿见影的效果。如果不做这样的理解，改革就会是肤浅的，就会欲速则不达。还有，要发挥人的主体性，特别是激发广大实验教师的主动精神，要使任何一个参与者都能用自己的头脑去判别，而非迷信权威或等待一个正确的“指示”。

衡量课程改革是否成功的标志究竟是什么呢?我认为,其一是看我们的教育追求是不是体现了生命教育和公民教育的宗旨,也就是说,是不是在为幸福人生奠基,是不是在培养民主社会的建设者。

其二是看学生在课堂上的学习方式是否发生了真正的变化,学习是不是积极主动,学习过程是不是充满了快乐和成功的体验,是不是乐于思考和勤于自主探究。

其三是看师生关系是不是发生了变化,是不是变得平等、和谐、融洽了。传统观念下倡导师道尊严,教师有意无意地把自己看作是知识的权威,学生一直处于仰视和遵从的地位。新的教育理念下,学生开始成为教学过程的主体,这就要求教师应该积极转变角色,容纳学生不同的声音,承认他们的“异己”思想,真诚地倾听学生的意见和内心感受,鼓励学生去探索和实践,发现学生的优势和潜能。

其四是看学生学习的内容是不是真正体现了人类文化的基本精神,体现了人类的基本经验和核心价值,是不是与学生的生活经验密切相关。这是从内容维度上来讲的。过去的教材为学生提供了各种各样的答案,可谓天衣无缝、和盘托出,就是没有给学生留下可以提出问题的空间。

其五是看是否真正形成了高效的学习型组织和创造了优良的学校文化,师生的校园生活质量是否真正得到了提高。

一言以蔽之,最根本的是看学生和教师是不是在这次改革中获得了更好的成长和发展,看学生是不是在学习过程中获得了更加主动的发展，更多展示出他们丰富多彩的个性，更健康活泼快乐的生活；看教师是不是有了更强的专业精神，是不是有了更高的工作热情和充满了职业的成就感。

最后要强调的是，我们必须用改革的精神推动改革。改革精神，这里特别要强调的就是要尊重多样性，要有各种观点、思路的碰撞与交锋；要有包容性，要听得进不同的声音，我们既要积极宣传课程改革，又要避免舆论“一边倒”。教育改革只许成功不许失败，这是教育人道主义的“绝对命令”。因此，我们要确保政策的民主化、科学化。当前，应集中整个教育界的智慧，为课改实验的进一步推广做好最充分的理论准备；同时，要及时解决前一段课改中已经显露出的问题（如包容性不够、急于求成、目标过多、过于分散等），以积极而又审慎的态度推进课程改革。

贰

教育的真义

JIAO YU DE ZHEN YI

10 教育的隐喻

教育是面向心灵成长的活动，是师生精神生活的过程。精神的神秘性和不可言说性，使得对于作为精神成长的教育过程的言说，只能是“言近而旨远”，言有尽而意无穷。因此，关于教育的表达，基本上只能是隐喻性的。所谓隐喻，作为比喻的一种，不用“如”“像”“似”“好像”等比喻词，而用“是”“成”“就是”“成为”“变为”等词，把某事物比喻成和它有相似关系的另一类事物，如“少年儿童是祖国的花朵”。隐喻不仅是思想表达的一种修辞手法，而且是我们的思想接近我们眼中“真实”的一种途径。

教育作为一个“价值生成”的过程，我们很难用量化的语言来确解。凡是能够用精确的数据所描述的教育事象，基本上都只是教育的外在形貌，如校园面积、班级规模、在校人数、考试分数、升学率等。而作为“文化—心理”过程的教育，是一种精神交往的艺术，而艺术就只能用象征的手法来表达，通过营造意象来表达渴望和向往，表达人类内心深处永恒的冲动。

隐喻的表达，更多地基于一种个人感悟和平等的分享。教育是基于信念的行为，而信念是不能被强加的。经验培植信念，分享生成信念。个体的经验是有限的，但它使人在有限的感觉中向无限开放着，向未曾体验的人生经验伸展开去。经验确定了任何对人生的疑问，都没有最后的答案，它使得历史的人无法占有“永恒”的真理，真正的经验是对人自身的历史性的体验，没有一代人和一种学说能够永远地结束真理。关于教育的隐喻，给了我们一个结合自己的生命感悟而自由阐释的广阔的思考空间，有助于解除由于那些充满意识形态霸权的说辞强加于人的思想禁锢，有助于我们生成教育的信念和智慧，让我们感受到思想解放所带来的创造激情的充分涌流。

既然关于教育的表述基本上只能是隐喻性的，那么，对于教育过程的理解就只能是见仁见智，没有唯一正确的解释，也没有唯一有效的措施。教育的品质如何，一切都取决于我们对于充满变数的复杂微妙过程把握的艺术水准。

关于教育的隐喻，比较经典的有叶圣陶先生所说的“教育是农业而不是工业”。这一隐喻至少可以做这样几层阐释：其一，教育是一个生命过程，是一个生长的过程，而不是加工、制造的过程；其二，作为生长过程，生长的品质，取决于精神生态的品质，而不是某一孤立的要素；其三，这个过程很难作具体的专业分工，它必须具有整体性；其四，它不可能按照事先确立的标准批量生产。

关于教育的隐喻，比较经典的还有怀特海的“教育是既见树木又见森林的过程”。这告诉我们，作为精神生活和建构知识的过程，既不能是笼统的、抽象的概括，也不能是零星的、散乱的信息和知识，而应该将学习的内容升华到更大的思考主题，并形成理解框架和概念网络。所以，在学习过程中，既需要深入细节、解剖麻雀，又需要“会当凌绝顶，一览众山小”。我们既可以把森林理解为上位概念，把树木理解为下位概念，也可以把“见森林”理解为智力生活的背景和整体把握，把“见树木”理解为细处摄神和结合个体经验的理解。

教育的隐喻，使得教育具有了一种开放性、向生命过程的敞开性和解放的旨趣。对于教育的理解，我曾经有过这样的表述：“建基于价值引导与自主建构相统一的教育，从学生成长的过程来说，是精神的唤醒、潜能的显发、内心的敞亮、主体性的弘扬与独特性的彰显；从师生共同活动的角度来说，是经验的共享、视界的融合与灵魂的感召。”（《教育的意蕴》）在这一言说中，唤醒、显发、敞亮、弘扬、彰显、共享、融合、感召，这些词的使用的背后是对于作为万物之灵的人的潜能的高度尊重和珍视，对人的尊重和信任，倡导一种主体的、人本的、有尊严的、充满对人的信任和乐观的期待的教育品质，坚决反对教育中的灌输、欺骗、蒙蔽、操纵、控制、奴役、规训、模塑、愚弄、歧视等。只有当我们将学生视为潜能丰富的独特的人，我们才可能真正发自内心地去信任作为个体的学生，并且尊重每个个体存在的价值与尊严，我们才可能想方设法去激励和充分发挥每个学生的主动性、自主性、创造性和独特性，使完整的个性得到全面涵蕴与自主生成，在教育中努力彰显一种民主、平等的教育精神，使教育活动充盈着积极、乐观、明朗向上的精神气质。而如果我们认为儿童的内心是一块“白板”，其结果必然强调灌输和外塑。

还比如，当我们说“教学过程就是传授知识的过程”

时,潜意识中我们就有把"知识"客体化、实体化的嫌疑；而当我们说"教学过程是促进学生建构知识的过程"时,则体现了对于学生学习过程中的自主性和主动性的珍视。

意识到我们表达背后的更为深层的观念和意识,有助于我们思想的严密,有助于深邃的自我反思,有助于观念的真正转变，有助于教育信念的确立和教育智慧的创生。

11 教育的精神元素

教育是一个激荡心智、沐浴灵府、贞立人格、彰显个性的活动。这个活动不同于任何制造业的活动，也不是一个操作流程。过去，人们探讨教育的要素，更多地是从可观测的角度来揭示教育的构成，大多会提及诸如教育场所、教师、学生、教育内容（体现为教材）、教学媒介等。这固然是一种角度，但教育是一种关照精神（心灵）成长的活动，而精神是无形的，但比有形的东西更不可缺少。在我们这个世界上，其实是无形的东西决定着有形的东西，我们看得见水，却看不见氢(H_2)和氧(O_2)。假如没有爱，再漂亮的居所也不能称之为家。

在我看来，关注学生精神成长的教育一定包含着爱、感恩、忏悔、希望、信仰、探索、合作、自由与自主，这也正是教育的精神元素。而精神，正如陶行知所说，“如山间明月、江上清风一样，是取之无尽，用之不竭的”。真正的教育区别于一切在形式上貌似教育的劣质的假教育。

爱，就是在别人需要时，看到自己的责任；爱，就是恒久的忍耐，且有恩慈。而爱本身又包含着了解、尊重、责任、关怀和给予。缺乏了解，爱就是盲目的，当然也会是肤浅的；没有尊重，就没有信任，就没有乐观的期待，爱就会演化为支配和控制；没有责任、关怀和给予，爱就是苍白的、轻薄的，甚至可能是虚情假意的；给予，就包括给予学生需要的额外的帮助。文学家夏丏尊先生这样说过："教育没有感情，没有爱，如同池塘没有水一样。没有水，就不能成为池塘。没有感情，没有爱，也就没有教育。"

与爱相伴而生的当是感恩。我们的教育不仅要让学生理解爱，并且要让他们学会爱，那就是感恩。感恩于我们拥有的一切，感恩于生活中拥有的阳光、微笑、歌声与鲜花，感恩于"黑夜给了我黑色的眼睛"（顾城），感恩于人类文化养育出我们追求美好的永恒冲动。

忏悔，是心灵的反思，是宗教的情怀。反省是一种智慧。一个具有反省能力的人，一定是严格的自我要求的人，善于从别人的批评中意识到自己的不完美，意识到自己存在的局限，从而多一点以"责人之心责己，恕己之心恕人"，多一点扪心自问和扣问心灵，多一点灵魂的拷问，少一点怨天尤人和愤世嫉俗。

希望，是鼓舞人生之帆驶向彼岸的强劲力量之源泉。教育力量的体现其中一定包括精神感召：让学生学会憧憬未来，对未来有一种热切的向往，从而在学生的心中发掘出向上生长的力量。优秀的教师一定善于把人生美好的前景，把我们生活于其中的社会美好的明天展现在学生的面前。

信仰，我们心灵信赖并仰望的人生终极的关怀，我们之所以活着的全部意义生发之源。教育要有精神支柱，教育者要有精神支柱，并自觉地引领学生用心去培植他们的精神支柱。人是万物之灵，每一个人与生俱来都有一颗信仰的种子，我们要做的是创造一种情境和氛围，让这颗种子发芽、生根并茁壮成长。而假冒伪劣的教育使这颗种子早早地死去，变成干瘪的空壳。

探索，就意味着不固步自封，不因循守旧，不墨守成规；意味着不得过且过，不敷衍糊弄；意味着总是试图去改变，意味着追求卓越。在教育中，探索可以表现为带给学生理智的挑战，表现为“以问题引导教学过程”；也可以表现为发现学习和探究学习，当然也可以表现为长周期的主题探究的学习，即研究性学习。在教育中，探索的底蕴就在于学生对于知识的自主建构，这就意味着亲历过程、总结方法，实现经验的概念化。

自主与自由，意味着学生有权对自己的事情做出决定，意味着我们把培养学生“自主判断、自主选择和自主承担”的能力作为目标追求，意味着我们重视自由—责任精神的养成，意味着我们对于奴性人格的彻底否弃，对专制性格的全面颠覆。

合作是自主、自由的个体之间健康的关系。合作就意味着能设身处地地为别人着想，学会了对别人移情性的理解，学会平等充分的沟通；合作就意味着我们建立起了一种“你—我”关系。

合作之所以是真正教育的精神元素之一，就因为合作的品质是个体的社会性发展的重要内质，是融洽、温暖、和谐的良好的精神生态的不可或缺的品质。体现人与人之间合作的精神，倡导合作学习，培养合作的品质，是真正教育的当然要求。乐于与他人打交道，乐于一起自由地辩论，乐于表达内心真实的想法，这些都与合作精神相关联，也是自由社会建设者的重要品质。

教育与时代精神 12

人类世代交替,生生不息。每一个时代都有其面临的挑战和特别需要解决的问题,因而每一代人都有其独特的使命和特别需要的气质与品格。这种独特的气质和品格,就是所谓的时代精神。

今天我们这一代人所肩负的历史使命是发展市场经济,完善民主政治,促进个人的自由充分的发展。人类历史业已证明,市场经济是最有效的社会资源的配置方式,它也是民主政治的基石。而民主政治也是最人道、最合理、最合乎人性、最能充分发挥每一个人的政治智慧的制度,因而民主也是一种生产力。寻求自由与解放,这是人类永恒的内在的冲动。如何使人类这种永恒的内在的冲动转化为文明进步的动力,这就是制度文明先进与否的标志。换言之,衡量一个社会的文明程度的标尺就在于看它在多大程度上、多大的范围内为个人自由充分发展提供了可能性。

而今天这种努力就表现在为现实的、具体的个人自由充分的发展创造条件,解除一切形式的束缚人、禁锢人、贬抑人、奴役人的制度、思想、观念和措施,最大限度地尊重人们的自由和权利。

"自主、合作、创新",就是对我们今天所处这个时代的精神最凝练的概括。所谓自主，即自主判断、自主选择、自主承担，这也是市场经济的基本原则和精神。在市场经济时代，我们每一个人作为经营者或消费者，生产什么，如何生产，生产多少，消费什么，消费多少，怎么消费，没有人来为你指点江山，没有人可以包打天下，而是要靠作为具体的、现实的经营者和消费者的我们来自主判断、自主选择和自主承担。选择既以多样性为前提，也以独立性为条件；而选择的后果是一方面促进社会更为优化的多样性，另一方面造就具有责任承担能力的、具有“自由之意志、独立之人格”的个体。

只有自主、独立的个体，才有可能建设民主的社会，才可能具有民主参与、民主决策的能力。一个依附的个体、盲从的个体，一个仰人鼻息、唯命是从的个体，只能是专制统治的走卒和工具。

也只有自主、独立的个体，才最有可能充分地自我实现。其实，自主性、独立性，是一个人自由充分发展最核心的内质，也是个体获得更好发展的主体条件。自主性、独立性所标识的是个体与外部世界，特别是与社会、与他人关系的性质，自主性、独立性是一个人有尊严性存在的条件。

那么，自主的个体之间是一种什么样的关系呢？那就是合作。合作就意味着乐于与他人打交道，具有开放的心态、进取的意识和成长的渴望。一个自我封闭的人，一个自满自大的人，一个得过且过、不思进取的人，是不会有与他人合作的需要的。

合作也意味着能够尊重不同和差异，尊重多样性和每一个人的独特性。因为不同和差异，是合作之所以必要,也是合作之所以可能的重要条件——如果你生产粮食,我也生产粮食,我们就没有合作的必要;如果你生产粮食,我生产布匹,我们才有互通有无、优势互补这样一个需要。过去,人们说“道不同,不相为谋”,今天,我们却可以说“道不同,正相为谋”;在法律的框架内,在不违反道义和良知的范围内,最大程度地尊重不同和差异,更多地宽容。

合作也意味着个体社会性的发展,意味着学会了放弃、退让、隐忍、妥协,学会了推己及人,学会了设身处地地为别人着想,学会了对他人移情性的理解。孔子说:“君子和而不同,小人同而不和”,意思就是说发展很充分的人,都是独特的,但他能和其他有个性的人和谐相处;而发展程度很低的个体,没有个性,他们不过是一丘之貉,却整天窝里斗,不能友好地相处。所以,一个社会,一个群体,人际关系的性质,既是个人发展的条件,又是每一个人发展程度的标志。

时代精神的第三个方面是创新。创新就意味着不因循守旧,不固步自封,不得过且过,不浑浑噩噩;意味着有一颗开放而敏感的心,不断进取,不懈追求,不断地开拓生活和自由。

从个人来说,创新、探究、发现,都是健康人格、自我实现的人格的重要组成部分,是高品质的生命质素的重要内涵。创新也是社会进步的力量源泉,生命的美好和智慧之花在创新中绽放。创新拒斥保守、僵化,创新生发着社会的活力,激发着个体生命中持续的对生命的眷注与热爱。

如果所谓的时代精神,不为广大的社会成员所认可，并变为他们自觉的追求和个性品质，那么它就只是一种虚幻的、虚假的少数人甚至是个别人的意趣。

用时代精神烛照教育，赋予教育与时代精神相一致的品格与内涵，造就具有时代精神的人，这是我们培养幸福生活的创造者与民主社会的建设者的着力点。因此，我们需要重新定位教育的价值追求，重建学校文化，从课程设置到课程内容（比如需要强调公民教育），从教育方式到学生的学习策略，从日常评价到考试选拔，从师生关系到同伴关系，都需要体现时代精神，都需要有助于具有“自主、合作、创新”精神与品格的人的成全。

教育的存在形态 13

关于教育我们可以作若干个命题,因为教育是一个十分复杂的社会文化现象(事件)。作为“文化—心理”过程,作为个体心理遭遇人类文化的过程,教育是一个“价值引导与自主建构相统一”的过程。教育究竟有哪些最基本的存在形态呢？对这个问题的讨论,将有助于我们获得对教育的更为完整的理解和更为自觉的筹划。

教育的第一种重要的存在形态是熏陶。在一定的情境和氛围中,通过富于感召力、感染力的,充满真诚的叙说、展示或待人接物中自然流露出的态度与情怀,给予学生潜移默化的影响,起到春风化雨、润物无声的效果。隐蔽课程(hidden curriculum)的存在就是熏陶作为教育的一种存在形态的证明。熏陶更多地作用于情感,作用于气质和性格。一所学校的校风、学风之所以重要,就在于它无时不在地熏陶着所有“在场”的人。作为发展中的人,面对教师,一定会期盼“让岑寂的心灵,邂逅你的笑靥”,在你真诚的微笑里,蓄满教育的阳光。

有明确规划的学习领域和学习主题,并以这些学习主题为切入点,系统地了解、理解、熟识和掌握人类文明在这些主题上已有的认识成果,这是教育的另一种重要的存在形态,我们可以将其称之为“主题学习”。将人类认识成果转化为个体的认识，将公共知识转化为个体的知识，帮助学生高效地分享人类文明的最主要的成就，是教育最经常、最基本的任务。究竟要学习哪些主题？如何来学习这些主题？这是另一个问题。这取决于我们的理想信念、知识观和学习观。

教育的第三种存在形态是训练。受过教育的人，一定是在某些方面训练有素的人。比如，学术训练。人类学家，受过人类学的专业训练，他一定会作田野研究；还有体育运动的技能训练；音乐教育中乐器弹奏的技能训练；美术教育中绘画技能的训练，道德推理技能的训练。训练是心智技能形成和熟练所必须的。训练中就包含示范（演示）、模仿、强化（反馈）、调节（矫正），等等。“操千曲而后晓声，观千剑而后识器。”语言学习中就有朗读训练、速记训练和写作训练。学习总是由浅入深，由不系统不全面到系统全面；训练总是由少到多，由易到难，由简单到复杂，由模仿到创造，由粗疏到工巧等，都是沿着由低到高、由生到熟、由粗到精的序列前进的。我们的教育中有意义的、有价值的训练其实不是太多，而是太少。“规范化训练”是我们的社会中广泛存在的一个现象、领域、技术和制度。对于规范化（normalization）的强调，我们是需要保持警惕的。我们不仅要反对那种盲目的、机械的、带有变相体罚意味的训练，我们也需要自觉地审视对于“规范化训练”之强调的更大的社会和文化背景。

教育的第四种存在形态是自由探索。发展学生自由探索的内在需要，是教育的重要目标，让学生有自由探索的时间、空间、素材和心境，自由探索才有可能。引领学生观察自然与社会、叩问历史和省察自我，以便发现问题和提出问题,以便形成自由探索的主题。鼓励自由探索,掌握探索的方法,丰富和提升探索的内在动机,形成探索的智慧,在今天变得越来越重要。当学生有探索的需要时,学习会变得更为自觉和更为高效。

人们的内心都有漂泊的冲动和流浪的向往,渴望新鲜的感受和生命的奇遇,这是自由探索的力量源泉。自由探索也是解除和消蚀心智禁锢的有效方法。

教育的第五种存在形态是评价。评价有过程性评价和终结性评价之分，也有发展性评价与甄别性评价之别。评价有导向、激励、调节(反馈)、检查、甄别筛选等功能。与评价相关联的学习成绩的考查和评定、品行的评定,以及奖励与惩罚都是教育的构成要素。评价之所以是教育的存在形态,就因为在师生交往中,评价中渗透着价值的引导,评价帮助学生形成自我认识和立身行事的是非标准。

教育的这五种存在形态并不是彼此孤立存在的,经常地你中有我,我中有你。在主题学习中,会带给学生无言的感动和艺术的陶冶,也可能在主题学习中生发出探索的主题，因而在主题学习中发展学生质疑的能力、作出猜测和解释的能力就非常必要。单纯的训练并不就是教育,教育一定有对人的心灵的关照,对人性的陶融,但训练却可以是教育存在的一种形态。

14 教育与信念

相信信念的力量，是人文精神的应有之义，也是心灵力量和教育力量的重要的源泉。按哲学家贺麟的话说："惟有抽象的观念，乃作为理性动物的人所独具，而为禽兽所无有，故抽象观念实为人之所以异于禽兽最可宝贵的精神力量。"在贺麟看来，承认观念的力量是提倡学术文化的基本信念。否认观念的力量，只承认物质的力量、金钱的力量和武力的力量，是文化的堕落，也是社会趋于无理性的野化、俗化的主要表现。

教育不是简单的操作性行为，而是基于信念的事业。因为真正的教育是精神创生和灵魂的感召。如果教育只是一种简单的操作性行为，那么，我们完全可以用现代化的教学媒体取代教师。正因为人只能由人来建树，心灵只能由心灵来感召，所以，教师将是一个永恒的职业。没有教育信念的教师决不可能成为好的教育者。教育是一种基于信念的行为。这意味着只有基于信念的行为，才具有感染力和感召力，才是真正的教育力量，才能推动人和鼓舞人，才能唤起别人对于未来热烈的憧憬与向往，才能在别人的心中催生信念。因为只有基于信念，我们的言行才会有一种自然与真诚，才会有一种执着和投入，而不会是做作与矫饰、应付与敷衍。

正如马克思所指出的:“我们现在假定人就是人,而人同世界的关系是一种人的关系,那么你就只能用爱来交换爱,只能用信任来交换信任,等等。如果你想得到艺术的享受,那你就必须是一个有艺术修养的人。如果你想感化别人,那你就必须是一个实际上能鼓舞和推动别人前进的人。你同人和自然界的一切关系,都必须是你的现实的个人生活的、与你的意志的对象相符合的特定表现。”而任何刻意的表现、生硬的说教、煞有介事的宣称、虚情假意的关爱,都将无济于事,都是自欺欺人。那更不用说,狐假虎威、道貌岸然、敷衍塞责的影响之恶劣了。而基于信念的自然的、日常的、细微的、不经意的动作、表情、话语更有可能带给人真实、亲切的感受。

德国思想家雅斯贝尔斯一再强调:“教育须有信仰,没有信仰就不成其为教育,而只是教学的技术而已。教育的目的在于让自己清楚当下的教育本质和自己的意志,除此之外,是找不到教育的宗旨的。因此我们常听到的一些教育口号并没能把握到教育的真正本质,诸如学习一技之长、增强能力、塑造个性、创造一个共同的文化意识等。”“教育是极其严肃的伟大事业,通过培养,不断地将新的一代带入人类优秀文化精神之中,让我们在完整的精神中生活、工作和交往。在这种教育中,教师个人的成就几乎没有人会注意到,教师不是抱着投机的态度敷衍了事,而是全身心地投入其中,为人的生成—— 一个稳定而且持续不断的工作而服务。”“教育,不能没有虔敬之心,否则最多只是一种劝学的态度,对终极价值和绝对真理的虔敬是一切教育的本质。缺少对‘绝对’的热情,人就不能生存,或者人就活得不像一个人,一切就变得没有意义。”

教育信念的生成与确立，源自个人全部的生活经验。当然，如果我们能够从学理上作一番考量，在理性认识上具有一定程度的彻底性，当然会有助于我们更为牢固地确立某种信念。这是因为，从学理上讲，所有的教育问题归根到底都是社会问题，即使看上去只是一个操作性的问题，如果你不断地追问，最后都将成为一个哲学问题。比如，采用一种教学法，为什么要采用这种教学法？答案有多种，但不管回答的原因是什么都可继续追问。如回答，采用这种教学法能更好地提高课堂教学的效率，接下来要问的是：“课堂教学的效率”意味着什么？回答很可能是“意味着能使学生获得更大程度的发展”；而继续要追问的是：发展又意味着什么？怎样的变化就叫发展？发展是为了什么？如果继续追问下去，最终的问题必然涉及“人为什么活着”“什么是有价值的人生”“什么是美好的社会”等这样带有终极关怀意味的哲学问题。

从社会批判、文化批判的角度来讲，所有教育问题都是一个社会和文化问题，譬如，师生关系不和谐，原因可能很多，但这些原因最终都牵扯到社会问题。原因可能是教师的教育观念有问题，不够尊重学生。那么，教师为什么不尊重学生呢？教师自己在他成长的历程中受到足够的尊重了吗？现在在这个职位，他们受到足够尊重了吗？这无疑是社会问题。原因也可能是教师素质不高，不善于处理与学生的关系。教师素质不高的原因何在？在教师教育和教师的成长方面，我们是否给予了足够的重视？我们是否有足够的投入？我们对待教师是否公平？

是否做到了“责权利”的统一?我们是不是片面地强调了教师的责任,而没有足够关注教师的利益?我们的社会中是不是存在着欺软怕硬的文化病毒?

所有教育问题最终都是一个社会问题和文化问题,原因就在于,教育是社会的教育,教育是一种文化行为;教育中的人,都是社会中的人,都是文化的承继者、文化的遭遇者和文化的创造者。所以任何用缺乏社会批判和文化批判的眼光来谈教育问题,都不可避免地要么别有用意,要么显得肤浅。自然也就会缺乏信念赖以生成与确立的土壤。因而教育信念确立的基石就是对于理想社会和理想人生的祈望。

教育作为一项实践活动,从教育目标、课程内容,到教育的途径、手段和方法及教育的评价体系,无不受制于社会的发展水平和需要,受制于个人身心发展的规律。教育是最深刻地牵涉于社会与个人之间的一项活动。对于理想社会的构想和预设,是形成和确定教育理想的前提和基础。任何社会都是由现实的、具体的个人组成的,而任何个人都必定生活于一定的社会之中。社会无非是人与人之间的相互作用。

对于理想社会的理想,自古及今都不曾缺少过。在我看来,理想社会并不是在天空之下,没有暗箭、没有子弹、没有偷窃、没有陷害、没有仇恨、没有恶疾、没有身不由己的说辞和悲伤的眼泪,有的只是阳光、水果和爱情,永远面对大海,永远春暖花开。理想社会中必须具有哪些要素,这是一个值得认真研究的课题。在我看来,理想社会包括这样四个层面:

个人自由——个人行为广泛的可选择性和自主性,

个人享有广泛的人权，并获得自由充分的发展。个人自由是衡量社会文明程度的最为重要的尺度。

社会公正——公正意味着为了少数人、个别人的利益而牺牲多数人的利益是不公正的；为了多数人的利益牺牲少数人，甚至是个别人的利益同样是不公正的。每一个具体的个人都能受到公正的对待。

政治民主——社会中每一个有责任能力的个体都能自主地、平等地、充分地参与公共事务的决策与管理，公民享有广泛的知情权，有健全的对于公权的监督机制。

经济繁荣——科学技术的进步与生产力的提高，使得社会的物质财富不断丰富，从而使每一个人都能享有免于物质匮乏的自由。

而中国传统的社会理想中缺失的恰恰是人权，是民主，是个人自由，缺少对人的自由权利的尊重与信任，近乎严密的宗法等级伦理规范体系与专制制度根本没有体现对个体的人的尊重和信任，个体的人只是作为伦常序列实现的符号、载体、工具。有的只是平均而不是公正的观念，只有民本而没有民主。专制时代的所谓“太平盛世”也不过是“做稳了奴隶的时代”，作为个体的人淹没在“民”之中，盛行的是特权和人身依附，个人成为实现某种意志的工具，专制统治者以虚幻的共同体的名义发号施令，以售其奸。

没有理想的社会就没有理想的人生。且不说“宁做太平犬，不做乱世人”是一种凄切的境遇，就是“达则兼济天下，穷则独善其身”也是一种无奈的选择。理想的人生一定应该有主体性的张扬，有对“自由意志、独立人格”的守护和基于平等的人与人之间关系的诚信与互惠的普遍践履。早在100多年前,章行严先生就指出:“中国人之思想,动欲为圣贤,为王者,为天吏,作君,作师,不肯自降其身,仅求为社会之一分子,尽我一分子之义务,与其余分子同心戮力,共齐其家,共治其国,共平天下。”即使是人们津津乐道的《岳阳楼记》中的“先天下之忧而忧,后天下之乐而乐”,其中缺乏的仍然是平等的意识,总是将自己放在普通的民众之外,而不是民众之中。这种心理上的“特权”是与政治上、经济上的特权有着千丝万缕的联系的。

教育信念确立的基石就是对于社会的理想和人生的理想。无论是对于社会的理想,还是对于人生的理想,如果缺乏现代文化精神的价值指向,缺乏自由、民主、平等、人权这些核心的价值,这个“理想”就值得怀疑。这意味着教师应该成为具有丰厚的文化底蕴、谙熟人类文明历程、确立现代社会的核心价值的人,成为有思想、有灵魂的人。

教育是一种基于信念的行为,也就意味着教师的行为更多的应该是自发的、真诚的、内源性的,而不是出于外在强制和纯粹基于个人私利的;是高度自觉的,而不是盲目的;是基于生命的灵动与热力,而不是机械、麻木与冷漠。它还意味着教师需要不断地进行自我反思,不断地扪心自问,不断地眷注心灵,不断地投入生活和不断地成长。“在教育中,教学和教育的精神是至关重要的,我们应关注这些关键问题,而少管一些细微末节之事。”如此,我们的教育信念才有可能是最具人文的阳光、最具时代的精神、代表着人类文明前进方向的信念。

15 日常生活中的教育学

任何所谓的“学”，都不过是我们作为我们的世界的立法者所作的理论概括和系统表述。在我们日常的行为背后，有一套支撑我们行为的观念系统，这也许是我们没有自觉意识到的，但它实实在在地在发挥着作用。鲁迅先生曾说过一段意味深长的话：“倘有人作一部历史，将中国历代教育儿童的方法，用书作一个明确的纪录，让人明白我们的古人以至我们，是怎样被熏陶，则其功劳，当不在禹下。”在我们日常的教育行为背后必定有一套观念，我们不妨将它称为“日常生活中的教育学”。

人与人的关系，是一种多米诺骨牌的关系，我们共存于一个社会生态之中，因而在日常生活中，我们每一个人都是天然的教育者和受教育者。我们如何看待世界和人生，我们崇尚什么和鄙薄什么，我们如何待人接物，我们的气度和胸襟，这所有的一切，都会对我们直接和间接交往的所有人产生影响。这就是马克思所说的“每一个人的发展都是其他所有人发展的条件”，因而我们每一个人的发展程度都取决于我们直接或间接交往的所有人的发展水平。

对于绝大多数人，在日常生活中对自己所持有的教育观念是缺乏理性自觉的，他们的行为主要受着传统习俗的影响。比如，在婴幼儿的教育中，当孩子任性哭闹时，绝大多数的家长不是和孩子讲道理，分析任性的危害，而是用欺骗、恐吓与威胁的办法。所谓欺骗就是以种种利诱、种种许诺来暂时缓解孩子的消极情绪，当孩子不再哭闹时，家长也就将许诺抛诸脑后。说得极端一点，我们都是在欺骗中长大的。这恐怕也是我们社会普遍缺乏诚信的一个重要原因——我们绝大多数人谁也没有把别人的话往心里去，也没有准备对自己的话负责，都不过是说说而已。这也可能是今天我们的社会中空话、套话、大话、假话之所以大行其道的重要原因。

对付孩子哭闹和任性的另一个经常使用的手段便是恐吓与威胁，比如说，“你再哭，警察来把你抓走”，“你再闹，我把你扔到外面去”，恐吓与威胁的结果，就是使得孩子惧怕强权，而不能发展出自律的道德。在我们的早期教育中，恐吓与威胁广泛存在，这也许是我们性格中普遍缺乏公正的观念而更多的是欺软怕硬性格形成的重要原因。

我们也不难发现，绝大多数的家长，在孩子摔倒或是磕着了的时候，安抚孩子的办法更多的是“打”那块地、责怪那张磕着孩子的桌了，而不是帮助孩了分析为什么会摔或被磕的原因。久而久之，孩子就会形成一种对自己的行为不负责任，缺乏自我反思能力，一切错误都归咎于外界、他人的心理倾向，当遭遇挫折时，不是以积极心态面对，而是抱怨，怨天尤人甚至愤世嫉俗。

在我们绝大多数人对孩子的评价中，“听话”的孩子就是好孩子，乖的孩子就是好孩子，这就是一种价值的导向。经常有人问我：孩子究竟是听话好还是不听话好？

在我看来，这个“提问”本身值得分析：“听话”听谁的话？话的内容是什么？它是不是有道理？而笼统地要孩子听话，就有将成人的威权强加于孩子的嫌疑，不利于培养孩子服膺真理的性格。所以，不应该是孩子“听话”不“听话”的问题，而应该是“讲理”不“讲理”的问题，这个“理”就是生活的自然法则，就是生活的逻辑，就是推理的有效法则，就是我们生活的基本经验和常识。

当我们遇到熟人寒暄时，经常会问及孩子的学习怎么样，大家也都心知肚明就是指孩子的书本知识学得怎么样，考试成绩在全班的名次如何，而很少有人会问：“孩子发展得(或是成长得)怎么样?”这背后就反映出我们将孩子应该作为完整的人的发展窄化为认知能力——而且还是不完整的认知能力的发展。之所以说是不完整的认知能力的发展，可能没有包括批判性的思考力和探究能力等，因为这些能力是常规的考试难以检测出来的。

我在这里谈论日常生活中的教育学，目的在于唤起人们对于自己日常行为的自觉。因为，我们的行为更多地是受那些潜移默化的观念与习俗的影响，而这些习俗与观念是否合理，是否蕴涵着先进的教育理念，这是需要我们每一个人，特别是每一个先进的教育理念的鼓吹者能够清醒地意识到的：教育学不是单纯地用来高谈阔论的话语系统，而是要身体力行教育信念；提醒每一个职业的教育者——教师(用“职业的教育者”这一术语以区别于“天然的教育者”)，我们日常的教育行为也是应该自觉地反省和检讨的。我们需要形成统一的生活哲学和教育哲学，这样我们就能够变得更有教育的力量，因为我们拥有更加完整的人格。

课程的意味 16

在今天的中国教育界，课程改革已经成为整个教育改革的重点和热点。这有着国际国内政治的、经济的、文化的诸多原因，但从某种意义上说，最根本的原因就在于“课程乃是把宏观的教育思想、制度和措施等与微观的教学实际、学校的日常生活联系起来的主要媒介和途径，是把理论和实际结合起来的一座桥梁”。因而在任何一个教育体系中，课程问题总是居于核心地位。任何彻底的、富于深度的教育改革，都不能不触及到课程，都不能不把课程的改革当成整个教育改革的着力点和切入点，并最终将教育改革凝聚到、落实到课程上。

在汉语中，“课程”一词，更多地指称学科的知识体系。因而在过去人们的观念中，课程是静态的、凝固的、先在于教学过程、外在于学生个人生活的学科知识，这些学科知识凝固成教材、教科书之类的东西，并且经常是凌驾于学生之上的，学生对于课程主要是接受者的角色。过去，我们存在的突出弊端就在于：生吞活剥地强加给儿童的是脱离现实生活的抽象的一般性知识，它们作为学科知识是从理论上加以组织和体系化了的。这种课程观折射出和集中反映出我们的教育观：学生不是个体知识主动的建构者，而是被动地接受“知识”的容器。

作为一种普遍的现象，学生学习的方法是把那些已成的、僵死的知识记忆下来，从而导致过分依赖已成定论和记忆。教师作为知识权威的代言人全面控制课程的组织与开展，他们给予传统的、书面的、叙述的表达方式以特殊地位，这就不可避免地削弱甚至损害对于学生的口语表达、个性表现力、自发精神和创造性以及研究能力的培养。学生仅是知识的被动的接受者，学生个体的探索和体验得不到重视。

一般说来，真正的学习唯有在帮助学生建构同其实际需求与兴趣、能力相应并关联的知识时才会发生。尽管学科课程的知识体系也顾及儿童的成熟及其能力发展，力求遵循从简到繁、从易到难，或者从具体到抽象的原则加以编制（从这个意义上说，不能说它全然不顾及儿童的实际），但在这种场合所考虑的儿童不是活生生的具体的儿童——不是具体的生活情境中的儿童，而是一般地、抽象地考虑的儿童。因此，学科的体系之所谓适于儿童，也不过是千篇一律地、模式化地看待的儿童，这种课程实践整齐划一地强加给儿童的事实并没有得到根本的改变。脱离现实生活的抽象知识的堆积，且各门学科彼此割裂，凝固僵化，这是过去我们的教育存在的十分严重的问题。今天，我们重新构筑有助于个性解放与自我实现的课程，就成为了当务之急。这种努力的重要特征就是课程的生活化和综合化。

那么，课程究竟是什么呢？我们试图要带给学生和学生最后实际经历与体验到的一切，都是课程。这是今天我们对于课程最广泛意义上的理解。

课程不仅是学习内容的供给系统，也不仅是学生学习领域与学习主题的规划与设计，还是学生学习的情境、氛围以及师生获得的各种体验，因而进一步成为保证个性全面发展的系统。课程不是那些预成的、静态的凝聚物，而是包括教学活动在内的师生共同活动的过程和成果。

课程也不是外在于学生、更不是凌驾于学生之上的某种预先存在的东西，学生本身也是课程的组织者和参与者，没有学生的学习活动，就不存在完整的课程。所以，课程不仅是学习的内容，还包括学习的过程和学习的结果。从心理基础而言，这样的课程比认知过程更为广泛，强调学生个性的全面参与，是学生整个人的“卷入”。学生通过与活动对象的相互作用实现自身各方面——认知、情感、态度、技能以及体质与体魄的发展。

我们要向学生展示什么、呈现什么、提供什么，一言以蔽之，我们要带给学生什么，一是内容，即学习的领域与主题，一是如何呈现这些内容，即学生在学习过程中处于一个什么样的境地，我们创设什么样的情境与氛围。前者主要依存于我们对“什么知识最有价值”的理解，后者则主要建基于我们对“教学过程”独特性与有效性的理解。

正如有学者指出的：学科知识本身的完备并不能直接转化为学习者理想的发展。尽管课程在知识水平上可以达到相当严密、完整、系统、权威的程度，却经常由于脱离了学生的主观世界和内心体验而无助于他们的发展，甚至不能够保证这些知识真正为学生理解和掌握。这样的问题，几乎在各个国家的教育实践中都先后被人们注意和批评过。于是，人们逐渐将努力从追求课程在客观上的完美，转移到课程对学生产生的主观效果——这并非主观唯心主义，在教育活动中，受教育者的主观体验是最具有客观实在性的，也是从公共知识向个体知识转化的必要的中介。

只有那些真正为学习者所经历、体验、理解和接受、内化了的东西，才称得上是课程，也只有在学习者主动获取经验的过程中，才谈得上个性的充分发展。许多人在谈到课程时开始使用“经验”这一概念，强调课程就是学习者本身体验以及获得各种性质和形态的经验。虽然杜威的理论及相应的实践受到普遍的批判，但是，在世界范围内，以学习者为中心、以学习者自主获得学习经验为目的的课程已经成为相当广泛的实践。学者们普遍认为，这样的课程对学生发展的效果是一味强调接受已成的结论的课程所无法企及的。

这种观点强调的是，课程是受教育者各种自主性活动的总和。这种课程观被称之为经验课程。学生通过与活动对象的相互作用实现自身各方面的发展。强调学生是课程的主体，以及作为主体的能动性。强调以学生的兴趣、需要、能力、经验为中介来实施课程。从活动的完整性出发，突出课程的综合性和整体性，反对过细的分科的教科书的编制和课堂教学。从活动是人心理发生发展基础的观点出发，重视学习活动的水平、结构、方式，特别是学生与课程各因素的关系。

课程改革的意义 17

基础教育课程改革在中国教育界如火如荼地开展着。在我看来，这场改革对于中华民族的伟大复兴和建设自由、开放、多元、民主与法治的社会，有着极其重要的价值。

首先，课程改革有助于改造我们的国民性。几千年来的农耕文明和封建专制统治，使我们中国人形成了过于内向(敛)、不善言谈、含蓄清淡、性格拘谨的“众趋人格”。

改造国民性的话题，已经谈论了一个多世纪。鲁迅先生曾说，旧时代的中国人是“两眼下视黄泉，满脸一副死相”，这固然是鲁迅的犀利，但的确也是旧时代广大中国农民的众生相。日出而作、日落而息、整天面朝黄土背朝天的中国农民，在生存的重压下，哪有生命的鲜活和人性的飞扬？尽管我们今天也还不难看到充满愁苦、很不自信的同胞，但毕竟换了人间。由于中国社会的进步，特别是由于社会生产方式与生活方式的变化，在国民性上也有了积极的变化，比如，人们有了更多的法治的观念和个人权利的意识，有了更多的民主参与的意识和能力。

但更为深层和更为彻底的国民性的改造，光有思想领域的呐喊与启蒙是不够的，光有社会生活环境所带来的变化也是不够的，必须改变每个人的人格定型期——学校生活时期的生活方式，而学习方式就是学生的生存方式和发展方式。

新课程强调学生主动地学习，实质性地参与教学过程；鼓励学生大胆质疑和积极探究；倡导提供给学生更多的实践机会和表现空间；强调学习过程中师生、生生之间更多地互动和合作交流；强调对问题的多角度的理解，鼓励不同观点之间的争鸣与碰撞；提倡发展性评价，力图带给学生更多成功的体验和美好的回忆。新课程力图变“听”的教育为“说”的教育，变“静”的教育为“动”的教育，变“认知”的教育为“认知与情意统一”的教育，变“唯理性”教育为完整的人的教育。所有这些都将有助于学生形成积极、乐观、开朗、进取的个性，形成乐于分享、善于沟通、勤于反思、服膺真理、勇于承担、敢于创新的民主的性格。

我真诚地希望我们的同胞多一点个性的张扬，少一点自我贬抑；多一份自信与自尊，少一点自轻与自贱；多一点自主判断、自主选择、自主承担，少一点轻信盲从和不负责任；多一点饱含尊严的社会性，少一点奴性和曲意逢迎。这就需要我们去创设充分开放、充满民主与自由精神的校园生活环境，以及一切社会生活环境，以造就我们的自由意志和独立人格。

课程改革的第二个积极意义是推动教师成为探索者。我们教师队伍中，的确有部分教师是缺乏探索的精神和探索的内在冲动的，因而在教学中更多地表现出依纲靠本、照猫画虎、得过且过、不思进取。而探索是良好教育的当然要素：探索意味着探索者不因循守旧、墨守成规，意味着探索者的大胆尝试、追求卓越，意味着探索者经验的开放性和工作中丰富的动机。因而探索、发现和创新，也是健康人格的重要特征。

教师成为研究者——不仅要研究教学的内容，做课程的开发者，同时要探索有效教学的策略，探索如何创设情境和氛围，如何设计教学的活动，如何搭建师生、生生之间交流的平台，如何构筑研究性学习的支持系统，如何评价学习的效果，等等，因为探索使得课堂多一份灵动与飞扬，多一些朝气与活力。

教师的探索影响、引领和激励着学生的探索，课堂生活因为探索而变得悬念迭起、趣味无穷，变得开放、幽深、鲜活和魅力十足，因为师生的共同探索，而享有着更高品质的学校生活。

尽管在课程改革中存在着这样那样的问题和弊端，比如缺乏充分的理论准备，急于求成，缺乏严谨的科学态度和实验精神，个别人热衷于“以官员的身份搭台，以学者的身份唱戏，最终是以商人的身份谋利”，也有个别人急于捞取政绩，以便谋取更多的私利，等等。但日月之蚀无损于日月之明，基础教育课程改革的成就必将具有深远的历史意义而彪炳史册。我乐观地期待着。

18 体育的价值

教育要开发和提升人们生存、发展与享受的能力。体育是其不可或缺的组成部分。学校体育的目标就在于培育学生体育锻炼的习惯和技能，促进学生身心健康和谐地发展，在我看来，更重要的是通过体育在学生的心灵深处培植体育所代表的文化精神。

体育已成为文明的人类生活中不可或缺的一部分，在影响和塑造着现代人的精神与身体方面发挥着越来越大的作用。德国体育教学法专家海克尔教授评价体育课的质量时提出了这样的标准：一是“出汗”，二是“笑”。在海克尔教授看来，出汗多少，是学生运动量大小的标志之一。而每当竞赛胜利或者某种愿望得到满足时，就会发出各种各样的笑来。适当的笑能使大脑皮层中的兴奋灶转换，消除精神紧张，加快疲劳的消除，提高机体的工作能力。而实际上，体育的价值远远不止于它具有促进身体发育、强健体魄和劳逸结合的功能，更深层次的价值在于培植、释放和提升人心灵深处潜存着的狂热与痴迷，以及以身体感知世界的能力，从而充分调动我们所有的感官投入生活，使心灵丰满和生活圆融。

《奥林匹克宪章》说得好：“奥林匹克主义是增强体质、意志和精神并使之全面发展的一种生活哲学。奥林匹克主义谋求把体育运动与文化和教育融合起来，创造一种在努力中求欢乐、发挥良好榜样的教育价值，并尊重以基本公德原则为基础的生活方式。”奥林匹克运动绝不仅仅是一项运动，更是一个内涵深刻的“主义”，是超越国家、阶级、种族、意识形态的共同理想和“生活哲学”，是令全世界或年轻或不年轻的所有人共同向往的“生活方式”。奥运精神，是通过体育运动和体育竞赛来显示一种崇高的人文精神，它包括勇敢拼搏、奋勇向上、公平竞争、团结合作、职业道德等，还包括加强各国人民的了解、增进各国人民的友谊和加强各国人民的团结。简言之，奥运精神是一种全人类的精神。

体育的精神就是游戏的精神。也许单纯的激情、勇气、智慧及挑战极限的无畏精神才是体育这种游戏的真谛。体育运动是一种极富感情色彩的高尚活动。它是人们高级情感的产物，又是人类高级情感的发生器。它丰富着人类的情感宝库。在体育运动中，人们追求积极向上的荣誉感和相互交往的亲和感。体育运动承担着证实现代人高级情愫的功能。而我们这个国度里，能够沉迷于某事的人太少，有太多的人属于饱食终日、无所用心的人，其实“球迷”“乐迷”的多少，能够反映出一个民族的精神修养。

体育的精神，就是竞争的精神，就是超越的精神，就是在自觉遵从共同规范的前提下，最大可能地发挥个人的潜力，追求卓越和成功。在机遇与挑战瞬息万变的时代，在纷繁复杂的现代社会，竞争精神是每个人安身立命的根本。竞争的观念是现代社会中一个重要的价值观念。体育，强调参与，更崇尚竞争。体育对于锻造和培养人的超越意识具有独特的作用。它是人类为了检验自己的能力而进行的一种创新。篮圈、栏架、球门、跑道、水池、冰场、乒乓球、棒球等，都是人类在多年进化过程中不断创造出来的，人类在借助这些文明的产物参与体育运动时实现着对自身惰性的超越。潜能的挖掘超越，不仅意味着傲视群雄，向人类最高目标挑战，它同样意味着探索极限和超越自我。现代社会人们的竞争意识已经内化于体育的精神之中。

体育最大的价值就在于非理性的宣泄——身体中膨胀的欲望、冲动的宣泄。如何宣泄？酒神附体。赛场本身就像一个魔圈，它是对日常秩序、平常生活的一种重新的调适与违背，而酒神就是宣泄之神，只有酒神精神才能压制长期居统治地位的现实理性，用尼采的话说，酒神状态的迷狂，能对人生日常界限和规则予以破坏，如一条忘忧河将恍惚的现在与沉重的过去隔开，自己觉得活着还有那么一点味道，一点情趣。体育能够极大满足我们对生命极致体验的饥渴，充分地激活了我们久已麻木的每一根神经末梢。

真正杰出的运动员绝对不是“四肢发达，头脑简单”的人，体育对于智慧能力的发展同样具有特别的意义。体育是一个极度需要想象力和创造性的活动。人类凭借自己的肢体要创造出丰富的人体文化，不仅需要在开发身体潜力上开发想象力，而且在运动方式及其组织方式乃至实现方式上都需要非凡的创造力，特别是激烈的竞技场，更离不开机智和敏捷。让心灵在所有方向上充分涌流，这是美好的社会的确证和表征。体育带给我们的挑战了自我的信念与理想像是凿破我们心中冰封海洋的一把斧子，使我们无比强烈地感受到源自心灵的震撼。

运动场是道德的一面镜子。在这里，果敢与迟疑，勇猛与懦弱，坚毅与气馁，积极与被动，粗野与文明，都能得到最充分的体现；竞争与合作，沉着与机智，同情与关爱诸多品质得到培养。

体育竞赛中，无论是胜利的宠儿，还是“不幸的失败者”，均深刻体验着喜怒哀乐。在参与和逃避、个人和集体、循规和投机的种种矛盾中，培养了他们坦荡开放、光明磊落的道德主流。在激烈对抗，面对对手与困难时，在胜利与荣誉到来时，在挫折与失败时，在受到嘲笑与不公平对待时，他们学会了冷静、容忍和理智。体育竞赛为人们创设了一种情境，并在其特定的氛围中考量着人们的能力，包括协作精神、顽强的品质、集体的观念、心理承受力、公平原则、精神修养和道德意识。

健康和力量是人体美的重要元素。标准的运动动作，不论是田径、游泳，还是种种球类运动，更不用说武术、艺术体操和花样滑冰，都能够带给人们美的享受和陶冶。

特别值得指出的是，原来平均身高低于我国的日本，由于注重科学合理的膳食结构，采取营养干预措施并加强体育锻炼，其45岁以下男子的平均身高已经高出我国同龄人，我国青少年平均身高总体上低于日本青少年的平均身高；其成年男女身高增长的幅度明显高于我国。而且我国青少年与日本青少年相比，无论灵敏度、爆发力还是耐力，都有明显差距。这是值得我们深思的：警惕我们民族在人类学上的退化，不仅包括精神和心智，也包括体质、体魄和身高。

19 自由选课:人性化的制度设计

社会进步的一个标志就是人们的行为愈来愈少地受制于指令性和强制性的计划,而有着更多的选择性和自主性。为了给全校学生提供更多的自主选择的机会,在教学中引入竞争机制,切实提高全校公共必修课的教学质量,推动教学改革的不断深化,有些学校已从本学期开始在全校教育学、政治经济学课中,逐步推行学生跨系、跨年级试听选课制度,也就是在开课的前两周,学生可以根据教务处提供的课表和有关任课教师的个人情况自由听课,选择教师。

教学是学校的中心工作和培养自由全面发展人的最主要途径,在很大程度上,对学校来说,教育意味着教学。一所学校的教育质量的高低,取决于教学质量的高低,而教学质量的高低又取决于教师的学术水平和事业心与责任感,取决于学生学习的积极性与主动性。

逐步推行学生跨系、跨年级试听选课制度,提供给学生选择的机会,有助于培养他们的判断力、鉴赏力和自主选择的能力。长期以来我们习惯的排课是建立在这样一个假设的基础上的,即教师学术素养和教学技巧的差别不大,其实学生在与教师接触的相同时间里,从不同水平的教师那儿所获得的知识是不同的,任意选课能够使不同兴趣和学习风格的学生的需要得到尊重。即使是同一门课,不同的教师所理解的重点和难点也是不尽相同的,教学风格也多有差异——有的教师习惯于有板有眼、条分缕析的讲解,有的教师则擅长于营造纵横捭阖的磅礴气势,有的教师讲究逻辑的推导和演绎,有的教师则注重文化的浸染、心灵的晤对。自主判断和自主选择的意识和能力,是现代社会公民的重要素质。而只有向成长的青年学生提供自主选择的机会,这种意识和能力才能得到切实的培养。在任何事情上,只有当人们拥有自主选择的权力时,我们才能对其行为追究责任。

推行学生自由选课制度,首先,有助于教师确立现代教育的观念,特别是牢固确立教育就是服务的思想。确立这样一种观念就是要使我们的教育在制度、目标、措施与方法层面真正"做到一切为了学生,为了一切学生,为了学生的一切",真正做到为了全体学生的全面发展,特别是能够公正地对待每一个人,向他们提供最恰切的教育,使具有不同天赋、潜能,不同气质、性格和不同文化背景的学生都能得到最充分的发展,以便他们在社会生活中能够找到他们应处的位置,最充分地实现他们作为大写的人的价值。而将教育就是服务的观念落实到日常的课堂教学之中便是,尽可能地为学生的发展提供机会;让学生更多地体验到被人关注、被人爱护的温暖与幸福,更多地体验到自由探索与成功的快乐和自豪,更多地感受到人性的光明与和煦,感受到仁慈、宽容与敬业的力量。真正良好的教育一定是最具服务精神的教育。而只有这样的教学才能受到学生的欢迎。

推行学生自由选课制度,也有助于增强教师的事业心和责任感，从而不断提高教学水平。打一个不太恰当的比喻，就像婚姻，排课是“父母之命，媒妁之言”，而选课则是自由恋爱。学生主动选择某一位教师的课，这其中一定包含着对这位教师的尊重与信任，教师也就一定会有更为强烈的责任感来努力工作，促使教师主动地去更新教学内容、改革教学方法，以期获得学生的尊重和选择，不辜负学生们的信任和期待。

推行学生自由选课制度，还有利于促进高校教学改革的不断深化。首先，促使学校适时调整教学运行机制，把竞争机制引入教学中来，推动教学内容的不断更新和教师教学方法的改革。长期以来，基本的情况就是教师授什么课，学生就被动地上什么课，不论教师教学质量好坏，教学内容是否适合，学生都无法选择教师和课程。由于在教学过程中缺乏提高教学质量的动力机制，有些教师的教学内容陈旧，教学方法简单，教学质量低下。其次，给学校的教学活动注入了生机和活力，有助于提高人才培养的质量。

当然，作为一种探索和尝试，尚有许多的问题需要认真研究和解决。但毋庸置疑，逐步推行学生自由选课制度，最终实现全面推行弹性学制，是大学教育改革的一个重要方向。

叁 教学的智慧

JIAO XUE DE ZHI HUI

20 信息、知识、经验与智慧

所谓信息，就是容易用编码转换成为数据的事实。信息是一种物质和能量，它能够被传递，也能够被搜集和处理。对于同一信息，由于人们的背景、处境、立场和态度的不同，可以作出不同的解读。

知识按照其所属的主体，可以分为公共知识和个体知识。公共知识是人们认识成果的社会承认，即对于某一问题的认识社会成员之间已经达成的共识。公共知识的表征形态包括专门术语、概念、具体事实、公式、常规、方法、方法论和各种原理的陈述，即命题。公共知识我们也可以理解为种族经验。在个体知识这一层面上，知识有这样两个层面的意含：知道与见识。所谓知识一定要包括个人理智的洞见，也就是必须要有一个自主建构的过程。

另外，区分知识的另外一对范畴是显性知识和默会知识。所谓显性知识是可以用语言文字或数字符号明确地表达出来的事实和意义；而默会知识是“只能意会难以言传”的体验、直觉、动作技能与心智技能。

高尔德哈伯在《注意力经济》一书中指出，信息时代的特征不是信息的稀缺而是信息的过剩，而真正稀缺的是极可能被过剩信息破坏和颠覆的“注意力”。发达的数字技术(尤其是网络技术)使人可以轻而易举地收集到巨量的信息,但这些信息很可能是廉价的,甚至是毫无用处的,因为它们将使人的注意力陷入无所适从的状态。人的注意力的有限性决定了信息与知识的本质区别。

我将经验定义为个体的经历及其体验。经验是个体性的,具有情境性和现场感。经验是重要的。体验,已成为现代美学、现代艺术理论的一个核心概念。体验是人的一种基本生命(生活)活动,在汉语中带有“以身体之,以心验之”的亲历性含义。体验着就是生活着。通过体验,人的一切外在现实成了自身生命活动的现实。体验除了其本体论意义,还有其认识论意义。但体验作为一种认识主要是一种价值性认识,它所指向的并不是事实世界,而是价值或意义世界。体验,就是把自己置于价值生活之中,自己去体味、去掂量、去领悟、去寻找、去发现存在的真谛(人生的意义)。体验在认识论上讲又可以说是对自身存在的反思。这种反思不是洛克式的内省,也不是黑格尔式的理念的自我观照,而是对自身存在及其过程的透视和评价。体验优于一般观察之处,就在于它具有一种对人自身的存在及整个生活关联领域的巨大穿透力。

体验与直觉不可分,直觉是在体验中的直觉,体验是在直觉下的体验。因此,它既关系到价值世界,又是一种“知”,即所谓“体会”“体知”“体察”。但体验更具有情感色彩,与人的情感心理、情感活动、情感态度以及评价有直接关系。体验是心灵的自我感受,但又不完全是感性的。一个经验系统贫乏的心灵只能是肤浅、平庸和贫乏的心灵。经验是认识的门径，是理性认识和理论思维的基础。没有经验就没有认识；没有经验，理论思维就成了无源之水、无本之木。但是，经验主义则是狭隘的、有害的，是我们所要摒弃的。

我们每个人都生活在一个独特的世界里，这是一个带有主观经验的、只为自己所知的世界。当然，我们可以把这些经验告诉其他人，和别人一道分享我们的感受和体验，尽管他们也许会点头表示赞同，但是他们是否是以我们的方式来理解这些经验的，这就很难说了。对方真正要做到感同身受，能够作移情性的理解，需要相同或相近的生活背景和认知水平。

智慧是个体面对现实情境解决问题，以求得更好的生存、发展和享受的机智和策略。智慧有几种神话隐喻：在希伯莱人的创世神话中，智慧由知识之蛇带来，那是弯曲附地而行之物；在希腊人的英雄神话里，智慧女神雅典娜从万物之主宙斯头颅裂缝中诞生；在中国古老的神话里，智慧之神受浑沌（中央之神）善待，报之以开凿七窍，使浑沌死亡。

智慧也有几种学术说明：在希腊语中，“智慧”一词出于伊雄语，其义有三：（A）聪明与谨慎，（B）敏于技艺，（C）学问与机智。古希腊哲学家德谟克利特的说明是：“从智慧中引申出这三种德性：很好地思想，很好地说话，很好地行动。”我们在“智慧”一词里赋予价值内涵，它内蕴着道义和良知，以区别于欺诈和狡黠。我们不会认为希特勒和东条英机是有智慧的，我们只会认为他们是邪恶的、缺乏道义和良知的人。

可以这样认为，公共知识相对于信息而言，对于整个人类共同体来说，它有更高的恒定性；公共知识只有综合进个体经验，才能形成一个人的个体知识，而个体知识就接近于个体的智慧了。所以由公共知识和个体知识构成一个连续体，信息居于公共知识一端，而智慧居于个体知识一端。

信息、知识、经验与智慧，是教学过程中四个基本元素。教学以发展学生的智慧为目的，教学中有信息的搜集、传递和处理，教学中学生要与公共知识打交道，教学要促进学生个体知识的建构，而这一切，只有基于学生个体的经验才是有意义的，也才是有效的。

鉴于知识学习不能刻画学校生活，所以杜威用经验一词来论述儿童的成长。经验包含着行动或尝试和所经受的结果之间的联结。因此，经验比知识更能说明学校生活的特性，因为经验不仅涵盖了知识，而且容纳了在学习或其他活动中的理智和情感体验，以及由体验而来的反思。经验强调了学生对学校生活的参与和对学习活动的体验与反省。发展是经验建构的连续过程，并在心智运作方式中反映出来。所以，杜威将教育理解为“经验继续不断的改造”。

个体所具有的知识，是同该知识以什么顺序、什么方式加以掌握这一因素紧密相关的。对于个体而言，所谓知识，不是单纯地获得现成的结论，不经历真正的知识建构过程是不能将公共知识转化为智慧的。

教学的根本目的在于促进学生智慧的发展，而这一目的的实现程度取决于教学过程中人类的种族经验——知识和学生个体经验之间的适切性。在教学适切性的概念框架内，反思实际教学中学生精神世界中普遍存在的“空洞的抽象”等问题，将有助于我们对信息、经验、知识与智慧的关系问题获得新的理解。所谓“空洞的抽象”，即指学生所掌握的概念和原理缺乏个体经验的支持，因而不能运用到具体情境中去的现象。

为了有效地发展学生的智慧，我们的教学需要更好地切入、激活、丰富和提升学生的经验，更好地创设情境，设计活动。没有活动，就没有经验。杜威曾说：“除非教育同独立于他们之外的儿童具有创造力的某种行为相联系，否则教育就成为外在的压力。这种压力确实可以产生某种外在的结果，但不能称之为真正的教育。”割裂了种族经验与个人经验系统之间的联系的教学，是无效甚至是负效的。“每一个学习者的确是一个非常具体的人，他有他自己的历史，这个历史是不能和任何别人的历史混淆的。他有他自己的个性，这种个性随着年龄的增长而越来越被一个由许多因素组成的复合体所决定。”（《学会生存》）没有个体经验的认同，任何被个体的智慧拒之门外的知识体系都是盲目的。没有智慧就缺乏眼光，就缺乏鉴赏力，缺乏眼光我们就会迷失在知识和信息中，找不到前进的方向。

我们不是发现真理，而是建构真理，因为真理不是自外于认识主体的客观的实体；“知识是可以建构的，知识作为有根据的陈述、结论或真理——是根据特定学科或认识形式的探究系统创造出来的”（麦克尼尔）。知识虽被赋予了一定的外在形式，学习却是学生根据已有的经验背景，建构自己知识的过程，而不是被动地吸收。建构主义真理观、知识观为强调发展儿童自主性提供了内在证据。

学生的主体性是在为我关系中产生的，而自主性又是主体性中最重要的特性之一。在教学过程中，学生除了与教师、同学发生关系外，另一个很重要的方面是与公共知识发生关系（从而与世界发生关系），因此，智慧能力的发展是培养儿童自主性的重要途径。英国学者迪尔登认为，在智慧能力的发展中，“自主性有三个特征，独立作出判断，批判性地反思这些判断的倾向，以及依据这些独立的、反思的判断将信念与行为整合起来的倾向”（《自主性智育》）。这种理智自主性的养成，实质上就是学生与知识形成一种为我关系，在不断地批判性反思中，正确地评价自我并提出追求的目标，在与知识的建构过程中，逐步实现其价值目标。

* 本文是在拙作《体验：由知识到智慧的中介》的基础上丰富、充实和拓展而成的。国内一家办得非常精致的教育刊物在 2004 年第 5 期由于编辑的疏忽将作者误刊为我校的童庆炳教授，该刊在第六期上特此作了更正。为了避免可能的误解，在这里再次说明。

21 教学与交往

改革开放以来，我国教育理论界就教学目标的重点在认识上经历了一个从强调基础知识到重视智力开发与能力培养再到重视创造力、个性和主体性的不断深化的过程，而学生个体主体性的确立、弘扬和凸现，离开了活动和交往就难以成为可能。人的主体性是在活动中生成和发展的。有鉴于此，在教学中，活动与交往，特别是交往所赖以进行和所生成的诸多品质使得活动与交往本身成为教学的内容、对象和目标。

在我们今天的教育之中，杜威所批判的“传统教育”并未绝迹——“消极地对待儿童，机械地使儿童在一起，课程和教学法的划一。概括地说，重心是在儿童以外，重心在教师，在教科书以及在你所喜欢的任何地方和一切地方，惟独不在儿童自己的直接的本能和活动”。班级授课制教学，简单地把认知活动从整体的生命活动中抽象隔离出来，既忽视了作为每个独立个体、处于不同状态的教师与学生在课堂教学过程中的多种需要与潜在能力，又忽视了作为共同活动体的师生群体在课堂教学活动中双边多向、多种形式的交互作用和创生能力（叶澜，1995）。

其实，从文艺复兴以来，就不断有教育家反对学生被动接受知识，反对把学生当作知识的容器，强调重视学生的学习兴趣、自主活动和直接经验；在当代更有学者强调要注重学生的“课堂生活的质量”，对“完成认识性任务，成为课堂教学的中心或唯一目的”的现存状态持强烈的批评，因为“我们需要课堂教学中完整的人的教育”。教学过程不只是一个认知性地掌握知识—发展智慧潜能的过程，同时也是一个完整的人的成长与形成的过程，是学生个体生命潜能多方位地得以彰显、生发、丰富的过程。

活动是学生生命得以表现的基本形式，活动过程是学生的内在潜能得以双向对象化的过程；离开了活动，学生的潜能就失去了得以凸显、生发、确证与表征的基础；“人的活动是社会及其全部价值存在与发展的本源，是人的生命以及作为个性的发展与形成的源泉。教育学离开了活动问题，就不可能解决任何一项教育、教学、发展的任务”。

交往是活动的最基本形式，亦是人的最基本的精神需要之一。交往不是静态的社会关系的总和，而是动态地表现出来的主体之间的相互作用。简而言之，所谓交往，就是共在的主体之间的相互作用、相互交流、相互沟通、相互理解，这是人的基本的存在方式。

交往所反映的是人与人之间的互主体关系。在交往关系中每个人都是主体，都是彼此间相互关系的创造者，并且都把与自己有关的其他交往者的主动性、自主性作为对话、理解和沟通的前提条件。换言之，交往意味着交往双方均为具有独立人格的自由主体。

有必要强调指出，在对实际教学过程的讨论中所论及的活动，应该是指教育过程之中学生的可观测的或者说外显的活动，而交往也应该是实际的人际交往；如果把内心活动、精神活动都包括在活动的概念之中，把间接交往、与文本交往都包括在交往概念之中，那么，活动和交往的概念就被泛化了，而任何概念一旦被泛化，就离被消解不远了。

在教学中交往具有意义的自足性。它源于人的精神需要；发展不是自外于交往过程的一个目的，它存在于交往过程之中。交往的根本意义不在于获得某种认识论意义的“主体间性”，而在于展示、发现和发展自我，在交往中获得个人的完整性和全面发展。

在教学中，交往是一个有目的的活动过程，它是师生之间或是生生之间为了协调、沟通、达成共识、联合力量去达成某一个目的而进行的相互作用。交往既可以是一种比较高级的独立的活动，也可以是其他活动的构成要素，存在于两个或两个以上的个体共同完成的活动中。利西娜指出：交往的需要是儿童众多需要中的一部分，因此，交往动机的发展与儿童的一些基本需要之间有着密切的联系。研究表明，作为交往动机之基础的需要主要有三个：对各种新印象的需要、积极活动的需要、承认与支持的需要。

无论是师生之间的交往还是生生之间的交往都是学生个性心理发展的背景和条件，二者有其一致的地方，但也有差别：由于教师的学识与人格修养方面的闻道在先，对学生的发展更具深刻性和长久性；而生生之间的交往由于其更具平等性、更无拘无束和非强制性，能更好地促进学生的主动性、创造性和民主平等的精神的发展。学生学会理解、尊重同伴,平等地接纳他人,宽容差异,对于促进社会知觉的发展、交往技能和自我意识的发展以及克服自我中心都有着非常重要的意义。

在师生的交往关系中,师生之间毋庸置疑存在着差别。因此,学生要取得与教师平等交往的自由,他们必须不断地提高自己,发展自己,使自己具备各种才干与自我负责的态度等素质。而获得这种素质就是交往教学论称为“解放”的教学目标。

平等、真诚、开放,既是师生之间有效沟通的条件,也是进行交流沟通的目标。高高在上的老师,怎能听到学生真情的呼唤?自以为是的学生,又如何听得进老师的肺腑之言?因而,在教育中肯定交往的意义,暗含着对平等、民主的人际关系和个体开放心态的倡导,以及对差异和独特性的尊重与鼓励、对个性和主体性的崇尚。因为平等、开放、差异性、独特性、主体性等都是师生之间有效的、高质量交往的前提。

22 教学中交往的价值

在教学中，交往实际上构成了学生的智力背景，并使学生真正地涉入到由不同个性和视界所构成的“精神场”。具体说来，教学中的交往具有以下几个方面的功能：

经验共享。在知识教学中，当概念融合在各种背景之中并以各种方式来表达时，才最容易掌握。因为这可以确保有更多的机会使概念牢牢扎根于学生的知识系统中。交往不仅在知识教学中有重要意义，在道德教学中同样有着重要的价值，因为“道德教育是培养人的责任感：首先是对自己的责任感、对自己长远利益的责任感，学会如何处理和解决环境中出现的问题；其次是对他人的责任感，培养利他之心，与他人分享生活经验，诚信合作，互相帮助”。对交往的强调，意味着不仅重视学生的学习结果，而且更重视学生的学习过程；意味着对学生个体的经验的珍视和对学生生活世界的积极关照。

学会合作，消除个人中心。教学中的交往对于增进人与人之间的相互了解、温情与信任，让学生掌握处理人际关系的技能、技巧与策略，学会有效地表达自我有着十分重要的作用。麦克费尔(Mcphail,P.)认为，为了使学生实际地学会体谅别人的生活方式，就必须建立一种鼓励学生实践民主的教学结构。因为只有在与别人的合作和交流中,学生才能学会理解、尊重别人、考虑别人的需要和意图,进而在此基础上做出自己的决定并对这种决定负责。成功的交往活动意味着交往的主体间的关系,在逻辑上是一种相互平等、相互尊重、相互承认的关系;意味着交往双方必须遵守交往共同体内的规范、准则,相互间履行一定的义务和责任。在交往中,可以培养、发展真正的责任意识和义务感。责任感的培养只能在人与人的交往中,通过责任的承担来实现。

发现自我。交往是主体意识形成的重要条件。“人起初是以别人来反映自己的。名叫彼得的人把自己当作人,只是由于他把名叫保罗的人当作是和自己相同的。因此,对彼得来说,这整个保罗以他保罗的肉体成为人这个物种的表现形式。”(马克思)社会交往也就是“人们对人们的加工”,彼此作为活动主体而形成。每一个学生都生存于某一种特定的社会环境和社会关系中。正如马克思所指出的,人无论如何“天生是社会动物”,“不仅是一种合群的动物,而且是只有在社会中才能独立的动物”。社会化构成了个体心理发展的重要过程。在家庭之后,学校是个体必然要接触的第一个社会机构,是他学会如何与陌生人相处的场所。儿童只有在与同伴交往中,才会把自己的观点与别人的观点相互比较,从而认识到自己的观点与他人有别,对他人的观点提出疑问或修改意见。只有在与同伴的交往中,儿童才能摆脱权威的束缚,互相尊重,互相协作,发展自己的独立的评判能力。

达成共识,组织共同的活动。康德曾指出:人有联合他人的倾向，因为他在和人交往状态中有一种比个人更丰富的感觉，感到更能发展自己的自然禀赋。教育是人和人心灵上的最微妙的相互接触。交往发挥着人们相互结合的作用，并在交往过程中形成人际间相互影响与相互作用时的行为准则。在某种意义上可以说，各个个人在交往过程中的联系是群体作为整体结构存在的唯一条件。人与人之间存在着特殊性和差异性，他们可以通过交往而相互承认、理解，达成共识，获得双方共同认可的、具有普遍性的规则和规范。通过交往，主体超越自我的界限，在自我的不断开放和更新中，与他人、社会和世界达到一种融合，从而在相互超越和无限开放的过程中达到沟通和理解。

弘扬个体主体性，形成健康丰富的个性。"健康人格意味着人把自己看作是一个人，一个拥有自由和责任的人，而不是一个感情冲动的消极工具或他人所期望的人。对他人方面，健康人格也把他人看作是一个人，而不是物或工具。像布伯指出的那样，他们生活在与同等地位的人的'我与你'的对话关系之中，而不是'我与他'的关系。"科尔伯格也曾指出，"道德发展来自社会冲突情境中的社会性相互作用"，是"个体与其所在社会环境中的其他人的一种交流"。既然交往是人的一种基本的需要，那么，满足并提升这种需要就是健康丰富的个性发展所必需的。

教学中的交往何以具有上述功能呢？这是一个有待进一步探索的重要问题。但从笔者目前已有的认识来说，以下几点是可以肯定的：教学中的交往使学生间的合作与竞争成为可能，而无论是合作还是竞争均是学生学习和发展的强大动力；交往是个体之间面对面的交互作用，因而使及时反馈成为可能；交往使师生间的视界融合（Fusing of Horizons）成为可能，使课堂生活生动活泼、多姿多彩成为可能——生动活泼、多姿多彩的课堂生活是学生的学校生活之所以值得过的重要原因。无论是在青岛等地开展的活动教学的实验，还是在广州、海安等地开展的交往教育实验，都取得了良好的效果，就是明证。

23 开放的课堂

杜威早就指出:学校应该成为民主社会的雏形。民主不仅是保障全体公民充分平等参与公共事务管理与决策的政治制度,民主更重要的是一种生活的方式、生活的态度,因而是为人处世的个性与风格。这种个性和风格要在一个人的人格定型期(一般来说是0~20岁)通过民主的生活形态和生活氛围,来自觉地养成民主的性格。因而,创设民主的课堂就十分必要。

民主的课堂首先是开放的课堂。对于课堂而言,开放是民主的体现,也是民主的保障。开放的课堂宽容并鼓励学生提出有深度、开放性的问题,允许有不同的答案,鼓励多元思考,着力培养理性的怀疑与批判精神。在当前,我国绝大多数课堂显著弊端之一便是教师对于课堂的过度控制。教师固然是教学的主导者,教师有权调控课堂,并引领教学的进程,但教师的过度控制妨碍了学生自主性、独立性和主动性的发挥,尊重学生的自主权和主动性是开放的课堂的重要特征。为此,教师需要经常引证和发挥由学生提出的观点,学生提出的创意、动议、建议和合理要求均需得到足够的关注、认同甚至欣赏。

开放的课堂是学生有着情绪上的安全感的课堂。不论学生提出的问题在教师看来多么奇怪、多么荒唐，也不论学生对问题的理解多么离经叛道，教师都能理性地、心平气和地对待，并能视为重要的教育契机，引导学生有条理地思考，有根据地思考和批判性地思考。质疑是学生建构知识的重要环节，质疑意味着有根据的怀疑，把一切放在理性的天平上去考量，思考别人思考过的问题，而不是简单的接受。如此我们才能培养不轻信、不盲从、不唯书、不唯上的自由社会、民主社会的建设者。

开放的课堂重视学生实质性地参与教学过程。经由师生之间平等的协商沟通，对一门课、一个主题单元的学习、一节课以至一次教学活动有合理的期待。教学的重要价值之一就是不断地唤起学生对于未来、对于成长热烈的憧憬与向往，学会想象未来，进而创造未来，学会规划生活，设计自我。优秀的教师总是能够把人生美妙的前景呈现在学生的面前，让学生带着渴望，带着创造未来的冲动去成长。

开放的课堂不囿于教师课前设计好的教学流程而展开，它关注学生当下的生活，关注学生的处境、学习的需要与感受，关注不同学生的已有的经验背景，它关注的中心不是教师预定的教学进度，而是学生真实的收获。在课堂中，只有学生是作为完整的人——有着广阔的精神生活背景，全身心地投入课堂生活——教学才有助于完整的人的成长。

开放的课堂注重学生对学习过程的反思与总结，注重对自我认识活动的监控。发展学生的内省思维，学会认识加工，是重要的学习策略和学习品质，进而有助于学生形成眷注内心、以责人之心责己、严于律己的人格品质。

创设开放的课堂，重要的是教师真正确立合理的教学目的观——教学不是“教”教材，也不是“教”教案，而是要服务于学生的发展。如果在某一问题上，能够带给学生广阔的思维空间，能够引发学生的认知冲突，能够为学生提供广阔的展示自我的舞台，那即使不能完成预定的教学任务也在所不惜。

特别值得提出的是，由学生提出的问题，有些教师不能给予学生及时的、满意的回答，这应该是允许的。在今天这样一个资讯发达的时代，更没有人是可以全知全能的，教师是学生探索精神和好奇心的重要保护者，是成长的守护者。

创造民主的课堂，关键在于教师的民主的性格和民主的作风。陶行知先生早就指出：“民主的教师，必须具有：（一）虚心；（二）宽容；（三）与学生共甘苦；（四）跟民众学习；（五）跟小孩子学习——这听来是很奇怪的，其实先生必须跟小孩子学，他才能了解小孩子的需要，和小孩子共甘苦。……（六）消极方面，肃清形式、教条、先生架子、师生的严格界限。”能够创造民主、开放、温暖、和谐的课堂的教师，一定是具有宽容、民主精神和尊重儿童的优秀品质的教师。

“建构知识”之意含 24

知识，首先我们可以将其区分为公共知识和个体知识。公共知识即在人们长期的交往实践中所达成共识的、约定俗成的一些规定。比如数学中的十进制，三角形的内角和为 180 度；比如对一个字的书写和发音；比如对一个物体的命名；等等。公共知识是人们建构的产物。这个命题的意含是：公共知识就像房屋、桥梁、玩具、汽车、佛塔、陵墓一样是建构的产物，而不是像金子、石油、煤炭一样发现的结果。“发现”意味着，不管你发没发现，它都“存在”在那里，它具有客观的独立性。而建构则渗透着人们的主观意趣，知识的建构是基于人们的利益、立场、需要、趣味、眼界、胸襟而实现的。

知识是观念形态的，是人们交互主体性的产物，一个人所做出的命名（或命题），只有在交往中，为其他人广泛接纳和认可，它才有可能成为公共知识。

“公共知识是建构的产物”这一命题的衍生意义就在于：以事实、概念、命题、公式、定理等为表征形态的公共知识，并不是天经地义的，它不过是人们按照某一规则约定俗成的结果。如我们说，水零度结冰。这只是人们在摄氏温标下对这一自然现象描述的结果。更确切地说，是瑞典天文学家摄尔修斯（Anders Celsins）规定：在一个标准大气压下，纯水的冰点为0度，沸点为100度，0度和100度之间均匀分成100份，每份表示1度。

如果按照华氏温标，“水在零度结冰”这个命题就是错误的。因为按照德国物理学家华兰海特（Gabriel Daniel Fahrenheit）所制定的华氏温标，在一个标准大气压下，纯水的冰点为32度，沸点为212度；32度至212度之间均匀分成180份，每份表示1度。摄氏温标和华氏温标不过是两种温度的计量体系，没有实质性区别，都是利用数轴的原理来计量温度，只是在原点的确立和单位长度上有所不同。

公共知识是建构的产物，就意味着一切都可以质疑，一切都可以修正，如果有必要，一切都可以推倒重来。关键在于投入与产出上是否值得。这样一来，知识就可以成为解放人的力量，而不是压抑人的力量。科学革命之所以发生，就是因为旧的知识体系、旧的范式已经不能有效地解释新的问题，旧的体系和范式成为了人类认识发展的禁锢的力量。波普尔说，科学知识基本上只是猜测性的，这个猜测的过程是永无止境的，因为人类对外部世界和对人类自身的探索是永无止境的。

在个体知识这一层面上，知识有这样两个层面的意含：知道与见识。许多的所谓知识竞赛，其实只是“知道竞赛”。所谓知识一定要包括个人理智的洞见。比如说：《红楼梦》作者是谁？如果你没有真正阅读过《红楼梦》，没有研究过曹雪芹何以能写出《红楼梦》，没有研究过作者所生存的时代、他的家世、他的生活经历、他的个性风格与《红楼梦》的主题、故事情节、人物刻画和语言风格之间的关系，你即使知晓《红楼梦》的作者是曹雪芹，那也仅仅是“知道”,而不是“知识”。

建构知识的意含是:知识不能简单地移植,不能简单地“授—受”,而必须经历一个学习主体的自主建构的过程。这个过程是怎样的一个过程呢?建构主义学习理论就是试图揭示这一过程。

当今的建构主义者主张,世界是客观存在的,但是对于世界的理解和意义赋予却是由每个人自己决定的。我们是以自己的经验为基础来建构现实,或者至少说是在解释现实,我们个人的经验世界是用我们自己的头脑创建的,由于我们的经验以及对经验的信念不同,于是我们对外部世界的理解便也迥异。所以我们更关注如何以原有的经验、心理结构和信念为基础来建构精神世界。

学习是学习者主动地建构内部心理表征的过程,它不仅包括结构性的知识,而且包括大量的非结构性的经验背景。人脑并不是被动地学习和记录输入的信息,它总是建构对输入信息的解释,主动地选择一些信息,忽视一些信息,并从中得出推论。学习过程不是先从感觉经验本身开始的,而是从对该感觉经验的选择性注意开始的。任何学习和理解都不像在白纸上作画,学习总是涉及到学习者原有的认知结构,学习者总是以其自身的经验,包括正规学习前的非正规学习和科学概念学习前的日常概念,来理解和建构新的知识。

建构一方面是对新信息的意义的建构,同时又包含对原有经验的改造和重组。学习者以自己的方式建构对于事物的理解,从而不同人看到的是事物的不同的方面,不存在唯一标准的理解。但是,通过学习者的合作可以使理解更加丰富和全面。概括地说,建构主义学习观认为,第一,学习是一个积极主动的建构过程,学习者不是被动地接受外在信息,而是主动地根据先前认知结构注意和有选择性地知觉外在信息,建构当前事物的意义。第二,这种建构过程是双向性的:一方面,通过使用先前知识,学习者建构当前事物的意义,以超越所给的信息,衍生出更多的信息;另一方面,被利用的先前知识不是从记忆中原封不动地提取,而是本身也要根据具体实例的变异性而受到重新建构。由于要进行这种双向建构,学习者必须积极参与学习,必须时刻保持认知的灵活性。第三,学习者的建构是多元化的。由于事物存在复杂多样性、学习情境存在一定的特殊性以及个人的先前经验存在的独特性,每个学习者对事物意义的建构将是不同的。

个人建构究竟是一个什么样的过程呢?当代美国心理学家凯利认为:第一,个人建构是不断发展、变化和完善的,可推陈出新,不断提高。第二,个人建构因人而异,在他看来,现实是各人所理解和知觉到的现实,面对同一现实,不同的人会有不同的反应。第三,在研究人格的整体结构的同时,不能将其组成部分弃于一端,而应努力做到整体与部分、形式与内容的有机统一。第四,当人们总用已有的建构去预期未来事件时,不可避免地要遇到一些困难和麻烦,新的信息和元素需要加入到原有的建构之中。第五,他强调一个人要获得一种同现实十分一致的建构体系绝非轻而易举,要经过大量的探索和试误过程。

比如词汇的掌握,就是一个音、形、义之间关系的建构过程。“关爱”“关隘”“关碍”，这三个词发音完全相同，但含义却相去甚远。如果有人问“guan’ai ”是什么意思，那必定要有上下文，即当下的语境，这个发问才有意义。比如说，“万里长城上有哪些关隘？”“那次事故对于学校的声誉大有关碍。”这个“上下文”（context），这个语境，就是个体进行知识建构所依凭的意义网络的组成部分。

因此，教学过程要重视学生对过程的参与、亲历，要关注学生的经验背景和意义网络，要注重情境的创设。著名的认知心理学家 J.R.安德森（J.R.Anderson）认为：“通过以多种方式应用我们从自己的经验中获得的知识，认知才得以进行。理解知识如何应用的前提是理解它如何在人脑中表征的。”每个人总是以独特的个人生活经验和个人生活史为基础去认识世界，“每个人的知识，从一种重要的意识来讲，决定于他自己的个人经历：他知道他曾看到和听到的事物、他曾读到和别人曾告诉过他的事物以及他根据这些事件所能推导出来的事物”（罗素著，张金言译:《人类的知识》，商务印书馆，2001年版，第 4 页）。这就是英国哲学家罗素、波兰尼等人称为“个人知识”（personal knowledge）的东西。

25 “学贵有疑”的精髓

“学贵有疑”，古人多有论述。宋代大儒朱熹就曾说：“读书无疑须有疑，有疑定要求无疑。无疑本自有疑始，有疑方能达无疑。”著名学者陆九渊的观点更是精辟：“为学患无疑，疑则有进，小疑则小进，大疑则大进。”另一学者张载也讲过：“于无疑处有疑，方是进矣！”但为什么要有疑，怎样从无疑到有疑，却没有详尽地论述。这也是中国古代思想的局限：经验感悟，微言大义，而缺乏详尽的推理和论证，更缺乏对于实证和操作途径的探索。疑，即问题，困惑。而“问题”一词，能指十分丰富：有缺陷、毛病、弊端，我们可以说有“问题”；有困惑不解之处可以说有“问题”；有麻烦、危险，亦可以说有“问题”。

疑，应理解为认知的冲突，理智的挑战，就是学习者原有的知识经验与新的信息、观念、新的刺激相矛盾、不一致，因而引发冲突的心智状态。

有疑，经过认知冲突的解决，使得认知结构更加高级和完善，世界随之扩大，内心更有包容性，这就是心智的开启，去蔽，智慧能力的提升。

譬如说，人们对于“交通工具”一般将其分为公路运输、铁路运输、水上运输和航空运输。这就包括汽车、火车、轮船、飞机等。可如果有人问：马和骆驼是不是交通工具?它们应该属于哪类?这就是真实的问题,能够引发认知冲突,能够对以上分类提出挑战。怎样解决这问题呢? 要么对以上所作分类的“交通工具”进行界定,以便将马和骆驼排除在外; 要么重新按某一种标准分类,以便将马和骆驼包括在内。

“学”之所以要有疑,就因为如果只是简单地接受现成结论,学习者头脑中可能充塞了许多“认知的堆积”,而没有获得思考策略与思考习惯的发展;那些结论性的东西不过是皮毛的、呆滞的、惰性十足的,而不能转化为个体的智慧能力。英国哲学家 K.R.波普尔说:“科学只能从问题开始”,“科学和知识的增长永远始于问题,终于问题——越来越深化的问题,越来越能触发新问题的问题”。爱因斯坦强调指出:“发现问题和系统阐述问题可能比得到解答更为重要。解答可能仅仅是数学或实验技能问题,而提出新问题、新的可能性,从新的角度去考虑问题,则要求创造性的想象,而且标志着科学的真正进步。”爱因斯坦有一句反复被人引用的名言:“我并没有什么特殊的才能,我只不过是喜欢寻根问底地追究问题罢了。”

从生疑到析疑,最终到释疑,这个过程就是认知加工的过程、脑力激荡的过程,也就是知识建构的过程。

有效教学极其重要的特征就是将培养学生的问题意识——发现问题和提出问题——作为教学的目标追求。如小学数学《时分秒》《年月日》这一主题的学习,重要的不是让学生掌握一小时有多少分、一分有多少秒、一年有多少天、大月小月是如何分布的等等,这些不过是约定俗成的一些规定罢了,重要的是要培养学生从生活中发现并提出问题的能力,比如,为什么一天是24小时而不是10小时或20小时?为什么有“北京时间”而没听说过“上海时间”?为什么有“上午时”和“下午时”?一天24小时,可钟表上为什么只有12小时?……这些问题不见得一定要回答,让学生带着问题去成长,培养学生总是要去问一个为什么,这本身就有十分重要的价值。不唯书、不唯上、不轻信、不盲从的理性精神需要在日常的教学中来培养。教师在教学中要善于设“障”立“疑”,创设学生有问题可想、有许多障碍必须跨越的情境,鼓励学生大胆质疑。简单地重复正确的结论,并不能帮助学生解决问题,只有让学生明确问题在哪里,并且明确达到目标的途径,才有助于问题的解决。

值得指出的是,对于问“问题”,许多老师有一个潜意识中错误的观念,即:不懂才会问。在课堂上经常听老师对学生说:“谁还有不懂的地方?可以举手提问。”而刚才我都讲得清清楚楚,你为什么还不明白?不明白就是你没有认真听讲……如此一来,还有谁敢提问?

其实,鼓励学生提问,我们可以这样说:你怎么理解这样的表达?你觉得这样的说法有没有需要修改的地方?你有没有发现这一命题不能有效地解释的什么现象?学生只有敢于提问,并善于思考,才能成长为具有头脑、具有智慧、内心丰富的人。

想·思考·研究 26

“想一想”,“想想”,这是在课堂上老师经常对学生说的,也是中小学教科书上通常的一种课后作业内容。“想”,只是人的头脑对于刺激(主要是语言来表达的问题刺激)的一种应答,一种近似于本能的反应,一种埋智的冲动。它可能是没有头绪的、没有概念框架作为支撑的。只要不是白痴,谁都可以想一想,想得如何那就很难说了。

而“思考”则是一种潜沉的运思,一种高级的智力劳动。它与思考策略相联系。“思考”首先应该努力做到:有条理地思考,即根据问题的性质、思考的对象,有系统地思考,做到有条不紊,层层深入,逻辑自恰。

其次,做到有根据地思考:得出某个结论,依据是什么?重视作出判断的依据,做到有理有据,是重要的思想品质;否则就可能是信口开河,信口雌黄,主观臆断,痴人说梦。

再次,批判性地思考:对于这个问题,前人和同时代的其他人做过哪些研究?得出过哪些结论?你对他们的观点做何评论?而不是轻信,迷信权威;引论不能代替论证,说明也不能取代证明。

第四,内省性地思考。思考的一个重要特征就是对于“思考的思考”。我们也可称之为对“思考的审思”，心理学上称之为“元认知”或“反省认知”。我的推理所依据的逻辑法则合理吗？我的立场、我的价值观有什么局限性吗？譬如有人说，在日本人眼中，中国人还不如黑人。言说者自己不是也有种族歧视的观念吗？

第五，彻底地思考。所谓彻底地思考，就是要不断地追问，不断地寻根究底。比如说，教育的重要特征就是有“善的目的”，那么什么是“善的目的”呢？就是培养人才，就是要促进学生的发展。这种结论不能简单地说是错误的，却是不彻底的。因为什么是“人才”呢？可能在言说者看来，就是对他有用的人，能够服务于他个人或者是他所归属的小团体的私利的人。那这样的“人才”，对言说者来说，不过是更有效率的工具，更会说话的奴才。促进学生的发展又是为了什么？是不是为了更好地服务于某个利益集团的需要？在这个问题上，彻底地思考的结果只能是教育的“善的目的”就是要使每一个人成为他自己，成为他自己的幸福生活的创造者，而一个能够创造幸福生活的人，也最有可能去建设一个美好的社会。

发展学生批判性的思考力，是建设一个自由社会所必需的，因而应该成为教育自觉追求的目标。受过良好教育的独立的个体，必须学会自主判断，自主选择，自主承担。判断能力和选择能力取决于批判性的思考力的发展。

在汉语中“研究”一词的能指也很丰富。人们经常说的“研究研究”，实质上是磋商、协调、平衡关系、考虑、商讨等意思。在这里，研究是指对研究主体而言从未知到已知的探索过程，探求事物的奥妙的过程。所以，“研究”

就更是一个复杂的、更有计划性的智力劳动的过程,是一种精神的历险。

发展学生的研究意识和研究能力,最有效的途径是开展研究性学习。所谓研究性学习,也称为主题探究的学习。探究学习是研究性学习的上位概念。也就是说,研究性学习一定是探究学习,但并不是所有的探究学习都是研究性学习。研究性学习一般为长周期的作业,其基本过程为:发现和提出问题—根据日常经验和观察发现问题并提出问题;根据已有的知识和经验对问题作出解释或假设;根据问题和假设设计研究过程;根据问题搜集事实和证据—学习者重视实证(evidence)在解释问题中的作用;根据搜集到的证据修正和完善解释;根据其他解释对自己的解释进行评价—学习者重视思考的独立性与思想的开放性;检验结果:学习者交流和验证他们提出的解释;表达与交流,进一步修正和完善解释。

教育的真正目的就是让人不断提出问题、思考问题。问题就是以我们原有的知识、经验不能解释、理解和说明的现象,因而问题也就是思想的资源、我们思想的推动力,也就是我们心灵的财富。研究性学习的价值不仅在于更为坚实地建构知识,也能很好地培养学生求真务实的工作作风和生活态度。而一个不会对于问题进行研究的人,就很难摆脱狭隘和肤浅。

我发现,更多的人只会“想一想”,对于问题,发表一点意见和个人看法,而不会思考。所以,那些意见和看法,往往经不起推敲,显得肤浅,甚至似是而非。区分“想”“思考”和“研究”这三个词的用意就在于:教学过程中不仅仅要让学生“想”,更要发展学生的思考策略和研究探索的意识与能力。教师要关注学生思维品质的发展,而不仅仅是让学生发表意见,更要培养学生独立思考和自我反思的能力,培养学生发现问题、提出问题和独立研究与探索的意识和能力。只有这样,我们的教育才是高品质的。

27 课程资源开发的意义

资源是现实社会的一部分，只有成为儿童学习、研究的对象，才成其为课程资源。凡是有助于学生的成长与发展的活动所能开发与利用的物质的、精神的材料与素材，都是课程资源，如图书资料、音像资料、风俗习惯、文史掌故、名胜古迹、自然风光、与众不同的人和事（如独特的个性、卓越的创新、超常的表现）等。有效地开发和利用这些资源，使资源具有了更多的教育附加值，进而开阔课程研究者和教师的视野，拓宽课程研究的领域，从而促进课程理论的发展。课程资源开发与利用对课程改革的目标，特别是培养儿童的实践能力、动手能力、求知欲、学习兴趣、情感与态度有着不可替代的价值。

一所学校课程资源的丰富程度，取决于所在地区的历史与文化积淀，以及经济与社会发展水平。在当前，教材仍是最重要的课程资源的载体的地位是毋庸置疑的，因为它是精心编制、包含了最基本的人类经验的学习材料。但积极开发与利用校内外显在与潜在的课程资源，有着广阔的空间。积极开发与利用多种多样的课程资源对于密切学校与社会的联系、密切教育与学生生活世界的联系，优化教育资源的配置，推动学习化社会的建设，都有着重要的价值。

新的课程资源观的确立是我国社会经济及教育自身改革和发展的必然产物；课程资源的开发和利用是新的教育课程改革顺利推进的保证，也是为年轻一代的健康成长提供高品质教育的基础性条件；课程资源的充分开发和利用还是解决学校教育资源短缺和社会教育资源闲置的最现实的途径和方法。课程资源开发的意义具体地说，体现在如下几个方面：

课程资源的开发和利用有利于打破传统单一的课程观念，确立与学习化社会相适应的课程观念，从而为新课程方案（标准）的实施提供条件保障；为课程目标的实现提供资源保证，为课程知识、过程与方法、情感与态度多层面标准的实现提供可能性；为学生探究性、开放式、合作式学习提供支持系统；为在家庭、社区、社会范围内开发新的教育与学习资源提供途径、方法和范例。课程资源的开发和利用也有助于唤起人们的课程资源意识；提高人们对教育、学习的认识，发挥校外社会教育场所和设施的教育作用，有利于拓宽学校教育的范围，加强学校教育在教育内容层面上与社会各个系统的联系；有利于学校教育树立大教育的观念，从而确立学校教育与终身教育的关系；探寻校内外教育相结合的途径，为真正建立学习化社会提供必要的观念性准备。可以预见，在教育资源开发的过程中，不但会在教育领域内引发一场教育观念的变革，而且会使全社会的教育意识、教育观念有一个提升，为学习化社会的来临奠定基础。

课程资源的开发与利用将更好地促进学生的成长。

课程资源的开发与利用不仅将极大地拓展现有的教育内容,还将直接推动教育方法的变革。新的课程资源的引入会带动教育手段、教学组织形式等方面的变革;课程资源的丰富,特别是新兴课程资源会有利于推动现行的教育模式的改革,学生的主体性会极大地提高,学生的实践能力、学习兴趣、创新能力等将有全新的发展;对于改进传统教育以教材为中心的教学模式具有促进作用,从而丰富课程的类型、种类;它为新课程提供丰富多彩的内容,是新课程教学内容的重要支撑,是保障新课程真实、全面、高效实施的重要条件。

课程资源的开发与利用还可以使课程增加弹性、选择性,使课程更加适应不同地区经济、文化及学生个体发展的需求。它是沟通学校课程与社会所有教学资源的桥梁,也是教材多样化的前提,有利于打破中小学课程由教科书一统天下的局面, 有利于广泛利用社区教育资源。

课程资源的开发和利用对教师的教学视野、教学技能起到了极大的促进、推动,甚至是挑战的作用;对于改变“知识本位”的单一式教育,具有极强的实践意义。课程资源的开发和利用可以在很大程度上更多地引入社会需要、社会实践、社会问题等到教育领域中来;课程资源的多元化和多样化,可以最大程度地满足青少年的多方面需求,促进青少年人格和个性的健康完善;与社会实际生活密切相关的课程有利于学生主体意识的最终确立——既可凸显教师在教学中的指导性地位,又可充分发挥学生的主观能动性,为学生创造性和探究意识的培养提供条件和基础。多元化的课程也有助于引发学生探究与创造的兴趣;有助于教育中民主、平等意识和观念的确立;资源的开放性和信息的共享特征,使教师与学生之间的关系不再是传统的主客或主动与被动的关系,而演变成为一种平等的合作或协作式的关系模式。值得特别指出的是,不同的资源对儿童发展的价值是不同的,课程资源对不同学科所起的作用也是不同的。课程资源开发与利用是新一轮基础教育课程改革与实施的重要保障,是实施新的课程标准的支持系统。课程资源是新的以学生为本的课程得以实施的支持环境,没有与新课程相匹配的课程资源,多样化的课程将无法变成现实。开发多样化和本土化的课程资源是打破以学科知识为本、以教科书为主要学习材料的传统课程体系的突破口。

主体参与：自主学习的要义 28

自主学习作为学生学习过程中的内在品质，让学生实质性地参与教学过程，是其首要特征。参与是学生学习主动性的表现形式，也是学生发展学习策略和学习品质的重要途径。学生实质性地参与教学过程至少可以有以下几种途径：

第一是参与并确定对自己有意义的学习目标的提出。一门课，一个主题的学习，一节课，一个教学活动，究竟要达到什么目标，光老师清楚是不够的，一定要有一个与学生协商、沟通、交流的机会，让学生明确当下的学习对于他的成长和后续学习有什么样的意义。比如地理的学习，一个重要价值是发展学生的空间知觉和空间想象力，发展学生的方位感，这对于汽车驾驶和野外生存都具有价值。又如古典诗文的学习，可以使我们走进古人的内心世界，感受永恒的人类情感，如乡情和友谊，使我们与我们的先辈有情感的联系；培养语言的节律感——这是审美感受的重要元素。

做什么事情都有比较明确的目标追求，而不是稀里糊涂、浑浑噩噩的，这也是成功人生的重要品质。这种品质需要在日常的学习生活中来培养。如果学习是盲目的，不知道当下内容的学习的意义何在，我们就不能很好地发展出学生的这种重要的生活品质，也不能帮助他们形成积极的自我形象和努力的目标。真正优秀的教师一定能够在日常的学习中，不断地唤起学生对于未来的热烈向往和憧憬，将人生美妙的前景呈现在学生的面前，能够让学生带着美好的期待去成长。

学生实质性地参与教学过程的第二种途径是对学习内容的质疑。质疑，不是无端的猜疑、简单的否定，而是有根据的怀疑。什么都可以质疑，唯独不能质疑的是我们所具有的质疑的能力。质疑也就是思考别人思考过了的问题，一切都放在理性的天平上来考量，因而是建构知识的重要环节。

质疑意味着不轻信，不满足于已有结论，不相信唯一正确的解释，不盲从权威的仲裁，不屈从于将一种解释非法地晋升为唯一正确解释的企图。

质疑与独立思考，是民主社会建设者的重要品质。如果我们迷信权威，信奉教条，我们就会思想僵化，我们的社会就会充斥着谎言和欺骗，整个社会就可能误入歧途，就可能将绞索当成美丽的花环套在自己的脖子上。

对于发展中的个体而言，质疑是创新的雏形。就像江苏的刘婉老师在教学反思中写的那样："质疑就是一颗创造的种子，它埋在每一个孩子的心里。但这颗珍贵而娇弱的种子只有在教师的精心呵护和培育下才会生根发芽，长大成材，任何一个疏忽都可能会使它腐烂在泥土之中。""我们千万不要把学生的质疑问难视为'怪癖'，冷落他们，挫伤他们，相反应当备加关注那些爱幻想、爱标新立异、有独特见解的学生，使他们敢想敢说，勇于创新。"

学生实质性地参与教学过程的第三种途径是修正。社会在不断地发展，不断地出现新的情况和新的问题，人们的认识也在不断地拓展和深化，修正是人类思想发展过程中必不可少的形式。让学生学会修正，发展学生思维的精进性的品质，保持内心和头脑的开放，是幸福生活的创造者和自由社会的建设者的重要素质。在几乎所有的学习主题中，都有一些命题，如定义和对原理的表述，可以鼓励学生试着用自己的话来表达，并引导学生检讨“这样说与那样说”有什么样的差别，怎么说更到位，从而经历一个不断修正的过程。比如，过去在物理教科书中，普遍使用的是“重量”的概念，而今天的物理教科书中使用的是“质量”这个概念，这两个概念的差别在哪里？这一修正的必要性在哪里？让学生明了人类认识本身就是一个不断修正的过程，也有助于他们科学精神的培养。

学生实质性地参与教学过程的第四种途径是多元化的理解。教育不是要封闭人们的思想，而是要解放人们的头脑。对同一问题，作不同角度的理解和解释，这不仅有着重要的智力价值，而且对于培养学生的宽容精神、开放的心态、民主的性格也极具意义。“穷尽一切可能的解释”，这应该成为智慧训练的首要原则。

第五种途径是自主规划和调控学习的进程。每个学生的知识基础和经验背景是千差万别的，每个学生的学习性向也各不相同。给学生规划自己学习的自主权，既有助于发展学生的学习策略，也有利于培养学生管理时间、管理信息、筹划自己未来的能力，成为一个有头脑、有条理的积极的生活者。

学生实质性地参与教学过程的第六种途径是参与

设计评价指标。怎样评价我们的学习成就,其指标的确定本身对于学生的成长有重要的导向价值。比如,语言的学习要注重词汇量的积累和语感的培养,这对于学生语言的学习就有指导作用。通过让学生参与设计评价指标,可以内化评价的标准,明确相应学习领域内容构成的性质,从而激发内在的学习兴趣与动机。

第七种途径是对学习活动的反思总结。回顾学习过程,清点学习的收获,总结学习的方法,对学习的内容进行认知加工,能够促使学生在更复杂水平上的理解,实现经验的概念化。通过认知加工,有助于学生将新知识与已有知识融会贯通。

以上是学生实质性地参与课堂的具体途径。当下现实的课堂中普遍存在的问题是教师对课堂控制过度,学生对于教学过程的参与往往流于形式和表面,而不是实质性地参与,并未真正卷入到学习过程之中,以致感受不到智力劳动的快乐,缺乏深厚的精神生活的背景和氛围。究其原因恐怕是教师专制主义的性格,对学生的理智能力缺乏真正的信任,对于教学目标的追求过于单一——过分强调知识和技能的掌握,而忽视诸如情感、社会性、态度、价值观、创造性、主动性、想象力等方面的发展。

只有自主学习,才能造就自主发展的人。所谓自主发展的人,具有以下四个方面的特征:有清晰的自我认识,有积极的自我形象;有明确的努力目标,有光明而务实的愿望;有学习的内在需要和动力,有成长的渴望;有良好的学习策略和学习品质。这也是一个有发展的潜力、有美好未来的成长中的青少年的共同特征。

对历史教学的建议 29

历史是十分重要的学习领域,它是一个可以展开我们想象力的广袤的精神领域。我曾经论述过,教育两大永恒的支柱是历史与文学。托克维尔有言:“当过去不再照亮将来时,人心将在黑暗中徘徊。”历史永远是我们生生不息的人类的导师,不管它是辉煌还是不光彩,是崇高还是卑劣,是悲壮还是滑稽,给后人留下的是愉快的记忆还是苦涩的回味,都可以启人心智,教人明理,使之更好地把握现在,选择未来。

历史,无论是光荣还是耻辱,我们都必须面对,在面对中学习,尤其是从历史的教训中学习。历史教学大可不必按部就班,为了激发学生对历史的兴趣,一开始可以讨论一些具有历史哲学意味的问题。诸如:1000 多年前,我们的祖先是如何生活的?人类历史中,有哪些重要的发明和发现?为什么说它们是重要的?每一种事物都有它的起源,人类是如何起源的?你最想了解哪些事物的起源?对事物的起源做出猜测,你做出猜测的依据是什么?……

如果一开始就按照历史的线索学习,人类早期的生活距今非常遥远,远离学生的生活经验,很不容易培养学生学习历史的兴趣。历史学习特别需要遵循由简到繁、由粗线条到细节、由整体把握到逐步丰富的原则。譬如中国历史,可以分为这样几个历史时期:有明确记载以前的历史、有明确记载到秦朝的建立、从秦始皇统一天下到清王朝的灭亡、从清王朝灭亡至今四个大的历史阶段。对于历史的分期,有多种多样的理论观点,在每一种分期的背后,其实都有着某种历史观。合理的历史分期的理论,有助于学生形成对于历史的概念框架和解释历史的理论框架。

特别值得指出的是,如果历史学习就是记忆一些事件发生的年代、地点、人物,而不是去发现人类文明的足迹,去在我们的心中再现前人的生活样式,历史学习就将是枯燥乏味的,也是不能真正丰富学习者的内心世界的。

历史教学应该重视对一些历史思想主题的解释。譬如,中国人治传统形成的原因是什么?让学生讨论中国历史上从善如流而成就大业、刚愎自用而遭致失败的事例,讨论中国历史上专制统治者的专横与残暴。形成这种专横、残暴的原因何在?中国历史上为什么分裂和统一的局面曾经交替出现?为什么明清时期文人的山水画特别风行?为什么歌咏月亮的诗词歌赋特别多?为什么中国历史上有才华的人总是显得有些"怪异"?人类是如何在跌跌撞撞中走向今天的?物欲的膨胀会不会让人们放弃对于历史和终极价值不依不饶的追问?等等。

"历史从来不是在温情脉脉的牧歌声中进展,相反,它经常要无情地践踏着千万具尸体而前行。"(李泽厚语)历史的学习就是要使学生了解人类文明的历程。这需要从一些特定的角度出发来审视人类文明所经受的一些挑战、危机与考验。瑞典病理学家 Folke Henschen 说过:“人类的历史即是疾病的历史”，疾病或传染病大流行伴随着人类文明进程而来,并对人类文明产生深刻和全面的影响,它往往比战争、革命、暴动来得还要剧烈,因为它直接打击了文明的核心和所有生产力要素中最根本的人类本身,打击他们的身体,打击他们的心灵。公元前 430 年,一场瘟疫席卷古希腊,夺走了 1/4 希腊城邦人的生命；公元 165—180 年，罗马帝国发生黑死病,导致了 1/3 的人口死亡;公元 700—1050 年间是日本史上的“瘟疫时代”;公元 846 年,在入侵法国的诺曼人中间暴发天花，诺曼人杀死了所有的病人和看护者；公元 1347—1351 年,中世纪的西欧蔓延黑死病,许多地方 1/3 到 1/2 的人口都死亡了;14 世纪欧洲殖民主义者把传染病带到美洲,扫掉了美洲土著 90%的人口,由此引发了大规模贩卖黑奴的罪恶行径;公元 1555 年,墨西哥天花大流行,200 万人不治而亡。

另外,历史学习要重视一些历史故事和历史人物的内心世界。可以通过一些逸闻趣事来增加历史的可触摸感、真实感,使历史人物有更多的亲切感和人格的丰满。譬如,楚汉相争,刘邦正被项羽追得惶惶不可终日,韩信却差人来要求封自己为齐国假王。刘邦一听就气不打一处来,正待发作,张良立刻偷偷踢了踢他的脚,提醒他,现在还不是发火的时候。那刘邦何其聪明,马上改口说:韩信立了那么大的功劳,还要什么假王,就封正式齐王!试想,当时倘若张良不及时提醒,或刘邦不能够从善如流,结果激反韩信,就凭韩信那本事,这天下是谁的还不一定呢。一个提醒便改变了历史进程,提醒的意义可谓大矣。

从一些历史的细节之中，我们也许会看到一群活生生的人从逝去的历史中复活。我们会同其悲，同其喜。我们对于历史就会有一种亲切感。历史就不会是一组枯燥的数字和一些事件的罗列。我们对于人生，或者就会有更深的感悟。袁绍乃是称霸一方的英雄，而人单势孤、寄人篱下的刘备怎能与袁绍相提并论呢？然而曹操却不是以静止的观点看待人、以一时成败论英雄。他在与刘备“青梅煮酒论英雄”时断言“色厉内荏，好谋少断，干大事而惜身，见小利而忘命”的袁绍不会成就大事业；相反刘备“胸怀大志，腹有良策，有包藏宇宙之机，吞吐天地之志”，是真英雄也。曹操有如此的眼光，这也是他成为千古英雄的原因之所在。

又如，19—20 世纪之交，中华民族正处在深重的苦难之中。鸦片战争之后，中国丧失了独立地位，变为一个半殖民地半封建国家。中日甲午战争的失败，大大加快了这种沉沦的步伐。亡国灭种的阴影，沉重地压在几代中国人的心头。戊戌维新运动的志士谭嗣同悲愤地写下这样的诗句：“世间无物抵春愁，合向苍冥一哭休，四万万人齐下泪，天涯何处是神州？”20 世纪初到日本留学的鲁迅也写道：“灵台无计逃神矢，风雨如磐暗故国，寄意寒星荃不察，我以我血荐轩辕。”在那样一个血雨腥风的年代，谭嗣同、鲁迅这样的伟大心灵所经受的折磨与痛楚，恐怕是今天的学子所不容易体察得到的。

1927 年，梁启超被美国医生误切一个好肾，为了便于西医在中国的推广，为了维护西医的声誉，梁启超谢绝了他的学生徐志摩对美国医生起诉的提议，不要赔偿，不要道歉，一个人默默地承担着痛苦。1929 年初，梁先生与世长辞。这件事，正史里不会有，中学历史教科书中更不会有，但这件事是足以使学生对梁任公油然而生敬意的。历史总是会记住那些为文明的进步做出贡献的人们的。

肆

教师的解放

JIAO SHI DE JIE FANG

30 教师的解放

中小学教师负担过重、劳动强度过大已成为不争的事实。焦虑、过敏、抑郁、偏执等特征与倾向普遍存在于一些教师身上，说我国中小学教师是全世界最辛苦的教师恐怕也并不过分。我国中小学教师人均日劳动时间为 9.67 小时，比其他岗位的一般职工日平均劳动时间高出 1.67 个小时，其睡眠时间比一般职工平均少 1 小时，娱乐时间少 0.5 小时左右，积累起来，年超额劳动时间为 420 小时。难怪有人调侃道：教师是每天“两眼一睁，忙到熄灯”，到头来却是“两手空空，脑袋空空”。据《北京市卫生统计资料汇编》显示，2001 年北京市人口平均寿命 75.85 岁，但知识分子平均寿命要低于该数字，其中，教师的寿命尤其偏低。

中小学教师负担过重的原因究竟在哪里呢？据我个人有限的经验来判断，大概有这样几方面的原因：

首先是教师的编制过紧——编制过紧导致工作量过大，绝大多数中小学教师一周上课量均在 16 节以上，平均每天三到四节课，再加上要备课、批改作业、管理学生、在职学习与培训，整天忙得焦头烂额。教师在校工作时间长，劳动强度大；学生多，批改作业多；工作空间小。当他们面对紧急、意外、难堪等情况时，情绪与行为便易失去控制，甚至表现出歇斯底里。我们很多党政机关人浮于事，可对中小学教师的编制如此之紧，是不是有点“欺软怕硬”？

其次是社会对教育的期望过高。社会和家长对教师的要求过高，学校的制度也越来越细，造成了对教师过重的心理压力和精神负担。在很多人看来，教师就该如何如何，这造成了对教师的精神禁锢。回顾历史，虽说也流传着“家有隔夜粮，不当小孩王”的古训，但曾几何时，在“天地君亲师”的条幅之下，教师毕竟还拥有着毋庸置疑的尊崇地位。如今过去的荣耀在逐渐消退，现实的压力却与日俱增。作为教师，每天必须面对的是学生，“为人师表”是这一职业的特殊性，这迫使教师常常不得不演示或压制自己的负面情绪。长此以往，日积月累，很容易让人背上沉重的心理包袱，甚至产生情绪障碍和疾患。

再次是一些职能部门经常对学校指手画脚、吆三喝四，各种接待、检查、考评应接不暇，简直是把学校当成了滥施淫威的场所。在这样一种缺乏亲和力与尊重的工作环境和氛围中，任谁恐怕都要产生压抑感和倦怠情绪。

第四是学校人际关系不够单纯，一些“扶持一小撮，打击一大片”的制度、措施，使得教师之间产生了恶性竞争，产生了不应有的内耗，耗费了教师的精气神，毒化了人际关系。

第五是教师教育观念陈旧落后，对学生要求过苛，管得太多，缺乏等待的心情。今天，我们的教育非常需要无为而治的心态，干吗对学生要有那么多的要求，为什么不能任其自然一点呢?

第六是学校生活缺乏挑战性和活力。其原因在于条条框框太多，自主发挥的空间太小，现行的教育教学体制管得太多,统得过死,只能使人变成死教书、教死书、教书死的教书匠。这就使得中小学教师的工作比较单调和枯燥,几乎是一年又一年地重复前人和自己。教师长期以一种相同的、没有活力、缺乏激情的姿态紧张工作,怎能不生厌倦? 难怪有教师说:“做教师能让你变得麻木。”

最后是教师的教育素养和能力不够理想，有待提高。同样的工作量,如果你具有过硬的本领,在他人看来很繁重的工作,你也能举重若轻 、应对自如、胜任愉快。负担过重、压力过大的危害是巨大的。那就是损害了教师的身体健康,危害了教师的精神健康,妨碍了教师的成长与发展。忙碌是一种病毒,它使得我们慵懒、麻木、平庸和琐屑——当教师每天拖着沉重的脚步,带着疲惫的心身回到家中时,就只能是“沙发上的土豆”,看书学习就成了心有余而力不足的事情。久而久之,连翻书的欲望都没有了,哪里还能指望教师探索和钻研? 而没有知识与思想来滋养心灵与生命,哪来分享、交流的内在需要?甚至使得有的教师与学生的矛盾多了、摩擦多了、纠纷多了,教师自身的困扰多了、烦恼多了、问题多了。如此一来,教师就容易形成职业倦怠感,教学就可能成为敷衍和应付——敷衍和应付,何来教育的高质量?

我一贯反对对于教师过高的和过多的要求。社会要求教师奉献就意味着社会对待教师不够公正。但教师自己乐于奉献那是另外一回事。作为一个人,一个生活者,自觉地追求人格的崇高境界，受益的首先是我们自己，你会发现你是一个受人尊敬和受人欢迎的人，你会发现人际关系的和谐与温暖；其次最大的受益者就是你的亲人，你的孩子——你是他们的骄傲与自豪；最后，才是你的学生，整个社会和国家。

全社会从各个层面上来形成合力解放教师已是刻不容缓的事情。如果不这样，首先我们愧对教师，另外，这也是关系到国家与民族未来的大事。当然教师自身也有调整心态、校正观念、提高素养、自我解放的必要。世界其实就是我们自己，当我们以光明、正直、昂扬、乐观的态度去看待生活，我们就会生活在光明、昂扬、乐观、向上的生活中，这就是所谓的"境由心生"。给自己更多的积极的心理暗示，相信信念的力量，这也是教师解放的应有之义。

31 祝福教师

随着我走进越来越多的学校，随着我结识越来越多的教师，看到他们敬业、忙碌的身影，我心中蕴积的一种情愫就越来越丰厚、越来越强烈，那就是对中小学教师真诚的、深深的祝福。

教师是一种职业，一种古老的职业，一种将与人类共在的职业。随着社会文明的不断进步，很多职业，诸如警察、军人、侦探、保安、门卫等都将消失。但教师这个职业是不会消失的，它将永存。正是她，传承着人类文明的薪火。

教师无疑是我们这个社会中最有教养、最为纯洁和最为善良的一个群体，也是我们社会中最大的知识群体。他们的劳动也是极其有意义的：关系着民族的未来，关系着我们这个社会的安全、和谐与温暖，关系着每一个人对待生活的态度，关系着每一个人生命的质素。

然而，我们的许多教师，特别是广大经济欠发达的农村地区的教师，仍然在十分艰苦的条件下工作着，辛酸中透着无奈，他们的生存状态令人担忧。如果教师们连生存危机都没有摆脱，我们对于教师的一些要求就不能理直气壮；如果那些身肩要职的人们，无视他们的存在，无视他们所面临的困境，不是切实地帮助他们改善工作与生活条件，那么无疑是严重的渎职与失职。而那些将中小学教师作为敛财对象的人是可耻的，那些为敛财者为虎作伥、助纣为虐的人也是可耻的。

一切富有正义感的人们，一切真正的爱国者，都应该行动起来，为改善广大农村地区教师的生存状态而努力。而我自己，作为一名教育理论工作者，我愿意为提高教师的工作效率，为提高教师的专业素养，从而使他们对于工作能够胜任愉快，做出自己的努力——我愿意去广大贫困地区对教师义务培训，其具体形式可以有：学术报告、教学诊断、上公开课（将我对于有效教学的理解体现在课堂之中，以便作为教学案例来剖析）、现场对话等等。

我真诚地祝福教师，我也吁请一切有良知的人们关注教师，真诚地帮助那些需要帮助的教师，让他们能够深切地感受到人间的温暖和世界的美好。

雨停了，风起了，春寒料峭，月朗星稀……你走在地球的哪一个方向，谁走在你的身边？我真诚地祝福你，我的同事，我的朋友，我的兄弟姐妹——“阳光总在风雨后，请相信一定有彩虹。”

32 名师不可仿

我听过几位名师的课，他们的确有一些共同的值得肯定的地方，比如热情洋溢、活力四射；比如声情并茂、情真意切；比如师生平等、水乳交融等。他们所代表的先进的教学理念是值得学习的，他们的成长之路也值得研究、借鉴，但他们的示范课的招式却不可简单模仿。

陆国强先生在《慎仿名师》一文中写道："一次，我校几位青年教师有幸听了全国著名特级教师于永正老师的一堂作文精品课，其中有一个细节给他们留下了深刻的印象，于老师给学生习作打了 100 分、120 分、500 分，乃至 1000 分的高分。回校后，这几位老师便相继效仿，将这一绝招用于平日的习作教学中。

"平时中等偏下水平的学生得到了羡慕已久的优等分，优等学生则冠以从未想过的几百分，学生的习作热情空前高涨，个个沉浸于成功的亢奋中。

"两个月后，好学上进的青年教师收到了许多信息：一是自觉积累、认真构思、反复修改的学生少了；二是学生间互相攀比分数，以高分逞能，以高分讥笑低分的现象屡有发生；三是学生们忧心忡忡，不知老师把高分抬到什么程度为止； 四是许多家长认为这是一种浮夸风；五是同行们提出质疑：学生习作中的'含金量'提高了多少？能否达到教学的真正目的？”

陆国强先生谈到的这个事例是很有说服力的。名师的示范课是在特定的情境中进行的，它追求其特定的目标，譬如有一定的观赏性，这也有特殊的价值。

大家不难发现，活跃在中国教育界的名师基本上是语文老师，原因何在？细究起来，大概有这样几层原因：首先是由于语文的课程内容富含人文因素，有着广阔的情感体验的空间，更易于创造具有活力和生命化的课堂，更易于使教学具有感染力和观赏性；其次是由于语文老师语言表达能力、写作能力比较强，对自己的教学能较好地作出概括、反思和总结，从而使得“自我推销”的能力也比较强，更易于扩张自己的影响力；再次是由于语文是一个十分重要的学科，甚至可以说是最重要的学科，特别是基础教育阶段。中国古代教育的内容，从今天的课程分类来看，其实差不多都是语文——文学、历史、哲学、天文、地理、历法等都可以冶于一炉。

这至少可以给我们两点重要的启示：其一，教育的内容应该是人性化的，而不是冷冰冰的，要有趣味性，要富含人类的情感，要与学生生活经验有比较密切的联系，即使是科学教育，也应努力营造富有情感的学习氛围；其二，教师的语言修养、自我反思的能力和明确的教学追求也是极其重要的——这不仅对于教师的个性表现力和个人影响力的扩张是重要的，对于真正成为一个优秀的教师也是极其重要的。

有人说，最上乘的武功是“手中无剑，心中有剑”，无招胜有招；最上乘的教学方法是“随风潜入夜，润物细无声”，无声胜有声。简单的模仿，很可能是东施效颦、邯郸学步，而着力提高自身综合素质，创造性地生成教学的策略，才能游刃有余、左右逢源。

教师的五项修炼 33

我曾提倡，美育，从教师的仪容开始；德育，从教师的言行开始。人是环境的产物，而我们每个人都是构成他人生活环境的一部分。美学中有一个重要命题：审美对象决定审美主体。教师是学生的重要他人，教师在仪态、表情、口语表达、着装、眼神等方面的修炼就很有价值。

仪态是指人的举手投足、站卧坐行的姿态。古人讲，要站如松，坐如钟，行如风。生命的活力、青春的气息是从人们的一举手、一投足、一颦一笑中展现出来的。只有教师富有活力，洋溢着蓬勃的朝气，才能带给学生有益的影响，也才能创造出充满生命活力的课堂。

一个人的喜怒哀乐都会在表情中显露出来。表情从容、镇定，能控制冲动，使满意持久，这是表情修炼的应有之义；即使遭受冤屈，仍然保持微笑，这就是修养，就是境界。教师对自己的情绪的管理能力，是教师素养的一个方面。我特别欣赏那种从表情上流露出的成熟的自信。

口语表达的修炼不仅包括措词、表达的规范和个性化，也包括语速、音量与语调——在什么样的场合用什么样的口气、语速和音量。怎样使自己的讲话富有美感、动听，令人入耳入心，这是教育艺术与智慧的重要方面。俗话说，眼睛是心灵的窗户，眼睛能传达出许多的信息。教师的眼神应该是友善的、慈爱的、温情的，透着智慧，透着真情。如果教师有一双会说话的眼睛，他一定更有亲和力，更具有个性魅力。

如果教师的着装非常得体，富于美感，能有一种素雅、高洁的品位，那也是教师力量的重要源泉。相反，如果教师的着装显得劣质、廉价，不协调、不整洁，那就一定会在对学生美的陶冶上大打折扣。

心地要善良，表情要安详，气象要宏大，言说要谦和，举止要磊落，这是对教师的期望，也是受人尊敬和受人欢迎的所有人的共同品质。

学而不厌与诲人不倦 34

在孔子看来，学而不厌、诲人不倦是教师应该具备的两个重要品质。学而不厌体现着教师内心的开放、自强不息和不断进取，而诲人不倦体现着教师的爱心、耐心和敬业精神。

在我看来，学而不厌是诲人不倦的前提、基础和条件。作为教师，只有学而不厌，才能保持内心的开放和鲜活，才会有不断增长的与人分享的内在需要。否则，诲人不倦就只能是无休无止的唠叨、空洞的说教，就只可能教师“教”得辛苦，学生“学”得痛苦，就只可能是“教”的低效、无效甚至负效。

教师学习的方式是多种多样的。当下，对于教师成长有一个很好的概括：专家引领、自我反思、同伴互助。作为教师，如果没有向学之心，即使再高明的专家，恐怕也不能对其起到引领的作用，“我们可以把马牵到河边，却不能按着马的头让它饮水”（约翰·杜威）。自我反思不是胡思乱想，而是有理论支撑的、高度自觉地对自己的实践的回顾与审思——这本身就是很好的学习过程，如果没有一定的理论作为基础，自我反思的效果就会大打折扣。至于同伴互助，是一种相互切磋、相互勉励和真诚分享，这不仅是一种有效的学习方式，而且是团队建设的基础,《学记》中就有“独学而无友,则孤陋而寡闻”的说法。

学而不厌与诲人不倦体现着学与教之间的互动关系,对此,《学记》中也有精辟的表达:“虽有佳肴,弗食不知其旨也;虽有至道,弗学不知其善也。是故学然后知不足,教然后知困。知不足,然后能自反也;知困,然后能自强也。故曰:教学相长。”学与教两者相互依存,相互促进,学因为教而日进,而日深;教因为学而益精,而益新。

培植教师的课程意识 35

基础教育课程改革的重要价值之一就在于促使教师确立课程意识,即首先需要考虑的还不是如何有效地教学,而是应该带给学生什么样的教育经验,包括什么样的知识最有价值,什么样的主题最值得探索。而这首先需要思考的是:我们究竟要培养什么样的人?受过教育的人该是怎样的?教育承担着怎样的职责和使命?如此一来,教师应该关注的就远远不只是课堂教学行为、有效的教学策略、课堂教学模式等问题,而更应该关注我们为什么需要教育,为什么要开设语文、数学、科学、艺术等课程,为什么要强调课程的综合化,为什么要倡导发展性的教育评价,为什么要开发校本课程。因为教育不只是一个简单的操作行为,而是基于信念的行为。

教师课程意识的确立,首先有赖于教师对自身在课程创生中的地位与作用的认识。教师是课程的建构者。这样的课程强调和突出学习者作为主体的角色,以及在课程中的体验。它注重从学习者的角度出发和设计。课程是以学习者实践活动的形式实施的。课程不是外在于学习者,也不是凌驾于学习者之上,学习者本人是课程的组织者和参与者,没有学习者的学习活动,就不存在课程。从心理基础而言,这样的课程比认知过程广泛,强调学习者个性的全面参与，即除了认知过程之外，学习者的其他心理成分同样是实施课程必须考虑的。

教师不仅是课程的开发者和实施者，其自身就是一种重要的课程资源。与课本、学具、标本、挂图、音响和网络这些“冷冰冰”的课程载体相比，教师作为性情中人，最易于和学生进行沟通和交流，使课堂、使教学产生情境性和感召力，从而激发起学生学习的热情和信心。教师能够创造有活力的、富有情感的学习氛围，这也是现代化的教学媒体不能取代教师的重要原因。因而教师的成长也就具有了特别重要的意义。

作为教师，大多承担着某一课程的教学。但您首先是一个教育者，其次才是一个学科的教师。因为不同的学科教学，尽管都有自己一些具体的目标，但均有一个共同的目标，那就是要使学生成为一个自由的人、一个完整的人、一个幸福生活的创造者和民主社会的建设者而发展和成长。学科教学的具体目标，应该自觉地朝向最高的目标，并使其作为一个步骤而存在。

一些学习主题相对于另一些主题而言，的确可能更为重要，那是因为在奠基一个人终身发展和创造未来的能力方面，它们可以发挥更大的作用，但没有什么学习主题是不可或缺的，那是因为公共知识是一个有机的整体，它们你中有我，我中有你；“一滴水可以折射出太阳的光辉”，正如禅宗里讲的“月映万川”。一个学习主题对于人的成长来说，有着多方面的价值，重要的是高品质的学习过程。强调这一点的用意在于教师需要参与课程的开发，更多地因地制宜，更多地关注学生的现实生活的背景，只有这样，学生对于学习才真正有内在的兴趣。

课程改革不是一劳永逸的事情，它需要不断地深入下去。改革是现代教育的重要特征，它带来挑战从而为教师的成长提供机会。课程改革不是按照某种指令去完成一项任务的过程，而是一个探索的过程，一个自上而下与自下而上的双向互动的探索过程。而探索本身就是具有教育价值的，因为它带给我们的是进取的意识、开放的心态、学习的内在需要和成长的渴望。

36 鼓励学生大胆猜测

人类认识发展的历程就是不断提出猜测并且不断证实或者证伪的过程。鼓励学生更多地试图对问题做出猜测，是培养学生对于探索的兴趣、解除过多地在学生头脑中充塞已成定论而导致的心智禁锢的重要教学策略。猜测，当然不是毫无根据地胡猜瞎蒙，即使是异想天开的大胆猜测，也需要建立在一定的理性、逻辑、事实的基础上。我们特别应该提倡渗透着科学精神和科学态度的大胆猜测。

在教学中，大胆猜测的过程其实就是一个充满智慧挑战和精神历险的过程，是一个应用已有知识解决新的问题的过程，是一个运用想象力和发挥创造性的过程。比如人类早期，几乎所有的种族和部落，都有生殖崇拜，这究竟是为什么呢？大概是因为早期人类科学技术不发达，战胜自然的能力比较差，人口的多寡是决定一个族群“发达”程度的重要因素。可是由于当时医疗保健水平很低，人均寿命也很短，婴儿的死亡率却很高，人口的自然增长率非常缓慢。生殖崇拜表明了早期人类的普遍的祈望。

其实，“早期人类普遍存在生殖崇拜”这个命题本身也是带有猜测性的。猜测的根据是什么呢？那就是大量的考古发现表明,“鱼纹”“蛙纹”“鸟纹”是许多先民图腾崇拜的符号。而“鱼纹”和“鸟纹”分别是男女生殖器官的象征,“蛙纹”则是孕妇的象征。解释总要做到“历史与逻辑”的统一。

还比如,在人们的观念中,中国特别讲究吃,以至于一些虚构和杜撰的故事中,表明中国人“民族性格”的也是对于“吃”的牵挂与青睐。有一个故事讲,一位美国教授先让他的来自不同国家的研究生看一些关于大象的幻灯片,然后要求他们提交一篇有关大象的作业。英国学生提交的作业的标题是“如何猎象”,法国小姐的作业标题是“论象之恋爱”,德国学生的作业标题是“象类小属科”,俄国学生的作业标题是“论象之存在与否”,而中国学生提交的作业的标题是“论象肉烹饪法”。这个虚构的故事试图说明英国人的绅士文化、法国人的浪漫情怀、日耳曼民族热衷于严密体系的创制、俄罗斯民族的怀疑主义精神、中国人的“民以食为天”的传统。

中国人特别“好吃”,这种“认识”有道理吗?你将做出怎样的解释呢?简单地肯定和否定是不够的,要问一个究竟。我想,可能的解释就是:不同时代和不同民族的人们,有强烈程度大体相同的需要,不同的是构成需要的要素的差别(比如 20 世纪 90 年代以前绝大多数中国人不会有对于私车的需要,但这却是至少近 70 年来绝大多数美国人的需要),以及同一要素(毕竟人类不同的种族和阶层有一些共同的需要,比如饮食)在整体的需求心理中所占的份额(即强烈程度)的不一样。很有可能是在整体的需求中,“吃”在中国人的心理需求中占有更大的份额。而之所以如此的原因又是什么呢?那很有可能是由于中国人长期生活在森严的礼教之中,视听言动都必须符合礼教，而唯有口欲的满足是不违反礼教的。弗洛伊德说，人的内驱力就像一个高压锅中的气体,这些气体总需要找孔道宣泄出来。如果许多的可能宣泄的孔道被堵塞了,剩下不够多的宣泄的孔道,那么通过这些孔道的气流量就会比较大而强烈。

在日常的教学中,无论何种课程都有大量可以让学生提出假设、做出猜测和解释的学习主题。教师应该充分发掘和利用这些学习主题对于激发学生探索兴趣、开发智慧潜能的价值，猜测牵引和推动他们去寻找更多、更可靠、更详细、更有说服力的证据,进而推动学生的拓展性阅读和自主探索,进而发现和提出问题,对问题的成因和解决方法做出猜测。凡是学生有可能自己做出猜测和解释的问题,都应该尽可能地提供给学生尝试错误的机会,这应该成为教学的基本原则。

理论研究无非就是发现问题——这就包括原有的解释不能包容、涵盖的新现象,或者发现另一种同样有说服力的解释,并基于事实和逻辑,不断地修正和完善解释。人类发展的历史表明,探索的人的大脑用进废退。探索的内在需要和智慧,要在日常的学习和生活中来培养。鼓励学生大胆猜测,有助于防止学生的头脑变得封闭和僵化。要发展学生的创造力和探索精神,就需要学生去切切实实经历创造的过程,做出猜测,并试图做出有说服力的解释,这是探索和创造的最基本的形式。在人类认识的长河中,“长江后浪推前浪”，我们总是站在前人的肩膀上，分享着前人的探索成果和思想资源,从而有可能超迈前人,创造历史。

在以发明电话而闻名的贝尔实验室的门厅里，安放着一尊贝尔的半身塑像，下面镌刻着一句话："假如你能偶尔偏离正轨，钻进丛林，你一定能够发现从未见过的东西。"鼓励学生大胆猜测，甚至是异想天开，这是我们中国教育非常需要的。因为我们的教育中坐井观天、墨守成规、画地为牢的东西实在太多。

37 教师成长的策略

所谓校本培训，就是在学校中、基于学校、为了学校而对教师所作的培训，它相对于职前培训和脱产进修。没有教师的成长，就没有高品质的教育，这已日渐成为人们的共识。道理很简单，教师本身是课程资源的重要组成部分，教师自身的成长是教育力量的源泉。教师的成长离不开学习。学习不仅是教师丰厚文化底蕴，使自己更具文化眼光的重要途径(正如庄子云："水之积也不厚，则其负大舟也无力；风之积也不厚，则其负大翼也无力")，学习更为重要的价值在于使教师的内心变得开放、鲜活、细腻和温柔，使教师具有不断增长的分享的内在需要，从而克服对于教学的倦怠感，使教学永远充满活力和内在的感染力。如何通过学习来有效地进行校本培训从而促进教师的成长呢？我概括为如下四点：

一是大量阅读，仔细咀嚼。"读书、读书、再读书！——这是教师的教育素养这个品质要求的。"苏霍姆林斯基在任帕夫雷什中学校长时就规定教师必须读一些教育名著。读书的过程就是与世界进行交往的过程，一个从狭隘走向广阔的过程，它有利于提高人的精神品味，培养教师的读书人的气质。现在太多的教师的阅读量太少，原因固然是多方面的，比如工作量太大，心理压力太大,没有时间也没有心境去阅读。但缺乏阅读习惯是一个重要的原因。这也可以说是我们的教育存在的一个缺憾:没有很好地培养学生自主阅读的习惯和品质。阅读什么呢?我认为中小学教科书就是很好的读物。尽管我们的中小学教科书编得还不很理想,但对教师来说仍是最好的读物。因为在中小学教科书中凝聚了人类的基本经验,那些内容是最基本的、最核心的,是构建我们精神大厦最主要的元素。中小学教科书上的内容我们过去都学过,但今天我们的眼界发生了变化,我们的经验背景发生了变化,去阅读那些我们熟悉的材料,会有新的感怀和收获的。孔子说"温故而知新"。对于教师,阅读各科教科书,还有一个重要价值便是,你可以在自己所教的课程中经常地提及别的课程内容。这样,就能更好地利用学生已有的经验背景,帮助学生融会贯通地理解学习内容,也有助于学生形成对世界的完整的理解。

除了阅读教科书,阅读一些优秀的教育刊物也是十分必要的。办得好的教育刊物上的文章,比较及时地反映了教育界同行们对于教育最前沿问题的思考,会推动你的思考和探索。

另外,要阅读一些滋养心灵、温润生命的书,特别是文学作品和思想随笔。那些文质兼美的作品,会使我们的内心变得温暖、丰富、细腻、鲜活和磊落。

如何阅读呢?我个人的经验是要仔细地咀嚼,再三地玩味,反复地推敲,需要掩卷沉思,一些经典的篇章和段落要熟读成诵。泛泛地阅读当然也必要,但如果没有"熟读精思,虚心涵泳,切己体察",就容易流于浮光掠影、走马观花。没有一定量的可以了如指掌、可以娓娓道来的篇章打底,就会缺乏根基,缺乏底气,缺乏认知的平台,从而缺乏应有的判断力和鉴赏力。

二是深入探索,自觉反思。在实际工作中,你总会发现一些问题,一些现象,你可以有意识地去作一些探索,自觉地实践一些先进的教育思想,并不断地自我反思。著名学者波斯纳提出了一个教师的成长公式:经验 + 反思= 成长。有改变才会有成长,你总是要试图去改变一些做法,一些想法,而不是自我封闭,固步自封。比如,什么样的家庭里成长的孩子写作能力比较强?口头表达能力强的学生写作的能力是不是一定就强?语文的学习成绩与其他学科的学习成绩有多大的相关度?

三是及时总结,着力提升。要养成及时总结的习惯,及时捕捉你所听到的、看到的、读到的有价值的现象和表达。古人讲,聚沙成塔,集腋成裘,万丈高楼平地起。积累是十分重要的。在生活的各个方面,成功一定有方法,失败一定有原因。及时总结自己成功的经验和失败的教训,并上升到理性的认识,我们就获得了成长。没有经过理性加工的“经验”(经历和体验)就可能是混沌的、模糊的,所以,“经验的概念化”是智慧发展非常关键的一个环节。从感性到理性,这个认识过程不是一次就完结了的,不是一蹴而就的,而是一个不断修正和不断深化的过程。“教师成长的策略”可以说是我个人经验的一个总结,这个总结不是一天形成的,它有一个不断完善的过程,而且这个过程也远未完结。

第四,团队合作,真诚交流。一个学校的教师,应该是一个团队。团队成员之间的精诚合作,互相真诚的分享和交流,对于彼此的成长,有着十分重要的、巨大的价值。团队中有一种无形的力量使我们成长，因为团队中我们形成了一个精神的氛围，一个心理的场域。有言道：湿柴在烈火中也会燃烧。

真诚的交流所导致的思想的碰撞和交锋，会使得我们对问题认识更加全面和深入，会使一些主题和思想在我们的心中深深地扎根。社会建构主义学习理论，从理论上深刻地揭示了交流、分享、讨论、对话在知识建构中的重要意义。比如说，一个学校的老师共同地读一本书，每周有一个固定的时间来交流和分享，这样就有了一个交流的平台，一个思想交集的空间。老师们会自觉地意识到：为了能在分享交流的时候有所贡献，就理所当然地要提高阅读的品质。通过在团队的分享和交流，我们的认识深化了，我们的内心丰富了。有分享和交流的内在需要，是教育力量的重要源泉，因为分享和交流的需要的反面是内心的麻木和枯竭，这也是教育的倦怠感产生的真正根源。

“广泛阅读，仔细咀嚼；深入探索，自觉反思；及时总结，着力提升；团队合作，真诚交流”，这是最经济、最有效，也是最可行的促进教师成长的策略。长沙的麓山实验学校、浙江金华师范附小、哈尔滨南岗区的复华小学、济南的解放路小学、杭州的胜利小学，以及北京的清华附小、十四中、北方交大附中等学校的经验证明了这一点。

38 写作与教学

所谓写作，就是运用语言文字创制文章的一种复杂的脑力劳动和精神生活过程，它是社会成员之间表情达意、宣明事理的一项社会实践活动。写作过程往往是由物（现象、事情）到感（感触、感悟、感怀），由感到意（思想、主张），由意到文（文章、作品）。我一向认为，能写好文章的人，教学也一定不会糟糕。因为一篇文章的要素与一节课的要素是十分类似的，一个人的能力在这两者之间是极容易迁移的。

美国学者查尔斯·布考斯基对写作有精彩的论述："通常它是惟一的东西，在你和不可能性之间。没有酒，没有女人的爱，没有财富能够与它相比。什么也不能拯救你，除了写作。它撑着每堵墙不使它们倒下，阻止一大帮人马冲进来。它炸开黑暗。写作是最终的精神病医生，是所有上帝中最慈善的上帝。写作潜步跟踪死亡，紧追不舍。而且写作嘲笑它自己，嘲笑痛苦。它是最后的期望，最后的解释。这就是写作。"的确，只有在写作过程中，外在与内在、经验与幻景、感性与理性才能在一个时空中得到完满的呈现。

一篇文章无非是由主题、素材、技巧和语言四个要素构成。"文章者，所以宣上下之象，明人伦之叙，穷理尽性，以究万物之宜者也。”写文章不论长短和体裁，都必然有一个写作的目的、意图，或是要说明某个问题，或是要发表意见提出主张，或是要表达一种思想，或是要抒发爱恨情仇。主题，就是指通过文章的全部内容表达出来的基本思想、意见、情感、意趣等。主题是一篇文章的灵魂。文章没有主题，如同军队没有统帅一样，就会失去主导力量。哲学家王夫之说得好：“意犹帅也。无帅之兵，谓之乌合。”(《姜斋诗话》) 姚鼐则说：“诗文美者，命意必善。”(姚鼐：《答翁学士书》)文不全都是为了载道，但文章总会载道的，因为文章不可能是无意义的字符的堆砌。

好文章由于主题的清新警世、能发时代之先声，因而脍炙人口或具有振聋发聩效力的例子是不胜枚举的。从丰富的积累中，以独特的眼光提炼出新颖而独特的主题思想，才能真正做到“见人所未见，发人所未发”。

古人强调“言授于意”，就是说，语言的运用必须由思想内容决定，为表达思想内容服务。文章如果没有明确、鲜明的主题，词汇就是再丰富多彩，也会如同丑陋的女子身着华丽的艳装一样，显得矫揉造作，惹人憎恶。一旦有了明晰而深刻的思想、强烈而优美的感情，哪怕文章的语言质朴无华，也会从字里行间透露出思想的光芒。

要能够写好文章，就需要学识的积累和生活的积累。黄宗羲说：“文章之道，非可一蹴而就者，苟好之，则必求天下之书而读之。”(黄宗羲：《戴西洮诗文题辞》)张继的《枫桥夜泊》这首诗貌似简朴无奇，却写得精练含蓄，意境悠远，韵味隽永，把作者考试落榜、客途秋恨的惆怅心理表露无遗，可见，只有生活阅历深厚，才能写出感人至深的东西。

好的表达，甚至整篇文章都是长期积累，偶然得之。写作的素材往往从我们的积累中来。文章不是无情物，写作贵有真情。所谓“真情”，指的是作者发自肺腑的真情实感，是作者在生活中对所借以抒情的事物确实产生了深刻的认识和强烈的感受，而要有真情实感就需要有亲历和体验。情感的细腻、丰富和纯净是心灵的财富，写作只能“为情造文”，而不能“为文造情”。只有当情动于中，不吐不快的时候，虚情假意才可能无处藏身，这时他所抒发出来的真挚感情才能引起读者的共鸣，从而达到感染和教育读者的目的。还是刘勰说得好：“繁采寡情，味之必厌。”优秀的作品，无不熔铸着作者的思想与情怀，闪烁着生命的光辉。而缺乏学识的积累和生活的积累，就可能立论和论证或似是而非，引证不确；或单薄浮泛，空洞贫乏。

列夫·托尔斯泰说：“感情越是真挚，那么它就越是独特。”(列夫·托尔斯泰：《论艺术》)。庄子说：“不精不诚，不能感人，故强哭者虽悲不哀，强怒者虽严不威。”(《庄子·渔父》)这种发自内心的真挚、独特的感受，是与众不同的，是有着显著的个性特征的，表述出来也必然是清新、明晰的。

鲁迅先生也主张文章应有强烈的感情色彩，“热烈地主张着所是，热烈地攻击着所非”。“有真意，去粉饰，少做作，勿卖弄”。古人认为文章要“自胸中流出”，“开口见喉咙”，“见真面目”，这就有自然“本色”；如果文章有“一段精光不可磨灭之见”，那“便是宇宙一样绝好的文字”。

叙述、描写、抒情、议论、说明这五种表达方式，在不同的文体中虽各有所侧重，但在具体文章中，这五者却不是彼此孤立、截然分开的，而常常是互相交织，综合起来使用。有些文章，叙述中有描写，描写中有叙述，在叙述和描写中又融汇着作者浓烈的抒情、深刻的议论和明晰的解说，从而生动深刻地表达了丰富的思想内容，使文章充满了艺术感染力，“文约而事丰，言简而理周”。

古人讲，“文似看山不喜平”。能用新的角度去开掘和解释有人已用过的材料，即要求作者运用慧眼和胆识，善于发现、捕捉和开掘，能从人们常见的事物和现象中开掘出新的道理，对人们司空见惯的事物，能从新的角度挖掘，发现新的侧面，引出新的问题，使文章生动活泼，富有新意和魅力，吸引并打动读者。鲁迅先生指出，“选材要严，开掘要深”。这就不仅仅是写作技巧的问题，它涉及写作者的整个精神修养。

“言之无文，行而不远”，这强调的是语言表达的文采的重要性。我们要能够写好文章，就需要把头脑中孕育、构想得较为成熟的文章雏形，运用语言文字在书面上固定下来，完成由“意”向“文”的转化，成为最终的精神产品——文章。在这个过程中，写作主体要寻求恰当的表现形式，要巧妙、妥帖地组织安排各种材料，要灵活地运用各种表现技法和准确地使用语言文字，还要进行增、删、改、调、润色加工，从而使文章畅达、精美。所谓文学性是指语言文字在表达思想情感方面的艺术化特征。

刘勰说：“夫人之立言，因字而生句，积句而成章，积章而成篇。”(刘勰:《文心雕龙·章句》) 文章就是由字、词、句这些语言的基本单位组成的。一切文章,其内容和形式,都要靠语言来支撑、充实和装饰,离开语言,就不会有文章写作。养成锤炼语言的习惯,使文章“意”能“称物”,“言”能“逮意”就十分必要。“吟安一个字,捻断数茎须”,“为求一字稳,耐得半宵寒”,“两句三年得,一吟双泪流”,“百炼成字,千炼成句”,这是我国古代作家锤炼语言的夫子自道。

写作中剔除冗词赘句,做到:“丰而不余一言,约而不失一词。” 锤炼语言,就是锤炼字、词、句。字、词、句用好了,文章的语言就精粹了。清代文人刘大櫆说:“凡文笔老则简,意真则简,辞切则简,理当则简,味淡则简,气蕴则简,品贵则简,神远而含藏不尽而简,故简为文章尽境。”(刘大櫆:《论文偶记》)著一字而境界出,这就是功夫。

另外,通过写作来进行教学,这在语言与文学、历史与社会等学习领域都是极其有效的。“在今天这个文字密集的社会里,我们比以往更需要具备基本的读写技能。”(未来学家约翰·乃斯比特)而读写技能的培养,就离不开学生的语言实践。

无论是对于学生还是老师,要能够写好文章,广泛阅读是十分必要的(当然,假如阅读不能提供新鲜的思想或是新奇感觉的话,阅读就失去了最本质的意义)。陆机在《文赋》中说,“观古今于须臾,抚四海于一瞬”,要有这等功夫,博学自然是必不可少的。只有一本又一本书,才能在创作与教学之路上作为台阶垫高你遥望和祈想的视野。而要创造丰富的课堂,没有丰厚的积累,也是不可能的。

成为有思想的教师 39

关于"思想",英国现代哲学家维特根斯坦有两个重要的命题。其一即"事实的逻辑形象就是思想",其二即"思想是有意义的命题"。

我们所说的"真理",其实就是指的事实和逻辑。事实,即事情的真相。"事实的逻辑形象就是思想",对于这个命题,其实还有广阔的阐释空间。首先,所谓"事实",其实都只是每个人眼中的事实,是个人选择的结果——我们面对同一场景总会有意无意忽视什么,遗漏掉什么,也会渲染点什么,夸大点什么;其次,逻辑作为推理的有效的法则,其"有效性"对不同的人而言,其性质和程度也都是不同的,所以,强盗有强盗的逻辑,流氓有流氓的逻辑;文明社会有文明社会的逻辑,野蛮社会有野蛮社会的逻辑。譬如,在野蛮社会中,"有枪便是草头王","成者为王,败者为寇",这似乎都是天经地义的;可在文明社会,"有枪便是草头王",不过是强盗的逻辑;文明社会的逻辑是在法律的框架内的公平、公开、公正的竞争。

由此看来,逻辑作为公理、法则,也是有域限的、有条件的,譬如说,"大前提、小前提、结论"作为三段论推理形式,并不能保证结论是正确的,如果"大前提"是错误的话。台湾中原大学林冶平教授反复指出:“错误的前提,加正确的推论,加狂热的执行,等于万劫不复的灾难。”诚哉斯言!

“思想是有意义的命题”,这就需看“有意义”意味着什么,对谁来说是有意义的。从米歇尔·福柯的分析来看,任何话语的背后都隐藏着权力,人们对于任何的说辞和宣称,都得抱以审慎的态度。

对我们个人而言,思想是我们理智洞见的成果。我们在分享他人思想成就的基础上,经由观察、体验、悟识而创生思想。思想使我们所做的一切有一种自觉的追求,使生命挺立着,并有一种把酒临风的旷达和潇洒。

你真正的生命是你的思想,你的思想就是你的处境。理论、学说、观念、主张等等都不过是思想的表现形式。“思想”相对于“观念”而言,有更强的理性色彩。从制度设计到各种各样的游戏规则的制订,再到学术进步和科技创新,背后都是思想。譬如法律援助制度体现的是对弱势群体的人文关怀,司法中的“疑罪从无”,体现的是对生命、对人的尊重和信任;如果我们认定人类社会不过是一个丛林,人与人的关系就是狼与狼的关系,我们就不会有各种各样的救助政策,就不会有慈善机构和各种义举。

“思想”一词,相对于“经验”而言,有更多的抽象与概括的意涵,更着意于逻辑的必然性。“经验”可能不具有普遍的必然性,而囿于具体的情境与条件,一旦离开具体的情境和条件,“经验”就可能失效。亲身经历和内心体验是宝贵的,但也要将“经验概念化”,这一过程就是由感性向理性的攀爬,也就是思想的创生过程。

“思想”区别于“臆见”和“偏见”，它包涵着真理性。思想涉及到“陈述”，这一“陈述”中清晰和准确地揭示和勾勒出事实之间的逻辑关联。比如，我关于教育的命题，也就是我对教育的理论表达，体现着我的教育思想。“教育是价值引导与自主建构相统一的活动”，“教育是建基于信念的人道主义的事业”，“教育就是不完美的引领着另一个（或另一群）不完美的人追求完美的过程”，这些都是对于教育的各种变量之间关系的揭示。

为什么教师要有思想呢？首先有思想，会使得我们兴趣广泛，内心鲜活，积极地捕捉各种有意味的信息，会使我们的人际交流变得更有品位，使我们的生活，特别是精神生活变得丰富，使我们从琐屑、无聊的单调、平庸的生存境遇中摆脱出来，有一种“一蓑烟雨任平生”的超迈和豪阔。其实，在物质领域和精神领域中都存在着“马太效应”——你的思想愈丰富，就愈加容易变得丰富。因为你思想丰富，你就能看到思想贫乏的人看不到的东西，你信息加工的能力就比较强，你有更强超越所给定的信息而生发出新信息的能力。你能够从更多元的角度、更宏大和更精微的视角看待问题。这样，在与学生的日常交往中我们会潜移默化地给予学生精神的滋养。

其次，做有思想的教师，能够使我们更好地理解课程内容。我们说，“数学是一种思想”，就因为世界的一切，都具有质与量二重属性。数学是从量的角度对世界万事万物关系的一种把握。勾股定理、正余定理都不过是揭示出三角形角与边的大小的关系。

在自然世界中，事实往往是可重复检测的、稳定的，所以我们可以概括出许多的公式和定理，如速度指的是运动物体在某一个方向上单位时间内所通过的距离，科学共同体用 $v=s/t$ 来表示；加速度则指速度的变化与发生这种变化所用的时间的比值，即单位时间内速度的变化，科学共同体用 $a=(vt-v0)/t$ 来表示。而在人文世界中，事情往往是独特的，不可重复的，而所谓的事情的真相，也因我们的立场、价值观和当时心境的不同而各不相同。我们对真相与逻辑的认同，也因境界的不同而有差别。

再次，有思想的教师，会对学生的心灵丰满和精神充实有一种自觉而又自然的引领。从对课程内容的发掘，到教学策略的选择，从对问题的设计，到课堂氛围的营造，甚至用一套什么样的语言，背后都有思想的底蕴，只是有时我们不自觉罢了。更多的中小学教师对实际操作的方法更感兴趣，但操作的方法背后一定有一套关于“良好教育”和“有效教学”的思想。剥离了思想根基的操作方法就像折断的树枝，很快就会干枯和断裂，它绝不会变得更强健和更茁壮。

有思想，使得我们不人云亦云，不简单化，使得我们葆有自由意志和独立人格。“落后就要挨打”，这是中国近代史血的教训，可这背后也有霸权主义、殖民主义和强权政治的逻辑和对这种逻辑的消极认同，这不是文明、公正的国际社会的逻辑。包括“弱国无外交”，这都与“国家无论大小，一律平等”的文明规则相抵牾。我们如何考量事实，我们如何揭示因果，这背后首先是思想。创生新的思想需以思想为基础，正如库恩所说：“理论始于观察，但观察中渗透着理论。”

据我有限的观察判断，我国中小学教师缺少的主要是一种文化精神、文化眼光，一种自觉的价值追求，一种坚定的对于社会、人生和教育的理想与信念，一言以蔽之，缺乏思想。究其原因是文化底蕴不够丰厚，学识积累过于单薄，缺乏对人类历史文化和人性富于深度的理解，特别缺乏对中国历史的洞察和对西方近代资本主义核心价值的深度理解。其后果是，中小学教师付出的大量劳动停留在低层次的“教书育人”上，缺乏对于学生精神上的引领，缺乏对于自身工作高远的立意，缺乏对于“课本知识”所承载的价值观和心理结构的深刻洞察。说得极端一点，把“教育”浅化为、庸俗化为没有灵魂的认知结果的堆积。

创造性地、批判性地使用教材，是课程开发的应有之义。而要能创造性地、批判性地使用教材，就需要一种文化眼光，一种道义的承担。在我看来，过去语文教科书上的《我爱故乡的杨梅》《一夜的工作》《林海》《谈骨气》《安塞腰鼓》《长城砖》都是不够理想的作品。《我爱故乡的杨梅》是多么单薄、多么空洞，从而使得那种情感显得多么虚假！对于作品能否有一种较高的鉴赏力，取决于读者的文化底蕴。

学习与思考是我们变得有思想的不二法门。孔子说的“学而不厌，诲人不倦”，是教师的重要品质。其实，前者是后者的重要条件。没有学而不厌，就难以做到诲人不倦。学习的途径是多种多样的，而思考则不是简单地想一想——如何去粗取精、去伪存真、由表及里、切中肯綮，这就有一个思想方法的问题。在所有的读物中，有关方法论的东西是十分值得一读的。其实，这就是哲学。哲学就是我们如何认识和把握世界的学问，哲学是世界观和方法论，而这二者是构成作为无论动词和还是名词“思想”的最重要元素。

我们强调做有思想的教师，就是强调对操作主义、经验主义的超越，对教师职业内在尊严的诠释与追求，对急功近利的拒斥。思想的逻辑彻底性，就是理论。思想是理论的灵魂，也是理论华美的标识。

让教育充满思想，让思想充满智慧，让生活充满人性的光辉，让我们的心灵荡漾在博大、丰富、深邃、光明、温暖的思想之中——终于有一天，我们的年华会老去，可我们的思想会在足迹中闪光，并将照亮前行的路。

伍

文明的星空

WEN MING DE XING KONG

40 我心中的毛泽东情结

我相信，在中国大陆出生、40 以上又经历过“文革”人，都和我一样，心中有挥之不去的毛泽东情结。在我的童年时代，背诵毛泽东的诗词，诵读毛泽东的文章，唱着歌颂毛泽东的歌曲，佩戴着毛泽东的像章，目到之处几乎都是毛泽东的画像……毛泽东对于我们的影响是刻骨铭心的。他的许多言辞、语录，我都可以娓娓道来，如数家珍。如果有人问我，谁对我的影响最大？我会真诚地告诉他，那就是毛泽东。在我上大学前，我对于毛泽东的情感是“崇拜”一词不足以表达的，毛泽东在我的心中，是越不过的天。

今天，我以一个探索人类文明历程的思想者来看待毛泽东，我真诚地认为：首先，他是一个有着很高天分和学而不厌的人。尽管他没有受过很多的正规教育，他仅仅是一个师范毕业生，套用今天的学历，充其量是大专；而后来，即使是战争环境和公务繁忙，也没有妨碍他对于书籍的热爱，这使得他不仅在诗词、书法等方面有非常独特的风格，有很高的造诣，而且在文史哲方面学识的丰厚，恐怕也是令今天许多文科教授汗颜的。

其次，他是一个清廉的领导人。他真诚地希望国家富强、人民幸福，并真诚地付出了宝贵的努力。他丝毫没有像现在许多身居要职的人一样，为自己和亲友捞取物质上的好处。他的许多故事令人感动，令人肃然起敬。这并不是由于制度的制约，而是他的人生信念的身体力行，这是值得我们（特别是手中掌握权力的人）认真学习的。这也是人们之所以能够原谅他晚年的错误，而对他深深怀念的重要原因。

第三，毛泽东是一个富有个性魅力的人。他倔强、坚定、果敢，在他的身上充分地体现出湖南人不怕死、不信邪的性格。他率真、自然、朴素、毫不做作。洪应明在《菜根谭》中说："文章作到极处，无有它奇，只是恰好；人品作到极处，无有它异，只是本然。"毛泽东身上体现的大家风范、恢弘的气度是人们难以企及的，当然这也与他的地位有关。

我们也不难发现，在早年，毛泽东曾意识到民主的重要性，可在他的性格中，仍然有着专制主义的成分（不够民主的成分）——这与他生活的时代和身世有关——特别是在晚年，他变得缺乏必要的包容。他对于西方近代文明不仅缺乏丰富和深刻的理解，而且有相当多的误解，这使得他没有能够切实推进中国民主化的进程，也使他在对国际国内形势的判断和国内外政策的制定上犯有严重的错误，从而使中华民族复兴进程遭受严重挫折。

我经常为他晚年的错误深深地惋惜和遗憾，特别是当我听那些十分熟悉的歌颂毛泽东的歌曲的时候——那些歌曲情真意切，表现出人民对于作为领袖的毛泽东崇高的敬仰和真心的爱戴。如果他能够不发动"文化大革命"，如果能够更多地信任和尊重知识分子……可历史是不能假设的。

作为历史人物的毛泽东，历史会给予他公正的评价的，这恐怕是我们这一代人不易做到的。因为在理性上，毛泽东走下了神坛，可在情感上，我们却难以走出毛泽东的巨大身影——我们有一个复杂的毛泽东情结。这也是时代带给我们的历史局限性。

俄国思想家恰达耶夫说："当一个人找不到自己与过去、与未来的联系时，他便会丧失自我。"（《哲学书简》）审视毛泽东对于我成长的影响，是认识自我不可回避的重要方面。毛泽东在我心中地位的变化，我对于毛泽东的情感轨迹，是我心路历程的重要的组成部分，也是我个人文化处境的重要方面。

学者的品格 41

学者，是指以学术研究为职业并具有服膺真理、求真务实的品格的人。这就意味着不固执己见，有开放的胸襟，勇于承认自己的局限，勇于修正错误。因为，他们深知每一种意见都可能为新的后继意见所评论。新的评论都可能是一种质疑、一种商榷、一种修正、一种补充，或者一种反驳、一种拒斥。总之，任何一种结论在出场之际都不可能完全摆脱必要的监核与校正。真正的学者不搞门户之见，没有拉帮结派的江湖气。他们有海纳百川的胸臆和襟怀，他们崇尚"君子和而不同"，他们崇尚以文会友，以德辅仁。

真正的学者具有朴素、纯净的心灵。他们能够享受置身事外的安闲，享受平静的馨香，他们有闹中取静的定力。他们可能在老于世故的人眼中过于迂腐，缺乏灵活性。这其实是缘于他们的有所执著和更为高远的追求。而那些以"学问"为敲门砖而步入仕途之人，他们八面玲珑，最终大多会对学术表现出轻贱，将行政权力置换成学术权力，从而为自己及其亲信尽可能多地捞取好处。

真正的学者不夸夸其谈，不哗众取宠，不危言耸听，不虚妄，不臆断，不故作惊人之论。他们有着理智的诚实，正如胡适先生倡扬的“有九分证据，不说十分话”。真正的学者具有理性地怀疑、心平气和地讨论和真诚地交流的气度。尽管不宽容的态度无论在西方还是在东方，无论是古代还是在现代总是以这种或那种形式存在着，真正的学者却具有宽容的精神，不会把自己打扮成“真理”和“规律”的代言人，他们能够自觉地对于自己的观点抱以审慎的态度。

具有学者品格的学问家，并不是蛰居在象牙塔中不闻世事的人，相反，他们关注政治，关注民间疾苦，有浓厚的人间情怀，“家事国事天下事事事关心”；他们坚定地摒弃小民意识、贱民意识，他们心系国计民生，针砭时弊，他们是谎言和妖术的揭密者，他们以主人公和批判者的姿态对社会进步贡献着建设性的意见。

真正的学者具有道义承担的品格，他们鄙薄那些不敢说真话的人；他们仗义执言，勇于直面心灵与真实；他们不会闪烁其词，欲言又止，不会“王顾左右而言他”；他们喜欢酣畅淋漓的表达，醉心于逻辑的彻底性，他们有寻根究底的思想偏好。他们不从属于任何利益集团，他们坚定地保持着“学术自由、学术中立和学术自治”的立场。

真正的学者具有“自由之意志、独立之人格”，他们不会仰人鼻息，唯命是从，更不会自轻自贱，吮痈舐痔。顾准、陈寅恪就是他们中的杰出代表。

真正的学者也是具有情趣的人。他们风流蕴藉，有健康的审美趣味。畅论天下亦或吟诗作画，都兴味盎然，俯仰天地之间，有把酒临风的旷达与潇洒。在上个世纪的 20、30 年代，以胡适、闻一多、赵元任为代表的学者的节操与情怀，是令人高山仰止的。我时常缅怀那个时代的人与事——带着点忧患自由地思想，即使颠沛流离仍旧心系学问。

现代的学者不同于传统意义上的“文人”，学者的基本特征是严谨、睿智和求实；而我更欣赏有点文人气质的学者，他们有更好的生命境界，更深厚的人文情怀。如果大学中人有更多的真正具有学者品格的人，有一些具有文人气质的学者，我们的大学会更有魅力。如果我们的社会更能够宽容真正具有学者品格的人，我们的社会会变得更加理性、有序和美好。可是啊，真正的学者寥若晨星。因为我们仍然是一个崇拜权力的社会，而不是崇尚学问的时代。

然而，没有人可以阻止你更多地爱自己。爱自己最好的表现就是使自己变得更加完美。十年前，我的一位朋友对我说：“你是我见到的最好的读书人。”这无疑是由于她认识的人有限，这也许是出于她对我的偏爱，但她的这个评价一直温暖、鞭策和勉励着我成为一个尽可能纯粹一点的以学术为职志的人，尽管我知道我还很不完美，尽管我知道我还有很长的路要走。

42 我们为何如此平庸

承认自己平庸，是一件痛苦的事情，但却是我们不得不面对的现实。我们需要不断地扪心自问：是谁扼杀了我们的想象力？是什么窒息了我们的创造力？是什么使得我们的生活如此苍白、琐屑和贫乏？是什么使得我们的精神世界如此平庸、昏暗和无趣？

我们很少能听到令人耳目一新、振聋发聩的对问题的揭示，我们很少读到入木三分、精辟深刻的对某一现象的解释，我们少有令人爱不释手的读物，我们鲜有翘首企盼的精神盛宴……我们更多地生活在忙忙碌碌、斤斤计较，或者是浑浑噩噩、麻木不仁甚至是心如死灰的状态中。

即使在学术单位，同事之间也鲜有真正的思想与学术上的分享和交流。其原因固然是多方面的，其中一个重要原因是用不交流来掩饰自己的贫乏和平庸。另外，相互防范，彼此猜忌，也是缺乏真正交流与分享的重要原因。没有思想的自由充分的表达，没有同行之间的诘难问疑，没有浓厚的学术氛围来陶养心灵，没有对学问的虔敬而是向权力献媚，就没有学术的繁荣，更不会有思想的博大与精深。

心灵的深刻与生活的幸福虽然没有直接的关系，但他们之间有间接的影响。智慧的享受是精神充实的重要方面,是任何感官享受所比拟不了的。更重要的是,如果不能在精神享受与感官享受之间取得平衡,如果沉溺于声色犬马、灯红酒绿,人就会堕落成行尸走肉,甚至是衣冠禽兽。

我们之所以如此平庸,最根本的原因恐怕是由于我们缺乏信仰,缺乏勇于承担的宗教情怀,缺乏终极的关怀,缺乏超越性的意向。对不少人来说,只要能获得现实利益,一切质疑和追问都可以放弃,一切公正和原则都可以用来交易,一切的举动都可以是做秀,一切的言说都只是应景。长此以往,精神的全面荒芜导致的必然是思想的平庸与浅薄。

老子说过:"多忌讳而民弥贫。"这里的"贫",恐怕不只是物质上的匮乏和贫困,也包括着精神上的贫乏和平庸。由于缺乏对于多样性和独特性的珍视,由于缺乏精神上丰富的刺激,人们就极易成为"沙发上的土豆";由于学习内容的平庸肤浅,学习的内在乐趣就难以得到维持和提升。

创造一个物质上和精神上都很丰富的社会,是我们孜孜以求的目标。这首先需要我们与平庸作斗争,与庸俗的物质主义和享乐主义作斗争,与狭隘和不宽容作斗争,并努力创造一个自由表达和自由交流的氛围,让我们的内心变得丰富和深邃,变得鲜活与细腻。不是依赖于外在的束缚与强制,而是基于内在的自由与自律,进而使得真诚、道义、良知、敬畏、感恩、忏悔、救赎等等,成为我们内心深处的渴求。如此,丰富的精神、深刻的洞见、无悔的执著和伟岸的人格才有望养成。

43 警惕人类学上的退化

自20世纪50年代以来，已有六位华裔科学家获得了自然科学方面的诺贝尔奖(他们是杨振宁、李政道、丁肇中、李远哲、朱棣文、崔琦)，但他们都与49年以来中国内地的教育没有关系。杨振宁、李政道是49年以前在中国内地受的教育。丁肇中、李远哲、朱棣文是在中国台湾和美国受的教育，崔琦是在中国香港和美国受的教育。这是一个事实。这个事实能够说明什么呢？我想，能够说明两个问题：一是说明我们中国人的智力天赋是世界一流的，这不是虚假的民族自信心，这个结论在90年代以来的跨文化的比较研究中，在人类学上得到了证实；二是说明我们49年以来中国内地(大陆)的教育存在着非常严重的问题。

还有一个事实就是，70年代末以来，陆续已有40多万留学生在发达国家学习和工作，但是至今仍鲜有人取得令人瞩目的成就。这在某种意义上说明我们49年以来的教育是失败的，失败的最大原因恐怕是我们不鼓励人们的自由思考、独立探索，忽视了理性精神，特别是批判精神和怀疑精神的培养，忽视了对于学生独特性、自主性和自信心的培养，忽视了对受教育者哲学气质的熏陶。

所谓哲学，就是对所有的问题、所有的命题和陈述，作彻底的逻辑追问，对所作出的判断所依凭的前提作必要的审察，正如麦金泰尔所说的那样，在一件事物上面贴上“正义”“合理性”的标签或以“公正”“合法”为标榜是不够的，还必须问：谁之正义？何种合理性？这样，我们就能将那些假借“自由”“民主”“科学”“人道”之名，而行独裁、专制、愚昧和野蛮之实的种种妖术和伎俩最大限度地防范。哲学的真义、哲学的灵魂，一言以蔽之，就是理性精神：探索的精神、怀疑的精神、批判的精神，不唯书、不唯上、不轻信、不盲从的实事求是的科学态度。

如果我们不通过教育来提高整个民族的哲学素养，来发展全体国民的批判性的思考力，那么，我们不仅不太可能造就出世界一流的思想家、科学家和艺术家，我们也不能彻底地驱除蒙昧与偏狭，也不能彻底铲除诸如“法轮功”这类巫术与邪教赖以滋生和蔓延的社会土壤。如果我们培养出来的人，缺乏雄浑浩博的哲学气质，最多只是能够修修补补的匠人，而不是可以在某一学术领域引起结构性变革的大师，如果一个民族在相当长的时间内都培养不出这样的人才，那么，其教育一定存在某些严重问题，长此以往就有可能导致这个民族在人类学上的退化，这绝非危言耸听。

进化或者退化原本都是生物学概念。当“进化”一词借用到人类学上就意味着它是一个关系与意义的范畴，它包容了人类遗传素质的改良以及与之相匹配的人类生存发展的文化条件和社会条件的合主体性变化。一个民族在人类学上的进化不仅取决于物质生活条件的改善，更取决于这个社会给予人们自由思考的空间以及对个性与多样化的重视和珍视的程度。

没有异端的社会是一团漆黑一潭死水的社会。异端的存在状态，是衡量社会文明程度的标尺之一。异端对权威的任何质疑和挑战都将影响现有的秩序和权威的地位。江山代有异端出，才使人类思想的天空群星闪耀。仅有“异端”的自觉自愿自我受难还远远不够，我们必须要有保护异端的社会土壤。首先是每个人都有自由表达的权利，其次这种自由表达还必须有“免于正确的权利”，即谁也不能保证自己的观点就一定是完全正确的。即使有些观点将来可能证明是错的，也要让他讲个够、讲个透，且不会被任何非学术的因素追究。这些自由权利，都应该是制度保障的结果，而不是哪个人、哪个组织或团体的恩赐。当只有一只夜莺在歌唱，别的夜莺都被割掉舌尖的时候，这只夜莺的歌喉再美妙也是令人毛骨悚然的；当只有一个诗人在写诗，别的诗人都被捆住双手的时候，这个诗人的诗再出色也只能是撒旦的诗篇。当然，言论自由是有其底线的，那就是不出卖国家利益，不泄漏国家机密，不危害公共安全，不侮辱他人。

蒙昧主义的宿敌罗素先生说得再明白不过了：显出科学家本色的，并不在他所信的事，而在于他抱什么态度信它、有什么理由信他；科学家的信念不是武断信念，而是尝试性的信念；它不依据权威，不依据直观，而是建立在证据的基础上。科学精神在一个社会取得主导地位有两个条件：一是得有说真话不怕死的家伙；二是社会保证这些家伙死不了，一辈子喋喋不休，对所有的问题“说三道四”。

中国曾是一个封建专制制度长期盛行的国家。“专制制度的唯一原则就是轻视人类,使人不成其为人”。专制制度推行的政治奴役、思想钳制、精神禁锢、个性贬抑，即使在我们今天的社会生活中仍有着广泛的表现。在我们的教育中,教师中心、教师主宰、对学生理智能力的蔑视,其实都是专制主义的表现。

警惕我们民族在人类学上的退化,就要反对客观主义,反对思想禁锢。按照乔纳森(Jonassen,1992)的诠释:客观主义的根本假定是，世界是实在的和有结构的,因此存在关于客体的可靠知识，这种知识不会因人而异;教师的责任是向学生传递这种知识,学生的责任是接受这种知识。之所以要反对客观主义,就因为它否认了人们的自主性,封闭了人们的头脑,禁锢了人们的想象力。人的全部尊严就在于思想。既然丧失思想能力之后就会随之丧失常识和丧失尊严,那我们生活在世界上就应该相信科学,崇尚智慧,勤于思考,从而尽可能地赢得做人的尊严和保持为人的理智,努力使自己成为有益于社会的一个大写的人。可我们的教育教给学生确定性的结论性的所谓“知识”太多,而那些需要展开想象,需要作出尝试性的解答的知识太少;这反映在教育学中便是过分强调“教学的科学性原则”“教学的系统性原则”。

各种考试中的标准答案其实和要求与形形色色的权威“保持一致”在逻辑上是一致的。在一些“德育”鼓噪者的眼中,人成了苍白、虚矫情感的载体,或各种主义的张贴的标牌,唯独没有人作为个体的尊严与自由存在的价值。人们发出了“撼山易,撼应试教育难”的慨叹,“应试教育”之所以有如此强大的“生命力”,其中非常重要的原因是因为它所代表的是一种文化专制主义的思维方式和心理结构。

我们的教育没有给与学生以足够的思想空间和尝试错误的机会，没有培植学生探索的精神、怀疑的精神和批判的精神，没有让他们获得足够的成功的体验，没有很好地培养他们的自信心，没有培养他们自我评价的尺度。当标新立异被斥责，开拓创新的路口就被阻塞了；当所有的“答案”被标准化制作，探索和发现的头颅就被切断了；当每一个单个的喉咙都不发出声音，“声音”就被消灭了；而当所有的喉咙都只发出一种声音，那情境便几乎是灾难！长年累月发生在中国人身上的这种周而复始的挫折感，无形中传达着一个可怕的信息：要想“成功”，就必须循规蹈矩，必须放弃自己的表达方式。而一个缺乏独立性和自主性的人，当然是不可能有创造性的。长此以往，就将导致整个民族在人类学上的退化。警惕这种退化，是全社会的责任，自然更是我们教育的使命。

我所认识的张文质 44

我早就发现，张文质是一个办刊物的天才。他主编着两本很有影响力的刊物——《明日教育论坛》和《福建论坛》(教育版)，从选稿到版式设计都洋溢着浓浓的书卷气，它们以其内容的丰富、自然、亲切，成为许多教师翘首以盼的读物。

他的本色是诗人，敏感，善于捕捉细节。他就像创作一首诗一样创作教育随笔，从《唇舌的授权》到《片面之辞》，再到《保卫童年》《教育的十字路口》，他始终关切的是人性的自由与解放，他从自身成长的历程中深切地领悟到爱儿童是多么重要。我每读他的文章，都有种浑厚冲荡之感，字里行间，有着别样的意味——清新婉约、妙趣横生。

他将知识、观景和情感融合在一起，娓娓而谈，其中的引经据典，多而不繁；嵌诗插词，恰到好处。字字句句都充满了自然美、生命美、情感美和理趣美。他的文字有点调侃、有点自嘲、有点忧伤、有点惆怅、有点无奈、有点情调，恬淡从容地回眸往事，于不绝如缕的叙述中凝固着每一个发现美、创造美的瞬间。他用心地解读生命的密码，注视生命的成长，把对生活的感悟、理想的追寻化作真诚的话语娓娓道来，使人在沉稳素朴的文字中感受着真诚的力量,不着痕迹地引领着读者感受生命的细腻和伟大。

他几乎没有不良嗜好——不抽烟,更不酗酒,也不打麻将和玩扑克;他的乐趣几乎就是读书、写作以及和作者交流。他是一个好父亲,他用心培养着自己的女儿,他给女儿取了一个很别致的名字——张格嫣予;她小学六年级时出了一本书,看得出秉承了父亲的天赋——轻巧与诗意。

他身处学院学术体制之外,未曾想过要考取什么博士,当然也不可能成为博导。可在我看来,他比既是博士又是教授的许多博导对教育有更独特、更丰富和更有原创性的理解。比如他所倡导的生命化教育理念,他"保卫童年"的吁请,以及对"教育是慢的艺术"的细致阐述,都是富有蕴致的创见。而他阅读之广阔,也常常令我汗颜。在我们这个国度,名与实就是这样不讲理地、惨不忍睹地分裂着、对抗着。

我经常感慨我们社会在人才的选拔机制上存在着根本的局限,那些善于钻营的人、善于卖身投靠的人,那些不讲"自由意志和独立人格"的人,那些因为平庸而自我贬抑以求得宽囿和怜悯的人,最有可能"往上爬",这也是我国在近代逐渐落后于西方强国的重要原因。

而张文质既不会钻营,也不会自我贬抑以求得别人的施舍,更不会卖身投靠,这就注定了他只是一个民间思想的守护者。我相信他有足够的内在的财富和尊严支撑着他独立地面对世界。

黄克剑先生是他思想的引领者。黄先生也是我所接触到的为数不多真正具有学者品质的人:他学识渊博,思想宏阔，具有高度的理智的洞察力；他朴素、谦和，内心宁静，没有丝毫的奴颜与媚骨。正如黄克剑先生影响他一样，他也影响着许多人。在福建的教师中，余文森、张文质是先进教育思想重要的引领者和传播者。而令我自豪的是，他们都是我的至交好友。张文质所身体力行的生命化教育实验的影响力已越过了福建省界，成为当前基础教育领域最有意味和魅力的教育行为之一。他每年在乡村和城镇中小学听课 100 到 150 节，对教师们的探索实践进行指导，他艰辛的劳动正在产生越来越大的意义。我一年在全国各地的听课也在 100 节以上，我深知此一工作的价值和不易。我们既是合作者，又彼此给予着督促与鼓励。

我发现，教育理论工作者和实践工作者之间存在着严重的隔阂，说得严重一点，是相互鄙薄。理论工作者觉得中小学教师缺乏理论修养和文化底蕴，是十足的事务主义者，琐碎而平庸；而实践工作者认为对方不了解实际，空对空，只会玩概念游戏，眼高手低，说的那一套无异于隔靴搔痒，于事无补。尽管彼此的看法并非全无道理，但以偏概全是显而易见的。加强彼此之间的沟通和了解，就成了一件十分有意义的工作。

张文质无疑看到了这一点。他对我的"为教师而写作"的立场大为赞赏，他破例在同一本刊物上两次刊发我的《为教师而写作》的文章。作为理论工作者有责任帮助广大教师提升认识，扩大眼界，丰富和深厚对教育及社会、人生的理解，这正是理论工作者存在的意义。任何个人存在的意义和价值都在于对人类的整体福利的增加上，这就包括满足人类（自然包括具体的个人）健康的需要等方面。唤醒和激发教师的精神需要,并创造出满足这一需要的作品,成了他孜孜不倦的追求。他仍将全副身心地编着他心爱的刊物，传播着生命化教育理念,这是他的宿命,在我看来,也是教育界的幸运。

如何培育民族精神 45

民族精神无疑是一个褒义词，意指一个民族独特的、优秀的精神气质和品格，是一个民族在适应环境，改造世界，形成自己特有语言、习俗和人文传统的长期发展历程中，表现出来的富有生命力的优秀思想、高尚品格和坚定志向。它具有民族性、时代性和先进性特征。

人类社会发展的历史证明，民族精神是一个民族生命力、创造力和凝聚力的源泉。一个民族，一个国家，如果没有民族精神作为赖以生存和发展的精神支撑，就等于没有灵魂，就会失去凝聚力和生命力，就不可能自尊、自立、自强。一个民族要自立于世界民族之林，成为一个伟大的民族，建设一个强大的国家，当然要有自己的精神。

首先的问题是，我们需要培育什么样的民族精神。我倾向于认同"培育民族精神"的说法，一个专制文化中、一个被她伟大的心灵称为"吃人"的文化中，是不太可能有什么丰厚的民族精神的，民族精神或文化的优秀传统是不应该从"圣人"的言论中去寻找的，更何况"圣人"的根本出发点在今天看来，也存在着问题——无非是更好地维护等级的、专制的统治。所谓"民本"，也不过是使"民"能心甘情愿地接受统治和压榨，而不至于犯上作乱罢了，与真正的民主思想相去甚远，甚至大相径庭。

自20世纪20、30年代以来，对中国知识界影响最大的本土思想家当属鲁迅，原因何在？一是因为鲁迅先生的深刻，他的思想的确超出了他同时代的中国人；他睿智的眼光穿透了中国历史的黑暗，为中国预设了光明的前程；还有一个重要原因，由于毛泽东主席给予了鲁迅崇高的评价，特别是1949年之后，人们想说的话可以假鲁迅之口说出来。比如说，说中国历史上只有两个时代，一个是稳做奴隶的时代，一个是连奴隶都做不稳的时代，“中国人向来就没有拿到过‘人’的价格，至多不过是奴隶，到现在还如此，然而下于奴隶的时候，却是屡见不鲜的”，所谓“中国的文明者，其实不过是安排给阔人享用的人肉的筵席。所谓中国者，其实不过是安排这人肉的筵席的厨房”……这些都是为人们广为引用的名言，今天的人们即使自己敢于这么说，恐怕也不会被传播，招致封杀或者更严重的后果，也不无可能。因为极左的势力还是存在的。当人们觉得自己不够强大时，就只好“扯虎皮作大旗”了，但问题是什么力量使人变得弱小？我们怎样才能消解这种力量呢？这恐怕是培育民族精神的当务之急。如果我们不切实地着手做这些事情，“培育民族精神”又会成为一个过眼烟云的时髦口号；如果“狼来了”喊得多了，人们就会变得麻木；当真正的狼来了时，就只有被动挨打的份了。

我们要培育什么样的民族精神，其实新文化运动的先驱们已经做了回答。民主、科学、人权（或曰个性解放。对于“五四”运动的基本精神，一段时间内只谈民主与科学，而忽略了人权，忽略了个性解放，这恐怕是“一切历史都是当代史”的最好注脚)。一切不以民主、科学、人权为基本的价值取向的民族精神,都将是无益于民族复兴的伟大运动的。

民主,相对的是君主,相对的是独裁和专制,即公民享有广泛的、自由的、充分的参与公共事务决策的权利。他们理当享有知情权和参与权,理当有自由、充分发表自己意见的权利。这就是言论自由。言论自由不是什么都可以随便说,言论自由也是有其底线的,那就是“不能危害公共安全,不能泄露国家机密,不能诽谤和侮辱他人”,除此之外,一切思考的表达都受法律的保护,对于一切言论都可以批评,当然也可以反批评;一切都基于平等的协商的精神,自由言说。自由言说就包含着充分地言说。经自由的言说,最有可能消除愚弄和蒙蔽,揭穿欺骗和谎言,还事情以真相,尽可能全面、理性地认识问题,集思广益、众志成城,将公共事务处理得尽可能的最好。培育民族精神,理当从切实保护言论自由开始。

科学,最核心的是科学精神。科学精神的基本要素应包括如下方面:合理的怀疑,注重事实,尊重和宽容地对待一切新生事物。细究起来,这一术语可能具有以下含义:崇尚理性的怀疑:既能做到不轻信,不盲从,不唯书,不唯上,又不意气用事,简单否定;重视客观的依据:不臆断、不妄想——科学是富有想象力的,科学也需要大胆猜测,但必须立足于客观依据;鼓励多元的思考:客观世界是多元的、多维的,充满着复杂性、交叉性、交融性,只有鼓励多元、多维度、多方位、多角度,甚至是多时序、多时段的观察思考才能更接近现实存在;强调实践的检验:实践包括实验、实证。倡导平等、自由的争论,珍视创造性、建设性的冲突。只有保障了争论的平权与自由，才会产生出真正的理性怀疑和多元的思考；注重宽容的激励：人的认识能力是有限的，每一个人在实践中都可能遭受失败。宽容是纠正错误的最好方法。

权力即真理，是科学精神的大敌——霸气十足，蛮横不讲理，听不得不同的意见；听到批评的声音就暴跳如雷，甚至欲置对方于死地，不仅是缺乏民主精神的表现，也是缺乏科学精神的表现，是小家子气，是没有现代文明修养的表现。一位在美国工作的教授写过一本书，其主体思想是“布什政府是白痴政府”，不仅没有受到追究，书籍还很畅销；最近又有一个美国学者，还是一个研究所的所长写了一本书，其主题是“美国才是世界上最大的无赖国家”，自然也平安无事。美国的政客们不见得谁都宽宏大量，但在那个制度下，谁要钳制思想自由是不易达到目的的。民主与科学的共同基础是独立思考、独立判断。切实保障思想自由、言论自由，并自然地延伸为出版自由、新闻自由，是培育民族精神不可回避的制度设计。

尊重言论自由，其实就是对于人们理智能力的信任和尊重，也许我的言论不具有真理性，甚至是有严重错误的，但我并不担心这会误导民众，将民众导入歧途。因为我相信人们会、也有能力做出自己的判断。当人们能够意识到各种各样的言论中，不是所有的言论都具有真理性时，那么人们就必然地要依赖自己的理智做出判断，质疑与独立思考的能力与品格才有可能得到更好的培养。

尊重公民的人权，尊重个性自由，发展自由个性，是培育民族精神不可或缺的核心价值追求。民族精神不是某种“虚幻的共同体”的意志，而必须体现在具体的、个体的公民身上。只有尊重个性自由，才能发展自由个性。自由个性比较理想的状态是不拘谨、不呆板、不僵化、不狭隘，心灵比较阳光，性格比较开朗，生活态度比较乐观和积极，具有较强的参与意识、平等意识、自主意识和责任意识。只有当有更多的公民能够敢恨敢爱，敢生敢死，敢想、敢说、敢干、敢承担，一个生气蓬勃的民族，才能出现在世界的舞台上。

只有培育民族精神，弘扬民族精神才有可能。我们需要警惕把那些携带有专制主义、特权意识的东西，当作民族精神来弘扬，如人们津津乐道的“先天下之忧而忧，后天下之乐而乐”，其实这里就有一种特权意识、救世主的意志，而缺乏平等意识。为了保障民主、科学、人权精神的落实，现代法制的建立、健全就是必不可少的。民族精神的培育与法制的健全是相辅相成的。人们有理由期待，当中华大地成为法治光芒普照的朗朗乾坤之日，也就是民族之花盛开之时。

46 关于“革命”的断想

“革命”一词，曾经是神圣、正义、进步、光明的代名词。过去一段时间内，人们对于“革命”最好的理解也就是“残酷斗争、无情打击”，以至“革命者”的形象往往是大义凛然、卓然傲立，以至铁石心肠，冷酷无情。如果谁要是被戴上了“反革命”的帽子，那就在劫难逃了。可见我们也曾有过对这个词的曲解和玷污。

对“革命”一词比较确切的理解，应该是“结构性的变革”“颠覆性的变化”“根本性的改造”，以便区别于“改良”。在政治领域中，“革命”与“解放”相关联，革命者推翻压迫者而获得解放。革命可以发生在社会生活的各个领域。西方在现代化的历程中，就经历过产业革命、民主革命、科学革命和管理革命。库恩的名作《科学革命的结构》，讲的就是科学研究范式的结构性、根本性、颠覆性的变更。

革命家就是那些为了社会的进步和解放，为了社会的正义和文明，作出了卓越而宝贵的努力的人。孙中山先生是伟大的革命家，他说：“我们革命的目的，是为中国谋幸福，因为不愿少数满洲人专制，故要民族革命；不愿君主一人专制，故要政治革命；不愿少数富人专制，故要社会革命。”“余致力国民革命，凡四十年，其目的在求中国之自由平等。积四十年之经验,深知欲达到此目的,必须唤起民众,及联合世界上以平等待我之民族,共同奋斗。”这是孙中山先生逝世前留给后来的革命者的临终遗言,也是他对自己40年革命生涯的深刻总结。

“革命是暴动”,这是毛泽东先生的定义。在他看来,革命就是“造反有理”,就是“枪杆子里面出政权”。这是特定的历史境遇中,对于“革命”的诠释。暴力行动给社会带来的动荡与破坏,在一定的时期是社会进步所必须付出的代价,辛亥革命就是非常必要的。其必要性我们从下述事件可见一斑:英国人于1875年曾自行修筑了淞沪铁路的一段,结果被清政府赎回拆除。唐山至胥各庄铁路完工后,清朝官员怕火车惊动附近的清朝皇帝陵墓,最初竟然用骡马来拖火车。甲午战争后,短短几年间,中国的重要铁路干线修筑权几乎全部被列强所攫取。清政府的愚昧、昏庸已经是无以复加,人神共怒。这样的政府不以革命的方式来推翻,真是天理难容。

如果说19世纪,是中国屈辱的世纪;那么,20世纪就是中国一个“革命”的世纪。革命的风云风起云涌,是20世纪的中国的真实写照,以至于在一些人的心中总有着“革命”的情结。在和平时期,就会表现出浮躁、急功近利、抗拒艰苦细致的工作这样一些病症。

革命总是疾风骤雨般的。从人类的历史长河来看,社会的进步需要革命,需要革命去扫荡那些陈腐的、顽固的阻碍社会进步的邪恶势力,如满清王朝的愚昧昏庸的权贵。但更需要点点滴滴的改良。而在一个法治的社会、多元的社会、开放的社会、民主的社会,所有的矛盾和问题都应该通过平等的协商、真诚的对话、自由的交流来达成共识。这就是哈贝马斯所倡导的“商谈伦理”。这也是我们建设一个自由社会应有的态度。

为“考研热”叫好 47

近几年，研究生报考人数连续创下了考研史上的最高纪录。我们可以从以下一组研究生报考人数统计数据得到证实：1997 年全国报考研究生的人数为 24.3 万；1998 年为 27.4 万；1999 年为 31 万；2000 年为 39.2 万；2001 年为 46 万；2002 年为 62 万；2003 年为 79 万；据有关部门预测，2004 年将突破 100 万。这是中国高等教育大众化时代到来的必然结果。至于为什么有那么多人热衷于考研，据新浪网对 30066 人的调查，认为“目前就业形势严峻”的占 58.03%，认为“需要充电，提高能力”的占 10.67%，认为“学位证书越高越好”的占 11.42%，“盲从者”占 18.51%。

对于一个人来说，多受一点教育，总是好事。正是教育，从人的生命的根基上，确立起人的尊严。大体来说，如果只受过小学教育，那么这一辈子，就很可能与书籍绝缘了；如果是初中毕业，还有可能看一些通俗报刊；如果高中毕业，有可能读一些实用技术之类的书籍，当然包括流行读物；如果受过大学教育，就有可能读一些理论书籍，关注诸如社会的核心价值等问题；如果受过研究生教育，就有可能对专业领域有持久而深刻的兴趣，并具有终极关怀。所以，对于大学的扩大招生，无论在本科层次，还是研究生层次，我都是赞同的。

一个人来到这个世界上，不管他受教育多少，都有一个就业的问题。受过高等教育的人找不到工作，对于整个社会来说，要比没有受过多少教育的人找不到工作更安全，因为一个人的法制意识与他受教育的程度是成正相关的。更何况受过更多教育的人，更有可能去创业，使他成为不只是寻找就业机会的人，也有可能成为一个创造就业机会的人。针对高学历失业现象，有关专家呼吁要一分为二地看问题，并从社会学角度得出这样的结论："高学历失业"是社会文明的重要标志。况且，教育对于就业来说，具有"蓄水池"的功能，能在一定程度上缓解就业的压力。

在我看来，如果没有受过相当的学术训练，没有掌握研究问题的方法，没有思考问题的方法论意识，就很难摆脱狭隘和肤浅，那当然就更不用说要赋予他们自主意识、责任意识和创新(业)意识了。

人活着，远远不只是为了生存，而应该有更高的追求。如果一个社会中，有更多的人有更高的追求，就能不断地提升这个社会的文明水准。从概率统计的优势来看，一个人的文明水准、道德素质、爱心和奉献精神、创新能力等，都是与他的受教育程度成正相关的。我们国家受过高等教育的人，在总人口中的比例还是非常之低的。美国同年人中能够上大学的人大概是83%，而我们即使扩大招生以后也只有13%，可见还有相当大的差距。随着社会的发展，大学本科教育越来越成为基础教育。研究生教育将赋予学子们问题意识、方法论意识、自我反思意识。正是基于以上认识，早在十多年前，我就总是鼓励年轻的大学生攻读硕士学位,因为这会带给其更强的角色意识,对自我有更高的期许,使其有可能归属更富书卷气的、更富道义与良知的群体。

48 大学与中小学

对于大学，尤其是比较好一点的大学，日子是很好过的。因为在我们国家对于高等教育的需求过剩，是地道的卖方市场，既没有升学的压力，又没有就业的压力——皇帝的女儿不愁嫁。大学的经费来源渠道也逐渐多了起来，不仅有政府的巨额拨款，还有民间捐赠，更有学生不菲的学费；大学还可以以种种的名义创收，包括"卖文凭"。过去曾风行一时的举办研究生课程，在我看来不过是大学以其身份优势和话语霸权对人们（特别是中小学教师）的敛财行为。

在国内比较好的大学，至少有 20%的人年收入在 15 万元以上；大学中也不乏千万富翁，至于百万富翁就太多了。这当然是好事情。这也是改革开放我们国家取得的巨大成就的一部分。让有智慧、有头脑、受过良好教育的人们富裕起来，这是与先进文明发展的方向相一致的。大学教师不仅可以挣工资，还可以申请课题，申请专利，发表文章，出版著作，为社会提供有偿服务，在社会上兼职，甚至开办公司、企业，路子宽广得很。对于一个有真才实学的人，合法地、体面地追求财富，在我们今天的社会已是一件不困难的事情，这也是社会进步的表现。

而中小学，尤其是中西部地区农村的中小学情况就完全不一样了。政府拨款严重不足，又没有任何其他的经费筹措的途径，有的学校穷得连粉笔都买不起。教师待遇极低——据我估算，年收入不足10000元的中小学教师恐怕要占一半；年收入不足6000元的，也至少有1/6。中小学教师的待遇如此之低，我们又如何理直气壮地对他们要求专业成长呢？

有些人总认为要办世界一流的大学，就要拼命给钱；当然，办学经费的充足无疑是必要的，我们的大学与世界一流大学相比，在办学经费上也还有相当大的差距，这也都是事实。可问题是，协调发展当是科学发展观的应有之义。没有高质量的基础教育，何来高质量的高等教育？相当多的中小学连起码的办学条件都不具备，我们怎么要求他们的教育质量？统筹规划、协调发展，是政策制定的一个基本原则，要贯彻好这个原则，对大学和中小学的实际作一个全面的了解，当是十分必要的。另外，什么都用金钱来刺激，就会唤起人们的贪欲，使人们变得浮躁，反倒适得其反，无益于学术的进步和精神的培育。再者，从投入与收益的关系上看，报酬递减的边际效应也当在考虑之列。

在我看来，世界一流大学主要是大学精神的问题，即“学术自由、兼容并包”的问题，是人文精神和科学精神的培育问题，是大学办学自主权、教授治校、独立于利益集团的问题。大学不是官场的婢女。可我们的大学向官员、商人颁发了多少个硕士、博士学位证书和名誉教授称号？正如有识之士指出的：南京师范大学“领导来了停课陪舞”曾经引起广泛关注，可这只是“大学成为官场婢女”的符号性事件，类似现象早就十分普遍了，公众对“大学俯首于世俗权力”应该是心知肚明的。也难怪，不看领导脸色行事，不当婢女，某些人的“官帽”就可能保不住，哪儿有“拒绝提供女生陪舞”的底气？根本的问题恐怕还是制度建设的问题。

我们的大学要成为世界一流大学主要不是经费的问题，而中小学却主要是办学条件的问题，这是稍微有点头脑的人都不难达成的共识。政府如何确保中小学必要的办学经费，大学如何营造学校文化——一个有利于学术创新的学校文化，这是我们今天实现强国梦的当务之急。

领导与管理 49

领导(lead),就是“做正确的事”,确定一个团队努力的方向和价值的追求。而“管理”(manage, administer)是指“正确地做事”,它强调做事的规范和程序的合理性。

领导,包括分享观点、达成共识、形成团队的共同愿望,也包括责任的分担。在具有专制性格的人群中,是不易产生真正的领导者的。因为专制性格的人倾向于唯我独尊、独断专行、党同伐异,他们听不见不同意见,所以也就无所谓“观点的分享、意见的达成和责任的分担”,甚至不可能有真正的团队,大家在一起只是由于外力的作用,而没有一种心灵的默契和共同的信念。他们可以培植几个亲信,豢养几个耳目,但不会有真正的追随者。一个领导者就是愿意并且能够为自己的行为和他人的福祉承担完全的责任的人。作为领导者,只有被追随者认同才具有领导的意义,领导作为一种精神的引领,存在于团体寻求自身意义的奋斗中。有学者对优秀的领导者的特征进行了概括:他乐于应对各种压力,并在追求卓越中体味乐趣;他喜欢变化,把自己引发变化的能力视为成功的至关重要的因素;他善于和不同类型的人交往与沟通,巧妙地对待各种棘手的人物;他有构建双赢局面的创造力，同时有不放弃底线的坚韧性；在处境艰难和困境中仍然保持建设性和创造性的心态，当周围的人都主张放弃的时候，他总是能够走出一条脱困之路。

在我看来，优秀的领导者，富有远见，志存高远；他公正、廉洁，真正的“君子不党”；他真诚地欣赏他的同事，从不吝啬对别人的鼓励与赞美，乐于为别人的成功喝彩；他从不矫情自饰、装腔作势、专权恣肆；他谦和平易，作风民主，富有亲和力……

前些年我们提出过“向管理要效益”的口号，好的管理就是把事情做到位，减少内耗和运行成本，因而好的管理会增加效益。管理的质量取决于管理者的态度，特别是做事的条理性、人际沟通和协调能力、责任感、规则意识和缜密的思维能力。

对于学校，首先是教育思想的领导，其次才是行政管理，这是苏霍姆林斯基反复强调的。之所以教育思想的引领是第一位的，那是因为教育是影响人的心灵成长的价值引导的工作，学校是精神感召的场所。人的行为是思想的产物、观念的产物，因而方向是第一位的，精神是第一位的。

随着我们社会文明程度的提高，人们越来越注重品位和品味，有为才会有位，有为也才会有味。作为领导者的“有为”，就是高瞻远瞩，就是追求卓越，就是超越世俗和功利，让精神的旗帜猎猎飘扬。

前方的路 50

文明是相对于蒙昧和野蛮而言的，它标识着一定共同体的人类的进步状态。政治文明，指的是人们政治生活的进步状态和成果积累，包括政治主体、政治制度、政治关系、政治运作和政治参与等各个方面的水准和成果。

“政治”一词，在汉语中最原初、最本真的涵义是“对众人的管理”。政，众也；治，有“治理、统治、管理”之意。政治其实与我们每一个人的生存状态、生命质素和人格尊严密切相关。几千年封建专制统治，所积淀形成的“小民意识”“贱民意识”“草民意识”，是与我们今天要建设的政治文明格格不入的。“不问政治”，其实是缺乏政治文明素养的一种表现，尽管在特定的时期是对于专制统治的一种无声的、无力的反抗。

过去，我们只讲两个文明——物质文明和精神文明，今天我们特别提出了政治文明，这在认识上是一个可喜的进步。当然，“文明”一词本身是一个“价值用词”，也就是说，究竟何谓“文明”，何谓“野蛮”，背后有一个评价尺度、价值尺度的问题。因而，政治文明是一个历史的、发展的概念。

政治文明有这样三个层面的问题，一是政治制度：

它关涉权力归属问题，在民主政治中，主权在民，它包括政治平等、民主选举、民主监督、政治公开、民主程序等一系列的原则和制度；二是法治精神：良好完备的法律得到全社会普遍的认同和服从，法律具有至高无上的权威，公民通过伸张法律的权威来监督和约束公权和保护自身的合法权利；通过法律来解决人与人之间的利益纷争；三是社会心理和价值取向：封建专制政治的文化心理是以张扬皇权至上、官贵民贱为基本特征的，民主政治则以尊重和保护公民的平等权利为特征。

我们今天谈政治文明，主要是指一个国家政治生活民主化、法治化的发展水平。因而，政治文明的核心是对国家权力，也就是公共权力的合理配置、规范运作和有效制约。

可是今天在一些官员眼里，上级是权力的来源，上级有权决定自己的升迁和前途，上级就是自己的衣食父母；在上级眼里，自己有权决定下级的提拔与否，而提拔与否的标准则完全掌握在自己手里，标准的制定并不是以纳税人满意为尺度，而是以自己的价值体系、自己的好恶做判断。他们从没想过，这种权力来源于何处，上级“只是权力使用者，而非权力拥有者”。“权力来源于上级”的错位的权力观导致一些官员从政时，一切以上级是否满意为标准，而上级也恰恰认为这是正常的——听我的命令是没什么不正常的，哪怕是错误的命令。正是这种观念的严重错位，导致政治生活领域中形式主义、官僚主义、贪污腐败、人身依附、官本位等不正常现象愈演愈烈。这说明我们对于公共权力的合理配置、规范运作和有效制约还有许多事情要做。

切实地保障每一个公民的人权，切切实实加强法制建设，是今天我们政治文明建设的核心内容。因为，在我们的社会中，仍有不少人担心自己有可能被加上莫须有的罪名而遭受追究和惩罚，有更多的人对于社会生活缺乏安全感，而不敢自由思想和自由言说。联想到“孙志刚案件”“夫妻看黄碟被抓”“处女卖淫案”等的层出不穷，人们的担心也就不难理解了。可见，我们离真正的政治文明还有相当长的路要走，更何况，政治文明也要与时俱进。

作为教育，在政治文明的建设中，无疑扮演着重要的角色，可以发挥重要的作用。其途径就在于通过民主的校园生活，通过充满民主精神的学习资源，让学生从小确立民主的、尊重人权的思想观念，确立自由民主等现代文明的价值观，进而养成民主的性格。

建设一个自由社会、法治社会，一个高度文明和高度民主的社会，是中华民族几代有识之士梦寐以求的目标。尽管我们今天离这个目标还有相当的距离，但我相信，只要方向对了，路再远，也一定会有抵达的那一天。

“旅人啊，请不要停止你的脚步，

前方的路，远远没有尽头。”

51 遏制“能者多捞”

能者多劳，多劳多得，是一个好社会的正义的体现。可我们今天的社会中，能者多劳固然有，但“能者多捞”可也较为普遍。比如，某君在政府机关任着什么什么长，可还在大学或研究院担任着教授、研究员等职，带着研究生，主持着诸多的大型项目。

要承认，他们大多是能人，而不是庸才。可是有一个人所尽知、不言而喻的朴素真理：每一个人的时间和精力都是有限的，岗位太多，角色太多，势必力不从心，什么都想干，什么都干不好。所以今天，我们的社会中有不少优秀的人，却没干出太多的漂亮的事。原因之一就在于能者的岗位太多，精力分散，以致力所不及，最终只能对什么都敷衍了事，严重的就是失职和渎职，而能者们一声“太忙，实在太忙”便自我解嘲、自我开脱了。

记得当年尼克松政府任命哈佛大学教授亨利·基辛格为国务卿，得知此任命，哈佛大学马上通知基辛格，要求他辞去哈佛大学的教职。这就是世界一流大学的风范——在我们的大学里有一位教授是政界要员，应该是一件十分荣耀也有可能带来潜在好处的事情，作为大学为什么要拒绝呢？那就是因为它有可能破坏大学之间公平竞争的原则。维护社会正义是大学的职责之一。可是我们国内的大学争先恐后地聘请政界要员到学校任职。我们的大学与世界一流大学的差距，恐怕主要是大学文化精神的问题——大学的独立精神的问题。

岗位的背后是利益。作为能者要能主动放弃，需要高贵的心灵和崇高的人格修养，做到的确不易。这就需要刚性的制度建设——需要为“能人们”设置一些职务上限——这其实也是对他们的保护。一个真正有良知、责任心的人，倾其全部的精力尚难干好一件事，何况有那么多重要的岗位和职责？能人们都累倒了，庸人们就会乘机粉墨登场，这个社会又如何能更好地进步呢？

政府官员的职责重在管理与服务。如同球赛时，教练员必须站在场外一样，如果政府官员既当教练又当裁判，现在还上场踢球，那又如何体现公正？比赛结果又如何让民众心悦诚服？

能够“能者多捞”的人，大概不存在不被重用、怀才不遇、壮志难酬的问题，更不会有生存危机、生活贫困的问题。存在的恐怕是应酬太多、事务繁杂、力不从心、角色冲突、人格分裂的问题。“能者多捞”的背后，其实是权权交易、权钱交易、权色交易，是权力寻租，是特权，是官官相护，是向权力的献媚，是变相的行贿受贿。它只能败坏社会道德风气，加剧人们贪欲的膨胀，毒化人们的心灵；导致工作作风的虚浮、工作效率的低下；导致投机钻营、人身依附、狐假虎威；它贻误民主与法制建设的进程，因而有可能殃及民族复兴大业。

有鉴如此，在这里我郑重吁请“能者多捞”的正人君子们能够自律、警醒，也吁请有关机构能够出台有关的法律法规，遏制“能者多捞”现象的进一步蔓延。让人们各就各位，让社会变得更加清明和有秩序，变得更加公正和有效率。

陆 语言的世界

YU YAN DE SHI JIE

52 词林偶拾

智慧

在希腊语中,“智慧” 一词出于伊雄语, 其义有三,(A)聪明与谨慎,(B)敏于技艺,(C)学问与智慧。古希腊哲学家德谟克利特的说明是:“从智慧中引申出这三种德性:很好地思想、很好地说话、很好地行动。”

我们在“智慧”一词里赋予价值内涵,它不仅指一个人具有睿智、聪颖的品质,同时指具有善良、正直的品质。它内蕴着道义和良知,以区别于欺诈和狡黠。如有的人智商很高,但不是用在正道上,我们便不用“智慧”而是用“狡黠”评价他。具有智慧的人,应当是头脑和心地都很正直的人,有灵魂、有头脑的人。我们不会认为希特勒和东条英机是有智慧的,他们是邪恶的,缺乏道义和良知的人。教育的使命就是使人富于智慧,培养人的感受力、理解力、鉴赏力和创造力,并能在公平、正义与人道的原则下,使用和发挥这些能力。

纯洁

当用它来评价一个人时,也就暗含着对一个人的内心世界的丰富的肯定。正如我们用“丰富”一词来评价一个人时, 也就包含着对一个人精神世界纯洁的肯定一样。也就是说，纯洁与丰富是统一的、相辅相成的。一个人的内心世界，离开了纯洁，也就谈不上丰富，那貌似丰富的东西，其实只是芜杂，甚至阴险叵测；而离开了丰富，也就谈不上纯洁，而只是实实在在的贫乏、浅薄与幼稚。

美学中有一个命题：美即和谐。和，首先强调世界的丰富性。世界的丰富性，在于众多事物的相成相济。他们从音乐、烹调等日常事物中体会到，单调是没有出路的，所谓"声一无听，色一无文，味一无果，物一不讲"。这就是，一种声响不成音乐，没有听头；一种颜色不成文采，没有看头；一种味道不成美食，没有吃头；一种事物没有比较，无法品评。很显然，这里强调的是多种因素相谐的美。在他们看来，这种相谐正是生机的源泉；"夫和实生物，同则不继。以他平他谓之和，故能丰长而物归之；若以同裨同，尽乃弃矣。"只有"和"才具有生机，才能使万物蓬勃生长，趋向成熟，若只是相同因素的简单重复、相加，则必将导致枯竭、萎缩而凋败。

节俭与慷慨、奢侈与吝啬，也都是相反相成的，是貌似对立而实则统一的。前者统一在富于利他主义的基础上，而后者统一在利己主义的基础上。节俭、奢侈，是两种迥然不同的对待自己的物质生活的态度。慷慨、吝啬，则是两种相反在物质生活上对待他人的态度。节俭和慷慨，只能是一种选择的结果。当一个人具有可以奢侈的物质条件，而朴素地生活着，方可称之为节俭，否则就是地地道道的清贫罢了。而慷慨，也必须是自觉地、无私地给予，被迫与无奈或是带有功利的给予都称不上慷慨。

同志

这是一个称谓词。在我们的社会中曾普通化为不分男女老幼、不论职业和身份、不论“尊卑贵贱”一概以“同志”相称(当然,阶级异己分子除外)。在那年月,当批判者尚用“同志”称呼批判对象时,就意味着还只是人民内部矛盾,而不是敌我矛盾。据说有人在某种境况中被人称为“同志”时,曾感动得“未语泪先流”。古语有“同门曰朋,同志曰友”之说。“同志”者,志同道合之谓也。英文中“comrade”一词,汉语译为“同志”。但英语国家的人们,却极少使用它来称呼对方。

改革开放以来,我们人与人之间的称呼也多样化起来,如先生、小姐、老板、太太之类。我总觉得“同志”的称谓如果过于泛化,就有不尊重别人的个性之嫌了。倘若一个见利忘义、唯利是图的人称你为同志,岂不是对你的侮辱?据说有教养的西方人有这样一个习惯:在不了解对方之前,先问一下对方“我该如何称呼您”,未作考证,不知确否。当真如此,倒是值得我们学习的。称呼事小(其实也大,在过去,倘若称万岁爷为“朋友”“哥们”之类的,恐怕是要触怒龙颜的,轻则削职为民,重则招来杀身之祸),但一个人、一个民族的文明水准从中可略见一斑。况且,语言这东西,我们平时不太注意(因为我们生活在语言海洋中,正如我们不太注意周围空气的存在一样),但它无时无刻不在塑造着我们的感知模式与思维模式。而当一个民族缺乏尊重别人个性的品质时,总是一件特别值得忧虑的事情。

“土”与“洋”

追溯和考察一个词“词义”的历史变迁，是学术研究的一种方法，一般称为“词源学”的方法。这之所以能够成为一种方法，就因为一个时代对一个词涵义的赋予，可以折射出那个时代的精神状态。

在20世纪70年代以前，“洋” 字作为一个修饰语，是广泛运用的。如“洋火”（即火柴）“洋油”（即煤油）“洋服”（即西服）“洋学生”（即留学生）“洋枪洋炮”等。洋，本意指海洋，自近代闭关锁国的大门被西方列强打开以后，一个更为强势的文明出现在中国人的面前，中国人带着既恨又嫉的心态看待西方以及深受西方文化影响的日本（即东洋），这就有了“洋鬼子”和“洋大人”。洋，意味着时尚、摩登（mordern），意味着开放和风情万种。说一个人打扮得很洋气，就意味着穿戴时髦、衣着光鲜。

“土”，则意味着土气，也意味着对于本土的一切的轻贱和自卑。这与近代以来中国的落后有关。这说明西方的价值标准和审美标准已经占据了强势地位。

53 文本与阐释

所谓“文本”(text),就是我们可以阐释、解读的对象。它可能是一个故事、一首诗、一段铭文、一种民间风俗。比如,民间广为流传的《四喜歌》:“久旱逢甘霖,他乡遇故知;洞房花烛夜,金榜题名时”,这就是一个文本。你如何对它进行解读,这取决于你的学识、眼界和趣味。

在我看来,《四喜歌》表达了科举时代读书人的追求和向往,其中蕴含着他们的生存状态和生活趣味。

“久旱逢甘露” 之所以是一件会使他们感到欣慰的事,是因为那时的读书人基本上出身于地主阶级。在靠天吃饭的农业社会中,风调雨顺,从而五谷丰登是他们所祈盼的。在中国的传统社会中,“耕读传家”是一件十分光耀门庭的事情。尽管为着做官而读书、而参加科举,但农事仍是他们心中时刻牵挂的大事,因为这从根本上关系着他们的家道兴衰。

再看“他乡遇故知”。读书能提升人的平等意识,读书也使人们更加珍视心灵的沟通,这是读书人大多重视友谊的原因。人总是社会中的人,科举时代的读书人也不例外。在传统社会的“五伦”关系中,唯有“朋友”是平等的。“故知”即老朋友。朋友是老的好,就因为经过了时间的检验,更何况人与人的情谊需要时间来积淀。那个时候,交通和通讯都不发达,地理阻隔成了巨大的心理阻隔,要在他乡遇到老朋友,自然是一件十分惬意和令人欣慰的事情。

婚姻乃人生大事,特别是在有浓厚的宗法观念的中国农业社会,“不孝有三,无后为大”,婚姻乃赓续香火的合法之途。更何况“食色性也”,终于可以将那些言情故事变为自己的亲身经历,岂不快哉?两性之情的浓烈程度,大概也是与读书多少有关的。因为读书能使人的情感细腻和丰富。相对而言,读书人更具有浪漫情怀,与爱情相关联的婚姻,特别作为标志性事件的“洞房花烛夜”,成为人生的一大乐事,也就不难理解了。

科举时代的读书人,“金榜题名”、一跃龙门是他们孜孜以求、翘首企盼的。能够“金榜题名”意味着能成就功名,能光宗耀祖,能恩荫子孙。诗人孟郊屡试不中,内心郁闷,意气消沉,大呼“出门即有障,谁谓天地宽”;到晚年好不容易“金榜题名”了,于是乎,“春风得意马蹄疾,一日看尽长安花”。在科举时代读书的价值,还是宋真宗的《励学篇》说得明白彻底:“富家不用买良田,书中自有千钟粟。安居不用架高楼,书中自有黄金屋。娶妻莫恨无良媒,书中自有颜如玉。出门莫恨无人随,书中车马多如簇。男儿欲遂平生志,《五经》勤向窗前读。”科举考试将读书人的志趣全部吸引到“读书做官”这一途,对于思想自由的诉求就自动放弃了,专制统治者也就不必担心他们离经叛道,进而犯上作乱了。

后来又有好事者续了所谓的《四悲歌》:“久旱又逢冰雹,仇人狭路相逢,娶的原是石女,金榜复试除名。”无疑是《四喜歌》的演绎和翻版,表现的仍是与科举时代的读书人性命攸关的事情。

种种的事实、材料，种种的现象和问题就在那里，你选择什么作为你解释的文本，你又如何做出解释，这取决于你的学识、眼界和趣味。作为教师，在你的教学中，你把什么样的内容带进课堂，带入学生的精神生活，取决于你的文化底蕴、你的文化眼光，取决于你的价值追求，故有诗云："功夫在诗外。"

写作的意义 54

造就教师书卷气的有效途径，除了读书，大概就是写作了。写作是最能体现一个人的综合素质的。我一向认为，能够写好文章的人，也一定能上好课。因为一篇文章和一节课非常近似。文章无非是这样几个要素：第一是主题——你要表达什么，肯定什么，否定什么，歌颂什么，贬斥什么，这就是文章的主题。主题是一篇文章的灵魂，是"文以载道"的那个"道"。任何一篇文章都不是无意义的语言的堆积，它是需要承载一定的思想与情怀的。第二是素材。为了表达一定的思想与情怀，总需要依托一定的材料——你的经历、你的观察、你的学识的积累和生活的积累。第三是写作的技巧。如何剪材选材，如何布局谋篇、起承转合，如何铺垫、渲染，如何蓄势，如何细处摄神，如何横云断岭、横桥锁溪，等等。第四是语言。用什么样的语言风格来表达，怎样讲究点文趣，如何使语言具有质感和美感。

如果说主题（思想）是火种，那素材就是原料和燃料。火种从原料中提取，又通过燃料来使得星星之火成为熊熊烈火，在暗夜里熠熠生辉。

而一节课也无非是学习的主题、学习的材料、教学的技艺和教学的语言。作为教师，你能否上好一节课，就取决于你是否能透彻地理解学习的主题，你是否会有丰富的、帮助学生理解学习主题所依托的材料，你如何规划教学进程、设计教学的活动，你的课堂语言是否凝练而又舒展、平实而又雅致。

具体地说，写作对于教师有以下几个方面的意义：首先，能提升我们阅读的品质。如果你有写作的习惯，你就不会满足于泛泛浏览，对于一些作品你一定会研读，你会自觉地去揣摩人家是如何立意、如何布局谋篇、如何遣词造句的，你会努力从别人的佳作中去汲取营养。

第二，写作会使你更加用心地去品味生活，洞明世事，去捕捉工作中、生活中有意味的现象和信息，会自觉地去积累学识和生活。

第三，写作会帮助你梳理思绪，使你的头脑变得井井有条，使个体经验概念化。培根说："写作使人精确。"写作是非常有效的认知加工的过程。

第四，写作会帮助你深化认识。如果你不就某个具体的问题写成文章，你的认识可能是一星半点或者是肤浅的，而写作会迫使你对问题作彻底的思考，从而深化和丰富认识。

第五，写作能使你提升口头语言表达的品质。口头语言由于可以借助手势、表情和交谈对象及时的反馈与沟通，不一定需要非常准确与完整，而书面语言，由于缺乏特定情境和及时反馈，就需要十分完整和精当。当你在写作中练就了用完整和精当的语言来表达思想与感怀时，自然而然，口头语言的品质也就提高了。

第六，写作会提升你生活的品质，使你更具有成就感。杜甫有诗云："文章千古事，得失寸心知"，贾岛的名句:“两句三年得,一吟双泪流”,这都说明写作是一件多么有生命意义的事情。俗话中有所谓“文章是自己的好,庄稼是别人的好”,还有一句“孩子是自己的好,XX是别人的好”(男权社会的反映)。可以把文章与孩子相提并论,可见文章对于我们人生的价值。每当看到自己的文章变成铅字,如果你的确付出了心血与真情,那你一定会很有成就感,一定会有一种收获的快慰。

作家埃·米·齐奥朗就曾深有感触地说:“假如没有写作本领,我不知道我会成为什么。写作便是释放自己的懊悔和积怨,倾听自己的秘密。作家是一个精神失常的生物,通过言语治疗自己。多亏了这些非本质性的疗法,有多少紊乱、多少残酷的进攻我没有被击败啊!”当写作将你拔出平时的麻木和迟钝状态,使你一下子感应到人生的繁复意味的时候,它也同时在悄悄地改变你和现实生活的联系。

我们教师几乎每天都在进行教学实践,写作的题材十分广泛,诸如某一内容的教学设计、教学建议、教材分析、备课札记、教法改革等都在可写之列。教学实践为我们的写作提供了取之不尽、用之不竭的第一手材料。教师们,拿起你手中的笔吧,有意识地去创作,把你的感动、你的困惑、你成功的探索、你的希望与梦想变成文字,写成文章。你会发现你的气质、情怀、你的内心世界,慢慢地、慢慢地,变得纯净、澄明,变得细腻和丰富。我相信,真诚的文字,能够将平淡如水的岁月定格为永恒。

55 为学不易

近日，和一位老先生闲聊，谈到作为学者应具有的品质与种种假冒伪劣学者的所作所为，深感做一位纯正学者的不易。

学者的墨水和殉道者的血，是同样神圣而崇高的。因为真正的学者对于真理的热忱、对于学术的献身精神，一点都不比虔诚的殉道者对于所信奉的宗教教义的热忱和献身精神逊色。作为一个真正的学者，需要有“富贵不能淫，威武不能屈，贫贱不能移”的浩然正气与铮铮傲骨，需要有“只问耕耘，不问收获”、甘于清贫、甘于寂寞的情怀与气节，需要有“海纳百川，有容乃大”的胸臆与襟怀。

在当今物欲横流的社会，做一个真正的人不易，做一个真正的学者就更难。古往今来，人格崇高、才高八斗、学富五车的学者大有人在，然而各种各样的伪劣学者在学术队伍空前壮大的今天却也不乏其人。在此聊作分类，姑妄言之，以博一笑。

其一是学商。学商大都具有敏感性，精于市场行情。什么走俏，兜售什么，什么真理、尊严、风骨、气节，全都一文不值，功名利禄才是真的。

其二是学痞，亦称“文痞”。学理上说服不了别人，于是便采用种种卑劣手段，大施淫威，以势压人。把真正的学者都打入冷宫，自己便可“山中无老虎，猴子称霸王”了，痞气十足，奈何我不得。

其三是学巫。此种人长于以学术创新为幌子，故弄玄虚，山呼海啸，云遮雾罩，欺世惑众。为了引起某种“轰动效应”，无视常识，悖违学理，企图在一夜之间成为学术新星。

其四是学盗。学盗大多生性慵懒，天资平庸，心无实学，却又耽于名利，剽窃他人的学术成果，掠人之美，以填欲壑。

其五是学贩。此种人大多爱贩进点洋货，改头换面，堂而皇之，占为己有；然后转手倒卖，以牟取名利。

其六是学奴。学奴者，唯书、唯上、教条主义者之谓也。学奴开口引经据典，闭口子曰诗云，鹦鹉学舌，人云亦云，心甘情愿地“让自己的头脑成为别人思想的跑马场”。

此外，还有“把持山头，占地为王”的学霸、“卖身求荣、为虎作伥”的学奸、“以学术为装饰，招摇过市”的学妓、“以权威自居，俨然学术法官”的学阀。

学商、学痞、学巫、学盗、学贩、学奴、学霸、学奸、学妓、学阀，招术不同，形貌各异，而其本质却是相同的，那就是缺少一个直正、朴实的学者所需要的自由意志和独立人格，一种不为功名利禄所动的节操，一种献身学术的精神。

在群英荟萃、学子如云的大学校园，强调纯洁学风，崇尚科学之精神，学者、人师以身示范，杜绝种种不良的学术风气，自然是十分必要的。可是我们一些具体的政策和措施，却在客观上鼓励为富不仁、能者多捞。人们只算度产出，而无心关注内在质量。既然只在意数量，那就少不了自我重复。国内某大学以科研经费总数的30%计入津贴，结果一批有权势的人利用种种手段大肆捞取高额“科研经费”，而且同一课题重复申报，以至成为不折不扣的课题掮客。可见，纯洁学风，合理的制度建设也是非常必要的。

学问与人生 56

这个话题，前辈学人多有议论，原因恐怕就在于真正的学问家一定是眷注内心的，一定要对自家的人生作一番考量，去问一个究竟。在我看来，学问与人生两者之间的关系不外乎以下两种情形：第一种情形是，在“学问人”那里，“学问”只是敲门砖，“著书皆为稻粱谋”（龚自珍当年有此慨叹，他肯定不是倡导为生计而学问，只是对于生存窘境的一种无奈的惆怅；除此以外，恐怕还有一层用意，那就是在“文字狱”盛行的专制社会，干脆说自己是为生计所迫才著书，也可表白自己没有政治上的图谋，省得权势者担心自己有犯上作乱的嫌疑）。学问人也只是“雇佣的知识生产者”，“雇佣的知识生产者”出卖的不过是智力罢了，与劳工出卖体力、风尘女子出卖肉体在本质上并无多大差异。雇佣者可能是个人，也可能是某一利益集团。以课题或资助的形式，他们之间形成一种雇佣关系。在这种关系中的学问，是不太可能包含真理、道义与良知的。课题的承担者考虑得更多的是资助者的意图，是如何能够交差以置换成钞票。

人们常说，学问是贵族的事业，此言不虚。如果学问只是用来交换的一种商品，学问也就徒具其形式而不蕴含人类精神生活中最宝贵的质素，那就是“与真理为友”。只有当你超然于功利之上，超然于权衡利害得失之上，服膺真理，服膺道义和良知，学问才是人类精神高贵的花朵。

学问与人生关系的第二种情形是学问即人生。古人讲“道德文章”，将二者等量齐观。所谓“道德文章”，清代学者金兰生在《传世言》中有此解释：“无为曰‘道’，无欲曰‘德’，无习于鄙陋曰‘文’，无近于暧昧曰‘章’，是谓‘道德文章’。”当然，中国古代的学问人，骨子里有着太多的泛道德主义的情愫，个体的生命意识不够彰显，缺乏个性主义，也缺乏文化建树的意识，这是他们的历史局限。

学问的人生，体现为学问者的书卷气。书卷气，我想不是那种整天“子曰诗云”、舞文弄墨、假文酸醋的矫情自饰，而是在字里行间贯注充满道义的关怀和对于核心价值的守护。1974 年诺贝尔经济学奖获得者哈耶克，这位市场经济和法治社会坚定的捍卫者，一生的所思所想、所行所言都在努力地实践自己的学术信念，学问与人生在他的一生中实现了完美的结合，如诗人阿兰·博斯凯所说的：“在每个词的深处，我参与了我的诞生。”(《首篇诗》)

学问作为一种人生的状态，尽心去过一种智性的生活，作为学者有着精神上的充实和丰盈，在人生中实践学问的主张，体现学问所倡扬的品格，知其不可为而为之，有种宗教承担的精神，这至少是人生的一种好境界。后现代思想的代表性人物赛义德就坚持：“真正的知识分子绝不是完全服从政府部门、大公司甚至同业行会政策目标的职员或雇员，而是独立思考的个人，尽管客观的道德准则现在似乎受到普遍怀疑，但知识分子应有原则立场，能够对强权说出真理。”可见，保持“自由之意志，独立之人格”，不向金钱和权势屈服，不仅是一种节操，也是一种职责。

张文质君曾感叹：“一个人敢想、敢说、敢干、敢承担，四个‘敢’都能做到殊为不易。”只有能使人敢想、敢说、敢干、敢承担的学问才是真正有益于人生和人类进步事业的学问，“立德、立功、立言”也就皆在其中了，能够成就这等学问的人生自然也是辉煌灿烂的人生。

57 “真实”遮蔽的真实

在绝大多数中国人眼中，印度是一个多灾多难的国度。因为，我们经常在电视新闻中看到可怜的印度洪水肆虐、种族仇杀、火车出轨等天灾人祸频频发生。电视新闻中的镜头也的确是真实的，但如果认为印度人民生活在水深火热之中，那就大谬不然了。又如我们经常看到媒体报道美国的枪支泛滥，枪击事件时有发生，这也都是真实的，但如果认为美国的社会治安很糟糕，那也就大错而特错了。这都是由于人们认识上因为“真实”遮蔽真实的显例。

所谓的“真实”其实是有条件和范围的，客观也罢，“真实”也罢，都只是一个潜意识形态的神话。“真实”背后充斥着价值和立场，是一定的立场上的真实。每一个人都有自己眼中的真实，这是由你的立场、趣味、处境和知识背景决定的。所有宣称为客观真实的东西都是可以质疑的，真实不是谁可以宣判的，也不是谁可以保证的。真实是由人建立起来的，就像生活和世界的意义是由人建立起来的一样。所以考察真实，应该把对言说者自身的反省作为考量的重要元素，因为它其实一直是包含在“真实”的建构中的。电影、电视、摄影前所未有地逼真，这种“真”的效果对于观众的感官形成了猛烈的冲击。电影、电视、摄影所造成的震撼顷刻解除了观众心理上的防范性，观众还未从中清醒过来，他们不可能保持书写文化之中的从容、平等和警觉。相反，异常的逼真引致的敬畏迫使他们不由分说地接受了摄像机镜头的种种特殊处理，人们对于眼前的一切信以为真。所以真实都是人为的真实。我们生活在一个人文的世界里，真实与动机（动机背后当然是利益）相关，启蒙还是欺骗，取决于动机。

攻其一点不及其余，就是导致"真实"遮蔽真实的一个原因。这个原因背后，当然有更深刻的原因。杜工部有诗云："感时花溅泪，恨别鸟惊心。"花之所以落泪，鸟鸣也不是天籁之音，就由于处境而导致的心境，使得满世界都充满了凄风苦雨。每一个人眼中的世界都是不同的，我们可以有视界的融合，而不能垄断真实。真实是不应该被垄断的，每个人都有权利得出自己的结论，它邀请受众的视角和自主判断的加入，而它的意义的实现正在于这种多重视角和视野的相互碰撞、渗透与融合，因为不同角度的折射才能造就霞光的绚烂，让你驻足留连。

真实本身是什么并不可知，可知和可为的只是它是怎么样被建立起来的。它告诉受众：我是如此来考量并得出我的结论，你是否愿意接受，请你自己决定，它把信任交给受众。如此，对真实的态度才是开明和民主的。祛除权利对真相的遮蔽、对苦难的掩饰、对不公的涂抹，应当是所有人文知识分子最起码的伦理底线。

"双目自将秋水洗，一生不受古人欺"，这秋水乃学养酿造的智慧之水。真实的永远只有自己的眼睛，擦亮你的双眼，用自己的眼睛去观察，这不是说要刚愎自用、闭目塞听，而是对人对事均需心明眼亮。所以说，民主社会的建立有赖于每一个公民的心智的成熟。

“忍”的背后 58

对于汉语中的“忍”字，人们有一个形象的释义，即为“架在心上的一把刀”。逆来顺受、忍气吞声的“忍”，实质上就是精神自虐，也是对于社会的不负责任。

中国传统中，一方面有许多劝导人们要“忍 ”的训诫，古训中就有“忍得一时之气，免得百日之忧”的说法。另一方面，又总是希冀“青天大老爷”的出现，来为自己伸冤。 在很多时候，忍实质上是对不公正、不道德的姑息、纵容，对于自我权力的放弃，对于自我诉求的放弃。

忍，可以息事宁人，大事化小，小事化了；可以“吃小亏，占大便宜”。可见，忍不是一种道德境界，而是一种处世伎俩。“忍”常常发生在这样一些情况下：当受到不公正对待，而对方的势力过于强大时，“胳膊拧不过大腿”，于是“忍”；当自己受到非法侵犯时，自己暂时处于劣势，便只好企望“君子报仇，十年不晚”；当侵犯自身利益的对方惯常采用卑劣手段时，便采用“不与小人为仇，小人自有仇人”的自我安慰。我们不难从这几种情形中窥见到，“忍”作为一种伎俩，常常与欺软怕硬的处世态度相联系，而欺软怕硬就很接近于流氓作风了。

忍，实质上是缺乏公正的观念的表现，其目的是希冀以自己当下的忍来换取来日的好处。忍的结果是长久的自我压抑，并导致人格的扭曲，导致“外饰虚情，内恒愤忌；以君子始，以小人终”（陈独秀）的普遍的社会虚伪。当“多年的媳妇熬成了婆”后，就更加尖酸刻薄地对待比自己资历、地位低的人。“忍”导致的，一方面是对于强权、暴行的屈服，另一方面是对于弱势群体的漠视。当强权、暴政发展到忍无可忍时，便采取一种极端的、破坏性极强的方式来发泄。中国历史上“一治一乱”的循环，与无原则的“忍”是有很大的关系的。“忍”与民主的精神、服膺真理的态度相去甚远，甚至是大相径庭。“忍”也无助于社会的和谐与安宁，更无助于社会的长治久安与可持续的发展。

记得台湾作家龙应台写过一篇文章，标题是《中国人，你为什么不生气》，鲁迅先生对于旧时代的国民也有“哀其不幸，怒其不争”的感叹。一个“忍”字当头的人，慢慢地怕也就变得麻木了，对不公正、不合理的事情见怪不怪了，你还能指望他疾恶如仇？更不可能指望他具有拍案而起、仗义执言、铁肩担道义的铮铮铁骨了。

几千年的专制统治，对思想的钳制、对个性的压抑、对道义的践踏，使得人们人格萎缩了，主体性丧失了。今天，我们要建立一个民主与法治的国家，就必须大力倡导社会公正的观念，公正地对待所有的人，一切都应纳入法治的轨道，给人们更多的申诉冤屈、宣泄愤懑的合法渠道。

在这里剖析和昭示“忍”的背后究竟隐藏着什么，其目的在于唤起人们对于“公正”作为一个社会的核心价值的重要性和人们去自觉维护的必要性的意识，以便使我们的社会多一些公正，少一些冤屈；多一些清明，少一些阴暗;使神州大地成为朗朗乾坤,巍然屹立在世界的东方。

当然,“忍”有时是一种处世智慧、一种涵养。所谓忍辱负重就是一种富于远见和胸怀的表现。笔者在这里,对“忍”提出质疑,当然不是要人们斤斤计较、睚眦必报,而是要让公正的观念深入人心,并学会自由交流、平等对话、有效沟通,学会珍视建设性、创造性的冲突,要建立一套人们可自由表达意志的民主程序,建立起公正、合理的社会规范。

59 为教师而写作

在今天的华夏神州，有 1400 万教师，这也是中国最大的知识群体。为他们而写作，是我今后治学为文的一个重要的追求。我有许许多多的朋友是教师。他们在不同的城市，教着不同的学科，有着不尽相同的境遇，却有着共同的追求。我的著作和文章的读者，基本上也都是教师。

学校应该是语言的世界、文字的世界、书籍的世界，因而是“奇文共欣赏，疑义相与析”的理所当然的场所。教师理应是书生，他们理应是文质彬彬、温文尔雅的读书人。书生，不同于官员，不同于商贾，不同于匠人。在中国的古典小说或戏曲中，书生的形象总是清清爽爽、干干净净、秀外慧中。书生的举止言谈充满了书卷气，文质彬彬，谦恭有礼，信奉“朝闻道，夕死可矣”(《论语》)的训诫，力行“居仁由义，体用已全”(《孟子》)的人生境界的追求。他们既没有太多的奢望以致为富不仁、唯利是图，也不会自我膨胀因而盛气凌人、专横跋扈；既不轻率冒进，也不因循守旧、墨守成规。伟人毛泽东“书生意气，挥斥方遒”大气磅礴的诗句，更是一扫旧时书生过于文弱、有点迂腐的积弊，赋予书生英姿飒爽、伟岸挺拔的风姿。语言是心灵的使者，是文字赋予了读书人独特的气象。

教师大多有着读书人的那份细腻和敏感,敏感于细节的的真实。他们向往光明,他们相信美好,他们虔敬神圣。也许你不难发现,当我们翻开报纸、打开电视时,就会看到和听到没有个性、千篇一律的表达和表述。这些言语就是我们从小沿用下来的、装饰过分的、拖泥带水的套话。这些文字充满了令人厌恶的情感夸张却没有什么真情实感,不停地强调什么却让人在麻木中忽略了它的本意。如果我们能根除这样的语言恶习,就会有更多的人相信并重视我们的每一次讲话、每一行文字。这要求首先是真诚,我将以最大的真诚面对教师。

当你的写作有一个明确的阅读群体时,你关注问题的视角、你的叙事方式、你的语言的气息就会形成一种风格。当你将教师作为一个阅读群体来写作时,语言就可以是弥漫着、荡漾着书卷气的、文人气质的、人情味的。它散淡而又清新,它轻盈而又凝重,它稚拙而又老道,一如老师的立身行事。而风格即思想,这其中渗透着你的立场、你的主张、你的价值追求和精神旨趣——从具体的事件中抽象出普通的义理,将为人处世的道义和良知融渗于日常的生活;在理想的光辉里触摸真相,在眺望的瞳孔中考量现实;把寻常的道理烹制成可口的美味佳肴,将习以为常的生活点缀出诗意的灿烂。

不管时代如何变迁,不管沧海如何变桑田,人性始终在黑暗与光明之间徘徊。为教师而写作,更多地彰显人性的光明,更多地倡扬教育的理想与信念,更多地关注人的成长那充满曲折和艰辛然而令人心动的历程。那炽热如夏阳、清丽如秋月的文字温润心灵、滋养生命,使教师这个平凡而神圣的职业变得温暖、温馨、温情脉脉、美丽动人。人类生生不息，无穷无尽，教育因而永恒，教师作为一种职业因此而永存。这可能的读者就远远不仅仅是1400万。因此，为教师而写作，也就可以成为融入人类追求正义与光明、自由与解放的永恒的事业之中。

作家与教授 60

著名作家贾平凹受聘为西北大学文学院现代文学史的硕士研究生导师，对此见仁见智是十分自然的事情。中央电视台《实话实说》将其做成节目，名为《大学来了个贾老师》。我有幸作为嘉宾发表自己的看法，事先节目的策划人杨东平先生和张虎迪先生嘱托我保持中立的立场，对不同的意见从教育学者的角度予以评论。

其实，这件事涉及到两个层面的问题，一是作为一个个案，一是这个个案所代表的一种倾向。

作为一个个案，贾平凹先生作为西北大学的教授，我是持肯定态度的。理由就在于：首先，文学创作与学术研究之间并没有一条不可逾越的鸿沟。学术研究并不神秘，它不过是思想的澄清与理论的创制过程，而理论无非是对事物的描述、解释和预言。学术研究不只是概念的演绎，不只是思辨，它还需要明敏的感受力，甚至是想象力。缺乏明敏的感受力的学者，其作品充其量只是一些概念的演绎，一定缺乏打动人心的力量。一个优秀的人文学者一定做过文学梦、作家梦，甚至说得极端一点，从事人文学术的研究是文学梦破灭之后退而求其次的无奈的选择。作家与教授兼于一身，在旧时代是很多的，如鲁迅、老舍、朱自清、闻一多，他们是优秀的作家，同时也是著名的学者。

有人对贾平凹先生不能全副身心投入创作，而要分出一部分时间和精力来从事研究生的指导工作表示惋惜和不理解。其实，我们也完全可以从另外的角度来看待。我们都知道，生活是创作的源泉。和学生打交道，感受学生的成长，感受他们成长中的欢乐与痛苦，体察同事之间的人情世故，这难道不是生活吗？上个世纪40年代，钱钟书先生写出了《围城》，刻画了那个时代大学中人的众生相，谁又能肯定贾平凹先生不会给我们描写出今天大学中各色人物的苦与乐、希望与梦想、光明与阴暗？

在各个领域高度专门化的今天，任何人都不可能是全才。我想，贾先生也不例外。在大学，一个系一个专业的研究生导师应该是一个团队，在这个团队中各有专精的教授优势互补，共同担负着培养人才的任务。把研究生当成自己的私有财产，搞门户之见，是不利于事业发展的。

导师对于研究生，第一位的是作为其权益的监护人，其次才是人生与学问的引路人。并不是所有人都有机会成为研究生的，而是需要经过严格的选拔。对于一个人，攻读硕士或博士学位研究生，最重要的是赋予他角色意识，给予他一个自由探索的领域，其次是有导师的指导，有机会进入到一个学术群体之中，这也是教育对于人的甄别与选拔功能的一个体现。

如果一个人到了研究生阶段还对老师有一种依赖，而不会自己学习、自己探究，那他（她）一定不会有多大的出息，至少在学术研究方面前景不容乐观。过去我们说：授人以鱼不如授人以渔，今天我们说，授人以渔不如授人以渔场。也就是说，即使在基础教育阶段，我们也推崇学生的自主独立的探究学习，就更不用说研究生阶段的学习了。

一个好的社会就是一个能够给人们提供多种多样选择机会的社会。在这样的社会中，人们不必画地为牢、作茧自缚，而是尽可以在不同的舞台上来展示个人的才华，体现个人存在的价值。

作为这个个案所代表的一种倾向，我认为在高校扩招的今天，采取多种措施吸纳社会各界有志之士充实到大学教师队伍中来，对于密切大学与社会的联系，使大学在思想观念、研究方法、资源配置等方面更加多元化，无疑是有益的。另外，大学就该有一种大家之气，一种吸纳百川、兼容并包的宽广襟怀。

当然，文学创作与学术研究毕竟是有差别的，并不是所有作家都有学术的素养和学术兴趣，因此并不是所有作家包括优秀的作家都能成为研究生导师。本着对学生负责的态度，本着对学术尊严的维护，严格研究生导师的资格审定，健全相关的制度，无疑是必要的。否则，就有可能有人凭借权力，有人凭借金钱，有人凭借关系，甚至有人凭借姿色，在大学捞取一个教授的头衔，这恐怕也不能算是杞人忧天。那将不仅污损了大学的声誉，也将玷污学术的尊严，更有可能误人子弟，贻患无穷。

因此，谁有资格做研究生的导师，并不是一个简单的问题。这既涉及到导师资格的审核、大学的制度建设、学术的尊严等问题，也涉及导师与研究生的关系、研究生的学习方式、攻读硕士或博士学位研究生的意义、学术研究与文学创作的关系等问题。这也就是这个个案所带给我们的值得思考的问题。

61 思想与学术

梁任公有言:“学术乃天下之公器。”这里的“学术”二字主要指学术成果,而我在这里讨论“学术与思想”的学术二字更多地指探究学问的精神、方法与规范。

关于“思想”,英国现代哲学家维特根斯坦有个重要的命题,其一即“事实的逻辑形象就是思想”,其二即“思想是有意义的命题”。

对于这两个命题,其实还有广阔的阐释空间。首先,所谓“事实”,其实都只是每个人眼中的事实,是个人选择的结果——我们面对同一场景总会有意无意忽视什么,遗漏掉什么,也会渲染点什么,夸大点什么;其次,逻辑作为推理的有效的法则,其“有效性”对不同的人而言,其性质和程度也都是不同的,所以,强盗有强盗的逻辑,流氓有流氓的逻辑。由此看来,逻辑作为公理、法则,也是有域限的、有条件的。譬如说“大前提、小前提、结论”作为三段论推理形式,并不能保证结论是正确的,如果“大前提”是错误的话。台湾中原大学林冶平教授反复指出:“错误的前提,加正确的推论,加狂热的执行,等于万劫不复的灾难。”诚哉斯言!

“思想是有意义的命题”,这就需看“有意义”意味着什么,对谁来说是有意义的。从米歇尔·福柯的分析来看，任何话语的背后都隐藏着权力，人们对于任何的说辞和宣称，都得抱以审慎的态度。

要做到学术与思想的统一，首先要有问题意识，不是为研究而研究。你要探究和回答一个什么问题？问题是如何凸现和提出来的？问题的彰显和解决有什么意义？对此，要有清晰的认识。问题的发现和提出表现着言说者的立场、趣味、眼光和见识。其次，要有方法论的意识。问题的呈现及问题的分析与解决，方法决定着它的信度和效度。第三，要有历史（文献）意识。常言道，太阳底下没有新的问题。由于人类生活的历史共通性和普世性，任何问题既有特殊性的一面，也有普遍性的一面。任何所谓新的问题，都是人类生活中最根本问题在具体境域中的呈现，因而对于任何问题，前人和同时代的人一定有过直接和间接的论述。只有站在前人的肩膀上我们才能比前人看得更远。闭门造车不仅会造成重复劳动，也无益于学术与思想的薪火相传。

没有问题意识、方法论意识和历史意识的所有言说、宣称、命题，都算不上是思想，充其量只是个人意见，只是囿于个人需要、个人利益和个人十分有限的经验的"表态"。在我看来，没有经过学术训练的人是难以摆脱狭隘和肤浅的。有人说得头头是道，可仔细一推敲，就发现漏洞百出、似是而非。我也经常看到，有些人写的文章，在对事物的分类上，逻辑混乱，概念之间相互重叠、交叉，经常不在同一个层次和同一个维度。比如，有人讲校长的"五力"，能力、魄力、实力、学力、魅力。问题就在于：有魄力是不是有魅力的原因？有能力是不是有实力的体现？学力是不是一种能力？还比如，有人对校长进行分类，将其分为四种类型：经验型校长、专家型校长、成功的校长、优秀的校长，其逻辑的不自恰亦是显而易见的。

没有思想的学术，就如同没有生命和香味的塑料花；而没有学术的思想就像雨后的彩虹，甚至可以说，没有学术根基的“思想”其实就不配称为思想，充其量只是个人意见。学术是由个人意见向思想攀升的必由之路。如果一种思想算是伟大进展，那么它至少要在“问题体系”、“概念体系”，或“方法论和思维技术”中至少某一个方面上有所突破。

因此，在学术中生成思想，借学术光大思想，并且用思想照亮学术——有思想的学术和有学术的思想，应该成为读书人追求的境界。在古代学者那里，学术与思想的统一，就是所谓的“识”。他们大多视文章为不朽之盛事、经国之大业，故十分重视“识”在文章中的重要性，提出“先器识而后文艺”。清初古文家魏禧（1624—1680）曾探讨了怎样培养见识的问题。他说：“愚尝一为文之道，欲卓然自立于天下，在于积理而练识……所谓练识者，博学于文而知理之要，练于物务，识时之所宜。理得其要而言不烦，而躬行可践；识时宜则不为高论，见诸行事而有功……故练识如炼金，金百炼而杂气尽而精光发。”（《魏叔子文集》六《答施愈山侍读书》）叶燮（1627—1703）在《原诗》中强调诗人应具备“识、才、胆、力”，其中突出了“识”对其他三者的主导作用：“无识而有胆，则为妄、为卤莽、为无知，其言背理叛道蔑如也。无识而有才，虽议论纵横，思致挥霍，而是非淆乱，黑白颠倒，才反为累矣。无识而有力，则坚僻妄诞之词，足以误人惑世，为害甚烈。”(《原诗·内篇下》四)。

缘此,中国古代学人十分重视考据、义理、辞章三者的统一。考据是指现代“人文学”研究中的实证性研究方式,如校勘、考证、释义、定量分析与统计、中西比较等语言文献研究方法。实证性研究方法强调用证据和材料说话,有几分证据,就说几分话。若凭空蹈虚,断不能窥其门径,挈其要领,会其精神;反之,若不能出乎其中,也不能超乎其上。辞章则包括定位学术研究的视界,建构其逻辑框架,调试其逻辑理路,权衡斟酌其表述方式等,这属于学术研究表述形式层面;也就是说,辞章不是指文章辞藻,而是指更为本质意义上的逻辑论证框架的建构,研究对象范围的设定,论证思路和方法的选择,写作风格与研究对象的适配等。义理则主要是指学术层面上的文本内涵解读以及相应的人文批评与表达。三者之中,考据贡献材料,辞章设定方法,义理整理内容,三位一体,相辅相成。

任何思想的创新都需要一种探险精神。对于中国传统思想的“创造性转化”亦是如此。思想的创新如果没有探险的精神,恐怕就没有“新大陆”的发现。当然,这种“思想的探险”又不是徒步缚虎、赤手泅水,而是面对人类的现实困境和可能遇到的困境,依靠对经典的深度理解与诠释,从中外已有的智慧宝库中汲取精神营养,为了解决人类在新的实践中遇到的理论难题,同时也是为了思想自身,提供具有想象力、创造力的研究方案和系统阅读,学术的精神和规范就是必不可少的。

人类生生不息,每一代人都有可能创造出前人意料之外的历史局面。而只有那些关注整个人类共同需要并有助于提供满足这种需要的手段与策略的思考和研究，才有着永恒的价值；而一切带着利益集团偏见的、意识形态化的言论，其实都类似于泼妇骂街。

人类的思想是照耀人类前进的火炬。人类先进思想的产生和发展，必将成为社会进步的强大作用力。一个思想贫乏的民族是没有支柱的大厦。一个思想贫乏的人是没有灵魂的躯壳。让我们学做思想者，让我们中间多出一些思想家。用思想的光芒，烛照内心的暗昧之处，驱除锈蚀的污垢，使我们心灵变得敞亮与澄明——生发思想的学术因而是一种高贵的事业，一种精神的历险，我们人性中的神性总是召唤着我们去做一个俄狄浦斯。

62 一本让我感到羞愧的书

宁夏小女孩马燕，因“马燕日记”轰动了全欧洲。她在日记本上写道：“今年我上不起学了，我回来种田，供养弟弟上学，我一想起校园的欢笑声，就像在学校读书一样。我多么想读书啊！可是我家没钱。”如今马燕及当地的一些女孩子因得到捐助而上学。马燕的日记被法国《解放报》记者发现，并连载发表，反响强烈，日记已被译成法、英、德、意多种文字，当然最后也“出口转内销”。贫困并不就是耻辱，但缺乏公正、弱肉强食则是一个民族的耻辱和悲哀。我们的孩子，却需要别的国家的人来提供受教育的经费，这使我感到不安和羞愧。

面对《马燕日记》，我有几点困惑：一是我们真的那么穷，穷得连提供给孩子读书的钱都没有吗？义务教育究竟是谁的义务？《义务教育法》颁布了这么多年，为什么不能够兑现？既然不能兑现，为什么要颁布？颁布了却不能兑现，法律的尊严在哪里？我们整天倡导诚信，政府就当率先垂范。如果地方政府无能为力，中央政府就责无旁贷。真不知道那些一言九鼎的人们是否真正感到这是一个严重和严肃的问题。受教育权是未成年人的一项基本权利，这项权利该由谁来保障呢？这是不是一个人权问题？

二是马燕这类孩子的父母为什么就不能少生些孩子？自然，生育的权利是平等的，而不论其贫富。但我想，人之为人，就在于能够对于自己的行为后果作出预期，该对自己的行为有一点责任感——当你决定把一个生命带到这个世界时，你就当考量一下你有没有能力为这个孩子的健康成长提供必要的物质和精神条件。如果连对自己的骨肉都缺乏责任感，我看与禽兽无异。我在这里指责他们其实也是于心不忍的，我真的非常同情那些生存环境恶劣、贫穷而又见识短浅的我们的同胞，改变他们的命运是一个系统工程，有待日时。在今天，我们的教育一定要在所有学生心中播下一颗精神的种子：当他们成为父亲或母亲的时候，能够切实地对自己的孩子的成长承担起责任来。

我总感觉，我们民族非常缺乏社会公正的观念，讲亲情而不太讲博爱。一些人，特别是一些掌握权力的人，一些身处高位的人，只要自己过得好，极少关注弱势群体。而一个民族的文明程度和良知所在，就系于她是如何对待那些处境不利的人们的。海明威在《丧钟为谁而鸣》中写道：所有的人其实是一个整体，别人的不幸就是你的不幸，不要以为丧钟是为谁而鸣，它就是为你而鸣。英文中也有一句名言：One man's tragedy is all man's tragedy. 意思是说，一个人的不幸就是所有人的不幸。

我国人口占世界总人口的22%，可是我国知识资源只占世界知识资源的1%。从英文、法文、德文中翻译为中文的书籍与从中文翻译为英文、法文、德文的书籍的悬殊人们是难以想象的。一个民族要赢得世界人民的尊重，要靠她对于人类的贡献——在思想上、制度建设上、技术发明上以及对世界和平的保障上的贡献。我真诚地希望外国人读到的中国人写的书是充满智慧、充满阳光、充满博爱的文字，能够代表一个古老民族文明的厚重、灿烂与辉煌的文字，而不是像《马燕日记》表现出的生活的艰难与不幸的文字，不再是表现我们中国人贫穷与无奈的文字。治贫必先治愚，这已成为人们的共识，为什么我们的行动总是如此滞后？我们要建立的责任政府什么时候能够真正肩负起它的责任来？我衷心地期待这一天能够早一点，再早一点到来。

柒

心灵的阳光

XIN LING DE YANG GUANG

63 人比月光更好

很晚很晚徐徐升起的月儿，很圆，也很亮。

怕是很久很久以前，诗人们就把人与月联系在一起了。要不怎么咏月的诗词歌赋会是汗牛充栋呢？你瞧，“二十四桥明月夜，玉人何处教吹箫”，“月上柳梢头，人约黄昏后”，“露从今夜白，月是故乡明”，“明月如霜，好风如水，清景无限”……似乎这美好的人、美好的事、美好的情怀和美好的景致都与月有着不解之缘。

明月洒下清辉，如梦如幻如诗如画，像蒙蒙细雨织成的曼妙轻纱。“月光如水”，大概就因为月和水都有着温柔、清灵、飘逸的特性吧。融融的月和莹莹的水，一个在天，一个在地。然而，水中也是可以有月的——天上有月，水中也就有了月，而水中的月是更加可望而不可及的，也就更添了几分诱惑和笔耕者咏月的幻象。

然而，人比月光更好——

诗人们说，少女用水做成——有水的清澈，有水的柔情，而少女的圣洁和温馨是水所比拟不了的，自然，月也比不了。

有水，便也就有了雨。有雨的夜晚是不会有光的，却有少女在。雨中的少女会更加清纯与灵秀——人比月光好啊。

现代的都市，到处都有灯，有没有月光人们已不再很介意了。倘若都市中没有少女，没有她们朗朗的笑声、恬恬的笑靥、色彩绚丽的连衣裙和绰约的身姿，都市无论如何繁华，毕竟是少了些生机、魅力与灵气的。

的确，人比月光更好……

* 补记：这篇文章是我学生时代的习作，写于上个世纪80年代初的夏夜。这背后有着一个青春年少的学子最易生长的故事。所有浪漫的故事都有唯美的邂逅，充满着偶然的真实。不过，青春的情感总有些酸涩，比不得中年人情感的圆融。苏联著名导演梁赞诺夫拍的反映中年人爱情的三部曲：《战地浪漫曲》《两个人的车站》《合法婚姻》是我最爱看的电影之一。爱情是一个持续终身的生命主题，各个生命时期的爱情都有它的色彩和味道。将这篇小文收录于此，作为对往昔的缅怀。

64 成功的诠释

成功是每一个具有健全心智的人渴求的一种生命境界。成功,既有社会的标准,也有自我的标准。从社会标准来看,为社会创造了较为丰富的物质财富和精神财富的人,就是成功的人;从个人的标准来看,充分发挥自我潜力就是成功。

古人云:“读书者不贱,守田者不饥,积德者不倾,择交者不败。”在古人看来,读书、守田、积德、择交是走向成功的可能路径。“成功一定有方法,失败一定有原因”,这是成功学推广者的一句广告词。一个在个人生活和事业上成功的人,必定在某些方面有过人之处,特别是有一套独到的方法。比如成功的商人,一定善于捕捉商机,善于理财,诚实守信。成功的学者,一定善于积累,有强烈的方法论意识,有完备的思考策略,有发现问题和洞见问题症结的睿智, 有一种对学术前沿问题的敏感性,有高度的形成概念和作出命题的能力。成功的政治家一定乐于分享、善于沟通,能够从善如流,广纳善言,作风民主,心胸博大;一定廉洁自律,追求高远。一个目光短浅、心胸狭窄、贪小便宜、霸气十足的人,决不可能成为杰出的政治家。

当然,成功与机遇有关。可同样的机遇,你能不能抓住，就取决于你的造化。成功的人，善于在日常的闲余生活中，点点滴滴地积累，做好每一件小事，为迈向成功铺就坦途。在小事上苟且的人，也干不成大事。当然，过于谨小慎微，也不利于成就大业。

在追求成功的名义下面，人们在奔波着、在算计着。在不少的人看来，成功就是财富的疯长，成功就是出人头地，成功就是事事优越于他人。在我们的周围几乎每天都发生着这样或那样悲喜交加、阴差阳错的故事。在得失之间，我们的心情永远无法平静，我们的心气也会变得喧嚣浮躁、诡异迷离，甚至我们的人格也会变得不那么美好。成功为何物，教人以生死相许？人们需要理解，成功的人生有各种各样的表现，只是有的成功会比其他成功更加令人倾慕和追求。

我们的教育有必要向学生传递这样一个信息：学校教育不是通往上流社会的阶梯，而是通向智慧的道路。成功不能用金钱和权利来衡量，成功更意味着建立爱的关系，增长个人才干，享受自己所从事的职业，以及与其他生命和地球维系一种有意义的联结。仅有事业成功只能算成功了一半，唯有兼顾事业、家庭、人际关系、个人成长等人生其他层面的和谐才是真正的成功。

成功也许就是平凡人的自我满足和心灵充实，还有小小的成就感吧。乐观地面对困难，积极地行动，人在地上行走，心在天上观望，这又何尝不是成功的人生。

65 幸福的意蕴

幸福的时候我总是渴望向关爱我的人们展示我的心绪——那澄静、清明、亮丽、鲜活的心绪。这时，自己会感到有一种东西在心中悄然涌动，就像一个容器里盛满了液体，而容器里却有一个物体在缓缓地膨胀，这液体便不由自主地流溢出来。人生中，许多美好的时刻是无法留下痕迹也无需留下证据的。

世界其实就是我们自己。生活的苦与乐、沉重与轻松、窘迫与宽裕，全在于我们的感觉，而感觉是受理性观念支配的。也正是在这种意义上，我们可以说：你真正的生命是你的思想。

只要用劳动创造生活，创造幸福，生命就是有意义的。当你老迈之时，回首人生历程，你才有资格对自己说，我无愧于心。 有人说，生命就仿佛一条路、一部书，总是在不断的经历之后才发现——生命原来这般美好，生活原来如此缤纷，如此值得留恋！对于真正的读书人来说，歪着头，托着腮，阅读着，思考着，评论着，悠闲着，幸福着自己的幸福，又何尝不是生命的好境界。

古人云："有工夫读书谓之福，有力量济人谓之福，有著述行世谓之福，有聪明浑厚之见谓之福，无是非到耳谓之福，无疾病缠身谓之福，无尘俗撄心谓之福，无兵凶荒歉之岁谓之福。”

幸福是一种态度。不管是你面对一项全新的事业，还是面对生活中出现的任何一种新的情况，人生道路上的每一个境遇都给了你一个积极应对或消极应对的机会，正是你选择的应对方式决定了在事情结束后你所感受到的幸福和不幸福的程度。

但最重要的是，幸福是寻求和体验生活中的平衡。幸福是对生活的方方面面都有一个目标，并保证自己每天都朝着实现这个目标的方向前进。幸福是拥有个人、专业和家庭目标，并让这些目标成为一项行动计划的一部分，努力使我们的生活保持平衡。

心灵是一本奇特的账簿，它只有收入而没有支出。因为真诚的奉献是不求回报的，然而它总是会得到丰厚的回报。生活向我们昭示：当我们用真诚的言论和行动去振奋别人的同时，也振奋了我们自己；当我们用广博的爱心去温暖别人的同时，也温暖了我们自己。幸福，不过是一种内心的体验。真正的幸福，是我们对于自己充实、丰富、纯洁、高尚的精神生活的体验。这便是幸福的意蕴。

66 浪漫就是真心的爱

我曾问一位朋友,浪漫是什么?她回答:浪漫就是真心的爱。我没有仔细推敲这个回答是不是很“科学”,但我实在想不出比这更好的命题。

浪漫是一种心情,是一种趣味,是一种情调,是一种对待生活的态度。它与财富和地位无关,浪漫蕴涵于举手投足间,寓于平缓如溪水般的生活。在蒙蒙细雨中,在铺满金黄的银杏树叶的小道上,在皎洁的月光下,在残阳如血的余晖里,从容地踱步或轻轻地吟诵,也都是一种浪漫。

看着灿烂而纯净的阳光从窗外照射进来,心中便蓄满了暖暖的诗意,便有了写作、表达和用心营造一点什么的冲动……生活由于浪漫的加盟而充满活力与情趣,将人生旅途点缀得花香弥漫、浓情四溢。

在一个真情逃亡和高尚隐逸的时代,一个为功利和俗套主宰的时代,用心去营造一点浪漫,这是最为高尚的善待自我。古人云:浪漫情怀总是诗。诗意地生活,带给自己,也带给别人好心情。埃兹拉·庞德写过这样两行诗:“当我倦于赞美落日和晨曦,请不要把我列入不朽者的行列。”

爱代表着人类最美好的情感。自古以来,爱就一直都是为人津津乐道、亘古不变的话题。无论是亲人之间的爱、情侣之间的爱,或者朋友之间的爱……爱都如同一股股的暖流流入干渴、疲惫的心灵;如同照亮归程的点点暖色灯光给人明亮和鼓励。曾经有人断言,如果这个世界上失去了爱这种感情,这个世界将会彻底毁灭。

在忙忙碌碌的生活和营营役役的日子中,人们的心灵渐渐干涸,渐渐忘记该如何对身边关爱自己的人表达出内心的感受。长此下去,我们的心会越来越冷淡,可能会丧失关爱他人的能力。

爱情是个永恒的题材,是支永远唱不完的歌,它是最为丰富多彩、最为勾魂摄魄的人间情怀。不论是初恋时那种"剪不断,理还乱,别有一番滋味在心头"的美好情怀,也不论那种正在爱着的欢乐意识和对挚爱深情的真切体验;不论是对昔日情事的回味、追忆和缅怀,也不论是对爱的诠释——对爱与人性修养、文明教化之间关系的理性思考和深情品味,都是文人笔下最亮丽的主题。

人们不倦地歌唱爱情,不厌其烦地诉说爱情,因为它是生命的源泉,是人类灵魂中最为绚丽芬芳的花朵。任何一个有文明教养的人,都将以不懂得爱情的真谛而感到羞愧。西哲曾云:爱情是一位伟大的导师,它教我们重新做人。印度有谚云:智慧的吸引,产生尊敬;心灵的吸引,产生友谊;身体的吸引,产生情欲;三者相加,才产生爱情。

爱情没有一定的规则,它千姿百态、异彩纷呈;但它有着共同的人性的光辉,它是人类的文明之树的甜美果实。有一首打油诗也颇值得玩味:"一无所知,就一无所能；一无所能，就一无所悟；一无所悟，就一无所爱；一无所爱，就是酒囊饭袋。知识愈丰富，爱就愈充溢。”一个人爱的能力与精神世界的充实和丰富是成正相关的。

米兰·昆德拉在《生命中不能承受之轻》里说：有两种男人，一种人在一个女人身上找寻所有女人的影子，一种人在不同的女人身上找寻同一个女人的影子。如果这“一个女人”是一个完整的精神性的存在，而不单纯是一个生物的、肉体的存在，在这两种男人身上，都有可能存在爱情。爱与财富无关，爱也与地位无关。戏曲中那句家喻户晓的唱词道：夫妻恩爱苦也甜。可“贫贱夫妻百事哀”也是生活的真实。从爱侣到怨偶，婚姻并不能保证爱情生长，也无法拯救爱的枯萎和死亡。

感悟人生 67

一

有时会茫无头绪地想着什么，迷惘、惆怅、若有所失的情绪弥漫在胸中，一切都像变幻的烟云，飘忽不定。“无愧无悔，无怨无嗔”，自然是一种很高的生命境界。悔中总是包含着愧的，无愧才能无悔。因而，愧与悔也就包含了自省、自责、留恋与珍惜。

“总是在失去以后才知道珍惜，总是在太迟了的时候，才发现无比的美丽”，这是人性的弱点，也是愧悔的原因。

每一个生命，都是上一代生命的继续和延伸，也就是下一代生命的传递和链接。每个人在这条链上，都在承担着生命的责任。而这种责任，会因成为另一个链接的一部分而变得明确和具体。在我们走累了的时候，我们会想起我们的父辈，我们便感觉到温暖和厚实。

身边有很多平常的微不足道的幸福，我们拥有时浑然不觉——就像指缝间漏下的那缕阳光，一点点被错失、忽略和遗忘。而面对生活的埋怨却常常滞留在心里，将我们关在一间堆满这样不顺心那样不如意的不幸的屋子。

二

心比天高的人，往往也就命比纸薄。“不欲其所无，穷尽其所有”，能珍惜自己所拥有的，并努力发现其价值，这大概就是人性的高贵之所在。

茫茫人海中，关注自己的人、深爱自己的人，以及被自己关注、被自己深爱的人，其实是不可能很多的。善待他们，这是我们的义务和本分。推而广之，便是所谓的博爱了。张爱玲曾说，即使是擦肩而过，也是修了五千年的佛的缘分，那又何况朝夕相处呢？因为有爱，生命于平常的日子里也自有它的光辉。“大其心，容天下之物；虚其心，受天下之善；平其心，论天下之事；潜其心，观天下之理；定其心，应天下之变。”（清·叶玉屏 ）

三

“年年岁岁花相似，岁岁年年人不同。”少不更事的人是不会有此慨叹的。一个生活了很多、经验了很多、得到了很多、也失去了很多的人，追怀往事，在这慨叹的背后，所蕴涵的纷繁心绪中，总有一种情愫，那就是凄迷。每个人的世界都会无法抗拒地有一些灰暗，有一些朦胧，有一些茫然，每个人也都会无可避免地有一点沮丧，有一点苦涩，有一点落寞，这是生命的本色，是人生的滋味。当内心似乎难以承载因生命的不确定性而带来的困惑和迷茫时，就会想到死亡，因为在世间，只有死亡是一个确定的终结，这大概就是为什么死亡是一个具有永恒的哲学理趣的思想主题吧。孔子云：“未知生，焉知死？”其实呢，“不知死，焉知生”要来得更深刻，也更有价值。

不确定性，给人带来迷茫，而过多的确定性，也会使生命淡然无味和毫无生机。看来,有所执著与充满挑战和变化的人生,需要在确定性与不确定性之间保持一种必要的张力。

68 写给校长：成为卓越的领导者

校长是一所学校的领导者和管理者。领导是为影响个人或团体行为而做出的任何努力。管理是与他人合作或通过他人来实现组织目标的过程。领导，每天都在和群众发生关系。如何能让每天的接触都产生快感愉悦而不是强人所难，对于情景的把握就显得至关重要了。达到共识，组织的结构才会顺畅。在一个组织里需要用共同语言建立一个完整的系统。

“一个好的校长就是一个所好的学校”，这句话试图说明校长的极端重要性。校长作为学校的核心人物，他的重要性就体现在他是教师团队中“平等中的首席”，而不是可以凌驾于教师之上，可以盛气凌人、专横跋扈、独断专行的。校长的作用就在于不断地培养教师，特别是培养教师中的领袖。有眼光的校长，一定是热心支持教改的校长；有进取心的教师，一定是热心教改的教师。

作为卓越的学校领导者，首先应该坚守人必须获得自由、充分、和谐发展的教育理念，使学生在认知、情感、态度与技能等方面获得均衡的发展，藉以开发人的创新的潜能，致力于培养“基础扎实、自主发展、个性丰富、富于创新”的人，使学生成为能够创造幸福生活的、有益于社群的、才智清明、性情通达、人格强健的时代新人。

一所成功的学校的领导者一定会坚信:对于学校的领导,首先是教育思想的领导,其次才是行政领导(苏霍姆林斯基);在学校里,正确的领导就是要着重建立团队意识,使大家同心同德,一起努力为孩子们创造一个深层次的学习体验。在学校的管理中,如果管理者把自己看作老板,别人是下属,那么他就会从教师和学生队伍中分离出去。其实领导者的作用是要在学生和教师之中培养领袖,这些领袖应该力求建立一个团结的、富有感召力的集体。领导者必须激发教职员工的参与热情,使大家达成共识。

一所成功的学校的领导者也一定会坚信,当教师们把自己看作是对整个管理体系都至关重要的领导者时,他们会发挥自己的潜能,用自己的言行去影响孩子们的学习。他们将发现“教育就是服务”的真正含义。没有任何个人的智慧能超越集体。如果我们想全面发挥一位老师在学校日常生活中解决问题和作出决策时所具有的才能,那么,我们这些处于高级领导层的人就需要培养和鼓励教师们参与到我们的管理中来。一个学校及其领导机构是否健康的标志就是能否促进彼此领导潜力的发挥。

我们有充分的理由相信,学校中的人际关系比其他因素更有影响力, 它不但可以改变学校生活的质量,而且还能影响学生们的成绩。学校里的人不单单要作为教职员工或是学生,他们还是一家人,他们需要心心相系,共同建立良好的人际关系。如果老师们付出自己的爱心,给予学生们无微不至的照顾,那么学生们会有无比的安全感。而且,教师对于学生,只有用一种平等的、不夹杂优越感和施舍意味的爱,才会被他们真正接受。

教育远远不只是让学生掌握书本知识,她还在于唤醒、鼓舞和灵魂的感召。“一份耕耘,一份收获”这一自然法则,在教师的工作中最能得到充分的体现。生活向我们揭示了这样一个真理:我们唯有在全心关注他人或投身于超越自我的事业时,才能成全最为完整的自我,一个探索知识并力求正确运用知识的人会变得真正的富有。依靠教师、尊重教师的创造性劳动、将教师吸引到学校的管理中来,是教育取得成功的不二法门。

从工作角度讲,一个好的领导不是复制自己的强项,而是补充自己的弱点,增加自己的强项。不是找一个人去做和你同样的工作,而是来组织一个团队,做你所不能做的工作。如果能够这样选人来组织一个团队,就是一个好领导者。广泛、深入、持久地开展教研和科研活动,并纳入到学校发展和教师培训的整体规划之中,也将有助于学校营造浓厚的教学研究氛围,增加教师与学生之间、教师与教师之间、教师与学校领导之间的信息反馈和沟通,从而增强学校的凝聚力和教师的归属感。

在学校中开展教育科研的主要目的在于:用先进的教育思想武装教师,使教师自觉地参与到学校的改革和发展中来,帮助教师全面关注学校的各种形式的教育活动,形成学校发展的“共同愿景”。这也包括通过提供研究策略的咨询和辅导,使教师更多地理解自我成长中的价值,唤醒教师内在的探究需要,促进教师的自我反思,学会持续和全面成长。

强调和谐、民主、平等的师生关系的建设,因为良好的师生关系是教育大厦得以建立的基石;努力提高师生的校园生活质量，关注学生内心世界的价值冲突，并将其作为教育的宝贵资源；为学生自主探索、自由交流提供必要的时间、机会和心境，这些都是办好一所学校重要的教育策略。

任何教育，不论是活动、观念，还是措施，只有赢得学生的理解和信任，它们才是有效的。教育者需要明确无误地告诉学生：我们工作的最高目标就是为了他们的健康成长，告诉他们有什么比受到良好的教育更重要呢！只有良好的教育才能使我们秉有渊深的学识、清明的才智、通达的情性、宽广的胸怀和高贵的教养。在一个人的一生中，青少年时期是最需要受教育，也是最好受教育的时期。这一时期所受到的教育，在很大程度上决定着你今后漫长的一生中的生命质量。作家峻青说过一句意味深长的话：人的一生是漫长的，但在关键处常常只有几步，特别是在你年轻的时候。

为使所有的学生成为能够为创造幸福生活和建设美好社会而勤奋学习的人——“学会学习，学会创新，学会合作，学会成为独特的你”，有必要倡导所有的老师走近学生，成为他们可以倾心交谈的朋友，给予他们更多的被理解后的亲切；开展丰富多彩的教育活动，带给他们充实、丰富的精神生活；确保今天的校园生活能够给他们的一生留下许许多多美好的回忆。

也有必要告诉学生，教师是我们这个社会中最为纯净、最富有教养的一个群体，教师是引领着他们走向光明与真实境界的人；尊师敬道是我们民族的优秀传统，希望他们能将这一传统发扬光大。

办好一所学校，需要有三大支柱：一是一个优秀的校长和以他为核心的廉洁、公正、富于明确的教育追求与凝聚力的领导班子——对于学校的领导和管理，首先是教育思想的领导和管理，其次才是行政的领导和管理（苏霍姆林斯基）；二是一支高素质的教师队伍——大到国家的教育方针政策，小到学校的规章制度，都要靠教师去落实和体现；三是有为教师的发展和学生的成长所提供的丰富的读物以及丰富多彩的教育活动。尽管一些硬件的建设（如校舍、体育场、语言实验室、校园的网络建设等等）也十分重要，但相对以上三者来说，仍是次要的。

校长首先应该是一个领袖，其次才是行政领导。领袖不是自封的，而是由其卓越的个人影响力自发形成的，这种影响力来源于人格魅力——善良、真诚、宽容与正直，来源于个性魅力——独特、纯净、丰富与深刻。我们谁都不否认对人的尊重的必要性和重要性，但到具体的实际行动中，人们就有意无意地淡忘了这一点。离开了对于现实的、具体的、个体的人的尊重，对人的尊重就成了一句空话，因为现实的、具体的、个体的人不可能按照一个尺度来衡量都是理想的存在。对人的尊重就意味着对人的独特性的尊重。

能够成为一校之长，应该说至少是衣食无忧，完全可以追求一点自我实现，追求一点人格魅力与个性魅力。校长应该有自己的阅读计划；没有广泛的阅读，就没有广阔的精神空间，就没有丰富的激活我们创造冲动的外部刺激。

杂感 69

一

世界的一切事物，都是在其必然性与局限性的矛盾斗争中求得发展的。局限性亦是必然性的一种表现形式，而事物的发展又必须克服其局限性，这也是必然性的反映。

人们对事物的认识亦然。所有从各种不同观点出发的知，都共同地具有对客观世界加以条理化的作用，而且，都有独具一格的对客观世界的整理方式。换言之，建筑在这个认识意向之上的一套“分析构架”，具有它本身独特的分析能力，使它能够从“客观世界”中整理了某一种“现象”来。这是因为，由某种观点决定了的对某种问题的特别关注，导使人的认知意向去将客观世界中的某一类现象孤立出来，并且还在它们之间寻求一种“必然性”的关联，且把它们的重要性提升到“本质”与“主流”的地位，而将“客观”世界中其他被过滤掉的方面当作是非本质的、意外的或偶然的因素，甚至当作是“非事实”。

因此，一套由某一种认知意向衍生的分析构架，能使我们看到其他的分析构架所看不到的现象。认知意向对客观世界的这种“照明”作用，就好比在暗室中将一盏灯移到某一个角落，去照明这个暗室中堆聚着的杂物，并且将这堆杂物由光暗对比形成的轮廓，从这个特殊的角度去勾画出来一般，然而，正因为这样，任何照明的作用都不能够、也不可能同时“看到”从所有的角度显示出来的轮廓。

因此，根本就不存在着人的认识意向对客观事物“兼容并包”的可能性，因为，欲试图在天下万事万物之间都去寻求一种必然性，一种关连，就等于没有必然性；把乾坤万象的重要性都提升到“本质”与“主流”的地位，就等于没有“本质”与“主流”。

二

就其本质来说，任何理论天然是具有片面性的，但无限多样的片面性，就构成了全面性，有如树的枝桠，有的朝南，有的朝北，有的朝西，有的则朝东，而正是这种各自就势生长着的独立体，构成了亭亭如盖的完整的树，因而，任何试图兼容并包的验证，不仅会流于肤浅，且会妨碍整个科学的进步。

中国古代哲学，就是这样一个验证，其涵盖性很大，任何问题都似乎能给予解释，然而都是不痛不痒，不深入，也不具体，也正因为它总是那样“左右逢源”，既不可证实，亦不可证伪，因而无界定，亦都无发展。

三

“文化”是人类独有的现象，它是人对自身的生物性的加工，而将这个“生物性”作出某一程度的调整。

生物界对自身“遗传系统”的加工，并非始于人类，当生物进化到人类以后，这种经由大脑处理的体外讯息已经浓密到“人造环境”（亦可称为“文化氛围”）取代自然的环境，成为人类活动的主要媒介，而人的生物本能开始受到自体外讯息组成的意义、价值与象征符号的支配。故此，文化，亦可解释为“人类体外的非生物进化”。

四

对任何外来的精神体系来说，本土文化的“深层结构”就像一个“变压器”，使外来的精神体系必须像电流一般通过它，才能发挥效用。天主教与马克思主义都可以共同为东方与西方人所认同。然而，同一套精神价值体在不同的文化中却往往呈现出不同的形态，亦有不同的功用。在全球化的今天，既需要承认普世伦理的存在，超越意识形态的对立，又需要一种对于民族的认同和文化独特性的珍视与守护。

70 幸福生活的有与无

拥有幸福的生活，不仅是我们每一个人所企盼的，也是好社会的努力目标。教育不仅要关照学生当下生活的品质，也需要为未来完美的生活做准备，为学生的幸福人生奠基，这就是教育不同于日常生活的地方。

幸福是什么，我相信许多人都追问过这个问题，不同的人有不同的答案，即使同一个人在不同的时刻也会有不同的答案，因为幸福本身就是多元的。我的一位朋友发给我的一份邮件中就有这样一些令我心仪的表达："幸福是母亲的关怀，幸福是婴儿的笑脸；幸福是自由的跳跃，幸福是轻柔的抚摸；幸福是沉甸甸的麦穗，幸福是绿色的生活；幸福是收到的康乃馨，幸福是神秘的巧克力；幸福是远离尘嚣的净土，幸福是置身事外的安闲；幸福是不经意之间的感动，幸福是重温听潮的时刻；幸福是拥有美妙的梦，幸福是开满鲜花的原野；幸福是一生的信仰，幸福是丰富的宴飨；幸福是腰里的银钱响当当，幸福是寄托在纸上的希望；幸福是用心地倾听，幸福是真诚地分享；幸福是自己的感觉，幸福是下一步的欲望……其实，幸福就是一种感觉。"可怎样才能有这样一些感觉呢？

换言之，对于一个成年人来说，生活中有哪些元素是重要的?又有哪些元素是十分消极从而对我们的生活质素产生负面影响的? 这当是思考生活、品味人生的不可回避的问题。在我看来,美好生活中的“有”,首先是心中有盼头。对于一个人来说,有理想、有追求,生活才会有声有色,才会有不断成长的内源性动力。而对于一个好的社会,那就是能够给更多的人以希望,给所有的人以梦想并有实现梦想的机会。中国农村妇女自杀率高达十万分之四十多,差不多是世界平均自杀率的三倍。她们中的绝大多数是带着绝望离开人世的。面对这样的事实,我们谁又能无动于衷呢?

其次是手中有事做。无所事事,是一种百无聊赖的状态。有事可做,意味着社会需要你,意味着你人生的价值有得以表征和确证的机会。有事可做,就该心存感激,就该敬业爱岗。让所有人有谋生与自立的能力,有一技之长服务于社群,教育应当为此做出努力。而作为高等教育,不仅要让学子们有寻找就业机会的能力,而且要让更多的人有创造就业机会的能力。在一个多元社会中,将会有更多的自由职业者。可见,有事可做与有一个固定的工作岗位还不是一个概念。全副心身投入地做一件事情,是生命积极的存在状态。

美好生活的第三个元素是身边有亲友。人是社会的存在和精神的存在。每一个人都需要有情感的归属。“人字的结构就是相互支撑”,友情、亲情、爱情,是生活中的阳光。正因为友情、亲情、爱情对于生活是如此重要,古代文人才会有那么多表达羁旅乡愁的诗章,才会把“他乡遇故知”作为人生一大乐事。我们说,善待他人,首先是善待我们身边的人,善待我们的亲朋好友。“人生幸福三诀：第一不要拿自己的错误惩罚自己；第二不要拿别人的错误惩罚自己；第三不要拿自己的错误惩罚别人”。这是老作家张允和总结出的人生幸福秘诀，值得我们细细玩味。

第四是家中有积蓄。天有不测风云，有一定的积蓄，我们就多了一份从容应对意外事件的能力和底气，而不至于在重大变故面前束手无策。勤俭持家仍然是值得倡导的。在我们的国家，特别是在广大农村地区，仍有许多家庭是家徒四壁、一贫如洗。贫穷是我们心中永远的痛。让所有的人都富裕起来，也是好社会的追求目标和重要特征。

美好生活的“无”，首先是心中没有恐惧。在一个法治社会，法律之内人人自由。只要你堂堂正正地做人，遵纪守法，一切都光明正大，只要不做违法的事，你就没有什么可害怕的。虽然有时候我们所做的事情不能尽如人意，但能够做到无愧吾心也就可以了，有道是“树正不怕月影斜”。在朗朗乾坤下，真的假不了，假的也真不了。当然，“恐惧”与“敬畏”是两个概念，我们需要对神秘和神圣的事物保持敬畏。假如一个人，心中没有敬畏感，如果他天不怕地不怕，那这个人就会很可怕。

其次是监狱无犯人。也就是说你的亲人中，没有谁是犯罪分子，没有谁是一个极不道德的人以至丧尽天良、违法乱纪。亲人之间的相互关爱、无私给予、真诚劝勉，都是减少犯罪的重要的亲情防线。

再次是医院无病人。健康是幸福生活的一大基石。虽然生老病死是人生不可避免的，但我们如果更多地过健康文明的生活，注重日常保健和养生，包括适量运动和合理膳食，我们就更可能远离疾病的侵扰。

最后是身边无仇敌。如果你为人宽厚，比较有仁爱的精神，一般不会有非常仇视你的人，更不会有不共戴天的仇敌。和谐、融洽的人际关系，是美好生活的一个重要条件。对他人多一点发自内心的尊重、信任和宽容，多一点友善和关爱，我们就会看到更多的微笑，在生活中感受更多的阳光。

套用托尔斯泰的名言：幸福的人生是相似的，不幸的人生却各有各的不幸。幸福的人生拥有一切美好的东西，而不幸的人生不该有的东西有，该有的东西却可能缺乏。尽管许多事情不在我们的掌握之中——在人生际遇中，常会有"无奈朝来寒雨晚来风"，但人生也是可以并且需要用心打理和经营的，理性地生活，认真地生活，负责任地生活，有创意地生活，才可能会有舒心的生活、完美的生活。

71 身外之物与身内之物

人们常说，金钱、财富、荣誉、权势、地位等等都不过是身外之物，生不带来，死不带去。既然有身外之物，必定有身内之物，否则人就成为空无一物的酒囊饭袋，亦或是行尸走肉。

身内之物包括些什么？在我看来，应该包括信仰、希望、爱心、智慧、节操、内心的明敏、理智的好奇心、探索的冲动、生活的激情、灵修与高峰体验、生命的境界、个性的魅力等等，概括地说，就是思想与情怀。

在过往的人类历史中，身外之物与身内之物在绝大多数时候都很难取得平衡，特别是在一个不健全的社会中可能还会严重地冲突着、分裂着。于是诗人便有“高尚是高尚者的墓志铭，卑鄙是卑鄙者的通行证”(北岛)的慨叹。你看那些“先富起来”的“暴发户”们，又有多少是靠着诚实的劳动和智慧获得财富的，更多的是靠非法手段——钻政策的空子、官商勾结、偷税漏税、坑蒙拐骗……这也许是市场经济初期的必然现象吧。

身外之物是可见的，可度量的，所以就有人以此招摇过市、耀武扬威，作为在人前炫耀的资本。身内之物虽然看不见，却是人之为人的根本，是赢得人们发自内心尊重的唯一的原因。比如，心地开阔之人总是能以宽厚之心待人,所以人们都乐于与他亲近交往。正如韩愈在《原毁》中所说:“古之君子,其责己也重以周,其待人也轻以约。重以周,故不怠;轻以约,故人乐为善。”可见,胸怀大度是一种高尚的品质,是身内之物充实和丰盈的表现,它能够容万物于胸襟,萌和善于心田,在博大中显出深沉与完美。在沧海桑田的世上,胸怀大度者在宽容别人的同时也升华了自己, 世间也因他们多了祥和与宁静。只有身外之物的人,暗地里一定会觉得自己贫困不堪。是的,摆脱了生存危机并不就意味着摆脱了贫困。

当然, 身外之物与身内之物并不是绝对对立的,而是可以转化的。富,然后贵;贫,更多地与“贱”相联。物质上富有的人,更有可能表现出大气,不斤斤计较。但的确有一些人,他再有钱,骨子里仍是一个乞丐,金钱上的富有无法转化为他“人格上的强健”。

影响我们个人行为选择的因素无外乎天理、国法、人情、权势(功利)。所谓“天理”,就是指人们的信仰、普遍化的道德原则,就是康德说的“绝对命令”。在一个健全的社会中,在这四者之中,最具影响力的因素应该是天理,其次是国法,再次才是人情,最不起作用的是权势。良善的法律应当是既遵从着天理,又顺乎着人情。人情既包括人之常情——人们普遍的感情, 又包括着私情——在人类的普遍关系之外,总会有个人独特的人情关系,总会有一些私交,一些“特别的爱”与“特别的你”。权势与功利相连。人们都有趋利避害的本能。即使是再高尚的人,也会在不违背天理、国法和人情的前提下追求利益的最大化。而在一个不健全的社会中, 天理、国法、人情,都大不过权势。中国的专制社会,就是一个真实的写照。

一个好社会，一定是珍视人们身内之物的社会,也一定是一个使人们身内之物与身外之物相协调和相一致的社会——身外之物是身内之物的确证与表征。如果一个社会是那些没有良知、没有智慧、不讲道义、不顾廉耻的人拥有更多的财富,掌控着公共权力,那这个社会一定是一个充满不幸、弱肉强食、缺乏凝聚力的社会。

在一个多元社会中,一个有良知、有头脑、有眼光、有真本事的人,一定会是一个成功的人,因为多元社会必定是一个“是金子就一定会闪光”的社会、一个不存在人身依附的社会。一个人真正拥有的财富是不能转移进来,也不能被剥夺走的。在一个健全的社会中,没有人可以打倒你，除非你自己。你也不需要谁给予你机会,活着,健康地活着,对你来说就是机会。一个身内之物充实和丰盈的人,一定是一个物质富有、口碑很好、受人尊敬和信任的人。我非常认同这样一个观点:男人的魅力源于境界,女人的魅力源于情调。而无论是境界,还是情调,都无疑是身内之物。

歌唱是心灵的阳光 72

在我看来，一个人可以不会弹钢琴，不会拉小提琴，也可以不会吹萨克斯，不会打架子鼓，不识五线谱，甚至不识简谱，但一定要热爱唱歌。我固执地认为，一个热爱歌唱的人，再坏也一定有限。好歌是人生中芳香四溢、历久弥新的行囊。当我们的心中流淌着美妙的旋律时，我们会更有底气去面对人生的失意、困顿、挫折与沮丧。

歌唱曾给我带来过无尽的快乐和遐想。上中学时，学校欢庆集会上，一位姓何的女同学用高亢、嘹亮的嗓音唱起的《我爱呼伦贝尔大草原》，使我对草原的辽阔有一种心驰神往。2002年冬天，从海拉尔到满洲里，一路穿过呼伦贝尔大草原，白雪覆盖下一望无际的草原成了广袤的雪原，显得肃穆而静谧。

80年春节刚过的大年初五，就回到学校复习备考。刚恢复高考的第四年，升学竞争异常激烈。同学们大多都住在学校，天刚蒙蒙亮，我们就起床了。青春飞扬的女同学一边提着冒着热气的洗脸水，一边唱着《边疆的泉水清又纯》，这是当时最流行的歌——电影《黑三角》的主题歌，学习的压力、生活的艰苦被甜美的歌声消解得无影无踪。

上大学后，每当听到旋律优美的歌曲，如《北京颂歌》《战士的第二故乡》《每当走过咖啡屋》《迟到》，总会想方设法弄到磁带，反复地听直到会唱，沉醉在美妙的歌声里，美好的心情往往能延续数天，因为青春，因为歌唱，快乐就是这样简单。

当我初次听刘欢唱《人生第一次》时，我被感动得泪流满面，“我第一次听到的哟，是你的喊；我第一次看到的哟，是你的脸……不论我走到哪里，总把你思念；即使我抱上了儿孙，我还是你的铁蛋蛋”，这是一首对母爱与亲情深切礼赞的歌。当我每次听《洪湖赤卫队》的女主角唱“娘啊，儿死后，你要把儿埋在那洪湖边，让儿的坟墓向东方……”，亲人之间生离死别的那种撕心裂肺、那种锥心之痛总是让我禁不住热泪盈眶。我相信这回忆会在数十年后的某一个夜晚，在我饱经风霜的嘴角上，在我泪眼朦胧的眼里，重新绽放出青春的笑容。

我认为在中小学作为校本课程的开发，歌词的赏析就是一个很好的选题。歌词不同于诗词，不同于学术语言，它比较平实和舒展；又不同于日常生活的语言，它比较凝练和雅致；更不同于市井语言，俚俗的语言；它可以陶冶情性，可以培养趣味，可以让人感受到语言的魅力。写得好的歌词真的是举不胜举：“人字的结构就是相互支撑”，“美丽的月光不属于流泪的双眼”，“春天已准时的到来，你的心窗打没打开？对着蓝天许个心愿，阳光就会照进来”，“我所能想到的最浪漫的事，就是陪着你一起慢慢变老”，“因为路过你的路，因为苦过你的苦，因为追逐着你的追逐，因为幸福着你的幸福”，“许久以来平淡日子的夜晚，你是我心中拥有的企盼”，“同样的感受给了我们同样的渴望，同样的欢乐给了我们同一首歌”，

“我们对着太阳说，信念不会改变；我们对着大地说，生活总会改变；我们对着长江说，追求不会改变；我们对着黄河说，贫穷总会改变”……有太多太多优美、精致、隽永的歌词，当我们赏析和积累这些歌词时，我们也就在蕴积思想和情怀。真正的好歌是永不过时的。它们不应被遗忘，被捐弃，而应世代相传，像古文物一样加以珍惜保护，成为永恒不朽的人类精神宝藏。

“我多想回到他乡，又回来她的身旁，让她的温柔与善良，抚平我的心伤”(《在他乡》)，美好的情怀与忧伤的旋律，就像一缕阳光温暖和明亮着我的心，让我想起远方的她深情的眼眸，想起我们拥有的心灵之约。听着听着，仿佛自己那颗因岁月的磨蚀而衰微的心，被激活而重新跳动起来。仿佛追随着它，回到自己的青春年代，和一群意趣相投的朋友相聚，齐声欢唱共同喜爱的歌。也许有一天，在月光如水的夜晚，在凄清的客栈，在摇晃的轮船上，我们的泪水就会在这样的歌声中悄然滑落。

一个人的经历总会影响着他对世界的看法。今天，我提出学校就应该“笑声朗朗，书声朗朗，歌声朗朗”，这一主张源于我切身的体验。

让我们一同来欣赏《花街》的歌词吧，让我们再一次感受歌词的魅力：

“心里有一条开满花的街，街头有一弯水一样的月，月亮下面是柔情中的你，有你的时候是多美丽的夜。

“心里有一条开满花的街，街上有一场下不完的雪，雪花下面是不说话的你，我和你好像隔着一个世界。

“我站在如此遥远的地方，看花开花谢看流光飞泻，我站在如此遥远的地方，是情真意切是感伤离别。”

细节的记忆 73

一

夏日的午后，走过校园板报栏，不经意地看到这样一句话："人与人之间的关系，是一切社会存续的基础"，不禁怦然心动，抬头望天空，似乎才发现路旁的柏杨树是那样挺拔，浓绿的树叶，在灿烂阳光下更显得青翠欲滴。很有兴致地哼起《编辑部的故事》的主题歌："人字的结构就是相互支撑。"

二

在地铁列车上，我默默地端详着对面坐着的一排人的容颜，不禁窃笑。似乎才猛然发现，人与人之间在相貌上的差异竟是如此之大。造物主在人的面部这样一块方寸之地，创造出如此众多的生动面孔，是一种何等巨大的奇迹。自人类产生以来，在我们这个星球上，曾存在过的人至少有几千亿了吧，而完全相同的面孔恐怕是少之又少的。造物主是否在向人类昭示：人类本来就是具有无限的多样性的，人类应该珍视这种多样性，因为这是人类文明进步的巨大源泉。

三

这已是80年代末的事了。与好友久未谋面，相约下午四点积水潭地铁站一晤。三点五十匆匆赶到，还好，对方尚未到。四点到了，仍不见对方踪影，“也许交通拥挤，不会那么准时”，我这样自我安慰。然而，一列又一列地铁载着满满一车希望而来，又载着满满的一车希望而去。“也许就在下一列地铁上”，我想象着我们见面时的种种可能。半个小时过去了，一个小时过去了，揣测着他迟到的种种可能，仍坚持着。时间已近六点，希望已变得愈益渺茫。当最后满怀失望往回走时，我仿佛觉得这是一种象征：生命中总会有许多无望的等候，许多徒劳的追求。

四

新学期伊始，去看望我研究生时的导师。闲谈中，先生说到小品文写得好，不仅需要学识，更需要才情。较之于学术论文，它更能表现作者的个性与情怀。继而谈到，说他最近读到一篇颇值玩味的小文。忙找来让我一阅，我一见该文，便不无得意地说“正是弟子所写”。先生默然无语，相视一笑，尽在不言之中。

五

我曾问一位玉洁冰清的女子：“近半年内是否流过泪？”她说：“有过的。”“因为什么？”“因为看书。”呵，书中还有眼泪。宋朝那位真宗皇帝有诗云：“书中自有千钟粟”，“书中自有黄金屋”，“书中自有颜如玉”，“书中车马多簇簇”，在这位万岁爷眼里，书中有的是清一色的荣华富贵，其实，书中有什么，在很大程度上取决于我们自己，书籍只是照亮我们内心世界的光源。正因为如此，鲁迅先生才会说“同是一部《红楼梦》，经学家看到的是易，道学家看到的是淫，才子看到的是缠绵，革命家看到的是排满，流言家看到的是宫闱秘事”。

六

有一天，我问我刚上小学一年级才几个星期的儿子：“谁是你生命中最重要的人？”他几乎是不假思索地回答：“爸爸、妈妈、爷爷、奶奶、老师。”对于儿子的回答，他能提及老师，我略感意外和惊喜：“是啊，老师和你们小朋友朝夕相处，和你们一起学习，帮助你们理解你们不明白的事情和道理，老师影响着你们的成长，老师当然是你生命中的重要人物。”这么小的孩子就能意识到老师是他生命中的最重要人物，教师的职业真的很神圣，很崇高，很有内在的尊严。

74 给青年学生的忠告

青年、中年、老年，各自拥有一份独特的美感，一种深长的况味。青春时光，便是生命之树的根部，应该悉心照料呵护，培土施肥浇水，这些就是知识的汲取，人格的蓄养，智慧的培育。我已步入中年，生命渐入佳境。品味人生，感慨良多。我希望年轻人以夯实整个人生的根基为出发点，趁着春光正好，努力为生命的饱满丰盈注入些什么！

1. 信仰第一，健康第二，学问（事业）第三。而亲情、爱情、友情当融渗于三者之中。如果没有信仰，再健康的身体也不过是没有灵魂的行尸走肉，所有的情也都注定不会那么纯洁，而会深深地打下功利与市侩的印记。

2. 要始终对那些灵魂高贵者怀着崇仰的心情，而要远离那些政客，他们没有节操，没有灵魂，他们不过是些善于钻营和逢迎的势利小人。

3. 不要过多地谈论琐屑和庸俗的事情，譬如娱乐圈内的绯闻。谈论琐屑和庸俗的事情，慢慢地就会变得琐屑和庸俗。心地要宽平，见识要卓越，气象要宏大，践履要笃实。

4. 人生是一个不可逆转的行程。要相信你会变得越来越有力量，重要的是把今天的日子过得充实和美好。生命是你自己的，心情也是你自己的，自然，快乐也是你自己的。记住：快乐是一种美德。

5. 要关注民族、国家及人类的未来，要尽可能地做一些能够增进人类总体福利的事情。一个人的价值实现的程度取决于对自我的超越程度。你生活的舞台愈宽广，你就愈会感到祖国的命运与我们息息相关。

6. 自觉地守护人类变得更加美好所依持的核心价值，诸如自由、民主、平等、博爱、人权。

7. “人字的结构就是相互支撑”，要善待你生命中的每一个人，并随时准备着去支持别人。

8. 要始终保持一种开放的心态。一个成功的人，一定是善于学习的人，向他人学习，向书本学习，向社会实践学习，从自我的经历中学习。

9. 不要为了某一种价值而罔顾其他价值，譬如，不要为了金钱而伤害亲情。人生需要在诸多的价值中取得平衡。

10. 爱护上苍赐予我们的一切，所有的财富也都是人类共有的财富。即使你将来变得十分富有，也不要占有太多。奉献是生命崇高的境界。

11. 即使一切都不改变，我们仍然有努力的空间，相信天道酬勤，相信水滴石穿；不要抱怨环境，学会正面思考，学会从积极的方面看待事情。

12. 你至少要有一个可以推心置腹、肝胆相照，甚至可以两肋插刀的朋友。朋友是我们走进另一个生命世界最可能的途径。赢得朋友的秘诀在于真情与宽容。

13. 乐于并学会与社会各阶层的人们交往，并保持自我的同一性和统一的生活哲学。

14. 不要将别人的忠告视为高高在上的说教，尽管生活的信念要靠经验去培植，但别人的经验也值得分享。只有登上山峰，人才会比山更高。

15. 为人要谦和平易，通达疏放，和善包容。这样才能化解人与人之间难以避免的嫌隙、责怨和敌视。

16. 学问变化气质，知识滋养人生。手头再紧，也要买书；工作再忙，也要读书；交情再浅，也要送书；房子再小，也要有书橱。

捌 自由的言说

ZI YOU DE YAN SHUO

75 我庆幸我是一介平民

我在京城20多年，老家的亲戚和邻里但凡升学、就业的事，都会想到我，希望我从中帮帮忙。可我总是坦率地告诉他们：我虽在京城，可我只是一介平民，一个普通得不能再普通的教师，没有一点点实权，真的是爱莫能助。我不知道他们怎么想，是不是会觉得我不近人情，“拒人于千里之外”，明哲保身之类的；或者，干脆就认为，你怎么混得那么惨，没有混出个人样，一点小忙都帮不了。

在帮人“请托”等方面，我真的是无能为力。一是我手中没有什么筹码去和别人交换，二是天生就不愿求人，欠别人的人情总觉得不踏实。我在做学术报告的时候，经常口若悬河、妙语连珠，可在日常生活中却显得有些笨嘴笨舌，不善言辞，特别在要去求别人办事的时候，总感觉张不开嘴。我经常用老子的“大辩若讷”来自我解嘲，自我安慰。

我工作了将近20年，我从来没有获得过什么特别的好的机会，本应该属于我的机会还经常被别人侵吞和抢夺了去。可是，我真的很庆幸自己是一介平民，特别是几乎每天都看到大大小小的贪官一个个被揪出来千夫所指的时候，我就庆幸我手中无权——无处可捞，无力去捞，真正的“贪污没机会，受贿没地位”，使自己能够睡安稳觉，能够心宽体胖地、无比踏实地生活着。我时常感觉到自己的富有——这并不是我拥有很多，而只是由于欲望不多、消费有限。我的每一分钱都无比纯洁，在阳光下都会熠熠生辉，因为那背后只有智慧和汗水。

在一个权力不被权力去监督的社会里，权力是极易导致腐败的，人在江边走，难以不湿鞋。君不见，致使那些官员倒下的根本原因，无一不是他们手中不受制约的权力。那些因腐败而身陷囹圄或命赴黄泉的人，也是值得怜悯和同情的。没有人生来就是一个罪人，也没有人希望自己成为一个罪人。尽管我并不是一个贪婪的人，但如果我拥有贪污和受贿的机会，我也不敢保证我能经受得住诱惑——一次两次也许可以抗拒，十次八次就难说了——那钱来得太容易了，我也许同样会心存侥幸。我庆幸我是一介平民。没有人对我溜须拍马、阿谀奉承，我看到的是真诚的笑脸，听到的是肺腑之言。我也没有任何必要去取悦他人，去说一些令人肉麻的言不由衷的话，更没必要请客送礼、贿赂他人。因为没有谁能够使一个平民变为“副平民”或“亚平民”。

你看那些八面风光、志得意满的人，也许他生活在恐惧之中，也许他要在铁窗中度过余生，权力使他们获得了许多暂时的利益和享乐，权力也锈蚀了他们的灵魂，并有可能带着他们走向地狱之门。我作为一个读书人，我庆幸我是一介平民，报考我的研究生的学子，都是些有“向学之心”的人，因为在我这里没有权力的荫庇，没有显赫的名声可供利用，唯有对于学问的兴趣和真诚，这反倒能够更好地彰显学术的尊严，更好地彰显为人之师的尊严。

因为我是平民，我就不太可能申请到重大课题（当然也就不可能成为为人不齿的“课题掮客”），成果也不易获大奖，但也由于不必为课题交差而东拼西凑，不必在观点上迎合别人，我的作品字里行间就会跳荡着更多的真诚，所以更能赢得读者的心，更能经受岁月的洗淘。我庆幸我是一介平民，我从来没有炫耀过我结识过某一位高官，我也从来没有请任何一位高官为我题词作序或是合影留念，更谈不上将合影悬挂在办公室醒目的地方。我是一介平民，我的祖先不可能是吸血鬼，我不必担心我会遭什么报应。我憎恶那些为了捞个一官半职而不顾廉耻的人，我鄙视那些有一点点权力就吆三喝四、专横跋扈的人。沈从文先生说：“我一生从不相信权力，只相信智慧。”权力有时真的会扭曲人性。

我庆幸我是一介平民，也许这其中有一种酸葡萄的心理，一种阿Q的“精神胜利法”，可问题是，人总得为自己的存在找一个理由。一个人可以为悦纳自我找诸般理由，只要不伤害他人，我们的《宪法》赋予每一个公民思想自由和信仰自由。

上苍给予我们每一个人以生命，如何善待自我，如何善待众生，如何服务社群，如何使生命变得充盈，如何最大程度地实现生命的价值，如何善待别人的信任——谨防权力的滥用，这是我们必须思考并体现在社会文化的建设——特别是制度建设中的。在廉政问题上，靠得住的唯有制度。这已逐渐成为了人们的共识，可究竟是什么妨碍了更为完善的制度的建设呢？这才是真正值得我们思考的。

我庆幸我是平民。套用亚伯拉罕·林肯的话说:上帝是青睐平民的,他才创造了如此众多的平民。

76 我所期盼的未来

“未来并不是我们想要去的某一个地方，未来就存在于我们今天的创造之中。并不既存着通向未来之路，通向未来的路在我们今天的创设之中。这个创造性的活动既改变着创造者自身，也改变着我们的目的地。”（澳大利亚未来委员会）未来是属于我们的，未来也是由我们今天创造的。我们每一个人都有想象未来并表达我们内心真实愿望的权利。思考未来并筹划未来，对未来负责，并进而未雨绸缪，是一个有良知的公民的责任。尽管我们期盼的未来不是某些人希望看到的——因为那样一个民主的、自由的、阳光明媚的未来会使他们的既得利益受损，要以他们特权的丧失为条件——但一个更人性、更平等、更公正、更美好的未来要靠我们通过自由充分的交流达成共识、形成合力，经由制度建设和社会的种种改良而实现。

·中国人口回落到六亿以下，实现人与自然之间的和谐。

·公民可以更多地参与公共事务的决策和管理，宪法赋予公民的包括结社自由和言论自由在内的权利能够落实在我们的日常生活之中。

·城乡差别消灭，“农民”一词不再是卑贱身份的标识，而是与田园风光、悠闲和自然相联系的富有诗意的词。

·人与人之间变得友善、信任与宽容，慈善事业成为广泛的群众基础、人们热衷参与的事业。

·假冒伪劣产品销声匿迹。

·“弱势群体”“文化处境不利的儿童”成为历史的陈迹。

·所有的儿童真正拥有幸福的童年，不再有过重的课业负担，不再有紧锁的眉头，不再有乞求的眼神，让所有的儿童都生活在爱的阳光中，感受到生活的幸福、美好。

·60%的同年人能够接受大学教育，15%的同年人能够接受研究生教育，实现高等教育的大众化。

·中国有一批世界一流的头脑。

·中国有一批拥有自主知识产权的企业和世界知名的品牌。

·中国人可以自由地出入国门，绝大多数人都有机会亲身感受异域文明。

·每一个家庭都有丰富的藏书，书评杂志和书评周刊广受人们的青睐。

·人们对“当官”不再趋之若鹜，也不再有很多的贪官。从政是为了展示个人的智慧和个性的魅力，而不是为了捞取好处。

·社会保障系统覆盖到所有国民，在中国的任何一个地方，再也看不到衣衫褴褛、蓬头垢面的乞讨者。

·英语水平的高低不再成为升学、晋升的条件，更不是自我炫耀的资本。

·智慧与德行成为一个人受人尊敬的唯一理由，领袖崇拜彻底地从我们的生活中消失。

·中国有几所世界一流的大学。大学成为社会思想与文化的引领者，而不再是衙门和少数人捞取好处的地方。

·“曾经圣人手，议论安敢到”成为历史的陈迹，新的思想和新的理论如雨后春笋，滋养着我们开放而又敏感的心灵。

……

每个人都渴望正义，希望生活在正义的阳光下，没有贪污，没有腐败，没有抢劫，没有以强凌弱，没有以权谋私……可是，在现实生活中，很多人会觉得正义太少，似乎头顶总是被那些阴云笼罩，喘不过气来。这其中有多种原因，怨天尤人和一味的指责都是不够的。其实，任何一种社会问题的出现，都有其社会根源。面对邪恶，我们除了做力所能及的斗争以外，更重要的是让自己成为一个充满正义感的人，不去沾染邪恶的习性，用自己的行动去感召身边的人。

我们的社会在变得越来越好，我们有充分的理由期待一个更加美好的未来，也正是因为有了对于未来、对于精神上唯美的追求，我们的精神世界才会变得更加瑰丽多姿。

非典时期的日记 77

4月22日 阴有小雨

今天绍兴本来安排一天的报告,可全国都要求取消大型集会。主办者承受着巨大的压力,将一天的报告压缩为半天。从绍兴回到北京,首都机场已是门可罗雀,北京真有些风声鹤唳。

4月23日 阴转晴

感觉到生活仿佛停滞了。哪儿也去不了,想见的人因为担心被感染,也只好等待。现在人们联络的方式真是很多,可直面的交谈仍是最可宝贵的。

4月24日 晴

天空晴朗,阳光灿烂。可人们的心头总有挥之不去的阴影,北京每天都有人死于"非典"。人们的生命安全受到威胁。在一些时候,我们可能无法找到有效的办法来解除威胁,但至少可以使人明白威胁的存在,而且应当告诉人们尽可能远离威胁。公民的知情权不容剥夺。要确保这一点, 新闻媒体肩负着光荣而神圣的使命;而要从根本上杜绝各种"瞒报事件"的发生,建立现代民主政治所要求的"透明政府"和"责任政府",已经是无可置疑的了。

4月25日 阴有小雨

电视里报道有人在“火线”入党。这多少给人一种有政治投机的嫌疑的感觉。救死扶伤是医务人员的天职，今天我们特别应该倡导的是岗位意识和敬业精神。职业在英文中可用“calling”一词来表示，它意味着上帝的召唤。“火线”入党，写请战书，表决心，我怎么就觉得有点别扭，隐隐约约觉得有点“文革”遗风在作祟。

4月26日 阴天

北京又新增确诊病例113例。情况愈来愈严重。收到一则朋友的短信:“淡淡的友情很真，淡淡的恋情很醉，淡淡的思念很深，淡淡的祝福很真，非典时期珍重。”这也许是下载的手机短信息，不过还是有一份深深的感动。

4月27日 阳光灿烂

在报上看到广东中医院护士长叶欣女士为救护非典病人以身殉职，心情非常沉重。在网上的“叶欣纪念馆”(http:yexin.chinaspirit.net.cn)看到了她的照片，她很美，很像我的一位广东的朋友。这更增添了我对她的不幸病故的遗憾和惋惜。我多次在网上留言，以排遣内心的感伤。“在阳光灿烂的日子里，没有了你灿烂的笑容；我们只有怀念，怀着深深的痛惜”；“真希望有在天之灵，希望你知道你用你的生命所换来的对你的崇仰，你将永恒”。

4月28日 天气晴好

今天是周一,本该我有课。因为怕人过于集中而传染,改变为学生自学为主。

中国的上个世纪20、30年代,是一个充满忧患与情趣的时代。忧患是全社会的,情趣却是属于知识界。读书人在忧患的岁月,更显智慧与优雅。令我们今天怀念的大家,都出在这个时代。

4月29日 晴,春暖花开

今天收到从南京寄来的《新教育周刊》,上面有对于我的采访,标题为《教育首先应该是"人"的教育》,上面有这样一段话:" 3月30日下午我去丹阳接肖川教授来高邮进行新课程改革讲座。课程改革是一项关系到几亿人、几代人的生命质量的宏大工程,肖教授的探索正是'始于不可能,始于例外,始于绝境的'。他虽然个儿不高、长得很朴实,但一眼看上去就意识到他身上有一种可贵的力量。为了不打扰他休息,我在车上很少和他说话,而他却一路用口哨吹着歌来到水做的高邮。31日,高邮大剧院座无虚席,倾听肖川的讲演。肖教授是收放白如、声情并茂的小巨人,始终突出如何培养一个完整的'人',大写的'人',培养一种乐于分享、善于沟通、服膺真理、勇于承担、敢于创新的性格。只见他口若悬河,左右逢源,语惊四座,而听众如沐春风,掌声如潮。接近中午,外面下起了大雨,听众都快乐地说:是肖教授春风化雨。乘讲座休息之余,笔者专访了肖川教授。"

高邮是汪曾祺先生的故乡,这使我对高邮有一种特别的好感。

4 月 30 日 晴

对于非典，政府是动真格的了。可政府无论在什么时候，都应该是有限政府。如果只顾目标是否正确，而不顾达到目标的手段是否正当，仍然是值得我们警惕的。非典在北京的流行，给我们一个深刻的教训就是：保持社会稳定固然是重要的，如果以隐瞒真相为手段，不尊重公众的知情权，后果将是严重的。公众的心理承受力，只有在开放的社会中才能健康地培养和发展。

5 月 1 日　天气晴好

这是一个非同寻常的“五一”。也好，人们可以静静地待在家里读书，或者彻底地休息。眷注内心，需要有一种闲适的心境，写作却是摆脱思想纠缠的一种方式。读书而不写作的人，就像吃草而不产奶的牛。

5 月 2 日　天气晴好

今天写了 6 篇小品文，很有成就感。我只要连续 3 天读书，不被杂事纷扰，文思就会像清澈的泉水，汩汩涌流。

在树影斑驳的阳台上读书与写作，内心宁谧而充实。上帝是公平的，她使清贫的读书人有丰富的精神世界：注重内心感受，崇尚内心的生活，热衷于与自我对话，关注心灵的成长与丰满，珍视思想与情怀，这就是读书人可以不假外求、“心底无私天地宽广”的法宝。

5 月 3 日

读吴冠中先生写的回忆文章《林风眠与潘天寿》，感慨良多。吴文写道:“艺术问题往往都是个案问题,理论欲概以全,反失之偏。”

世事沧桑,人海沉浮,林、潘都是大家,也都早已离我们远去,可他们的人格与情操仍令人肃然起敬。要成为一般意义上的成功者是不难的,但要成为大家,不仅要有天赋、勤奋和机遇,还要有胸怀和气度。相比之下,林、潘那个时代的人更有胸怀,这可能与家世有关。对于人格的形成,童年的经历是最具有决定意义的。人们从小不假思索学到的东西将影响他整个的一生, 正是:少壮不努力,老大徒伤悲。

5月4日

看电视连续剧《走向共和》,又一次加深了我对于专制制度的切齿痛恨。中国历史上哪一个男人最可耻、最可恨,恐怕难有定论,但那拉氏是中国历史上最可耻、最可恨、最该下地狱的女人,这恐怕可成定论。

在专制社会中,只有最高统治者一个人是人,其他人都是奴才,甚至是奴才的奴才。认真地读一读鲁迅,读一读他对于专制制度的深刻批判,这对于推进民主政治的建设无疑大有裨益。

5月5日

在 SARS 的阴影下, 我们更多地体味着自己的内心——平静、恐惧、孤独、忧伤……脱离了纷繁的日常生活,这些情绪来得如此清晰而强烈。或者,是多种情绪的混杂。无可否认的,爱情、友情、家庭,毕竟是人生中重要的方面。也许,是对生命本身的留恋,使得我们褪去了张扬的欲望，关注手边凡俗的幸福，我们也感受了更多的人情温暖。

对于物欲的再评价，对于异化的重新审视，对于古老人情的再考量，应该属于文化和文明建设的范畴，而不应止于偶然的“重现的时光”。

…………

我们已经进入 SARS 后—— 一个正在引起更多人深刻反思的时期。从究竟“对谁负责”的社会体制，直到每一个是否能对他人负责的个体；从国家的预警系统、监督机制，到尚待提高的国民素质；从政府处理突发性灾难的综合能力，到我们每个人的心理承受能力；从全民防疫体系的健全和完善，到改变我们习以为常的种种生活陋习——华夏大地究竟在哪些皱褶里，暗藏着我们经年日久视而不见的漏洞与缝隙，终于使 SARS 得以趁虚而入并大肆蔓延？

SARS 病魔已渐渐远了！经历了一种特殊生命体验的人们，终于可以吟咏席慕容那首清新明丽的《禅意》了：“生命原本是不断地受伤，与不断地复原，世界依然是一个，等待着我们成熟的果园，天这样蓝，树这样绿，生命原本是这样的，安宁与美丽。”

其实，从我个人而言，我还真有点感谢 SARS，使我可以从容不迫地读书和写作，重新回到那种闲适的生活中。

以公民的名义 78

在民主社会中，“公民”是一个神圣的字眼。“公民”区别于“臣民”。当代哲学家罗尔斯(J·Rawls)认为，自由平等和充分介入社会合作是公民的两个基本要素。在我看来，公民的权益是否得到尊重和保护，是衡量一个政府是不是责任政府的重要标准。

在我们今天的社会中，如果是严重的刑事案件，你拨打110，警察可能很快出动。如果你遇到不那么严重的不法商贩坑蒙拐骗的事，要投诉的话那可就难了。这样的事我经历过无数次。各个部门之间相互推诿，或者录音电话复杂的程序，足以使你觉得更可恶的是这些行政执法部门，而不是不法商贩。

难怪一些不法商贩可以十分嚣张地说：你去告吧，爱上哪里告上哪里告。朗朗乾坤下真的就没有说理的地方。出现这种情况只可能有两种解释：一是那些执法管理部门的人，多一事不如少一事，能推则推，反正没有谁会来过问这类“小事”的处理情况，处理不处理这些事情于他们利益毫无影响；二是这些执法部门与不法商贩之间有内部交易，沆瀣一气，狼狈为奸，坑害民众，执法者可以从中渔利。

在我们的国家里，公务员在总人口中的比例，恐怕是世界上最高的之一，但真正当普通公民遭受不公正对待时，那可是真正的投告无门。我们的行政执法部门的人究竟在干什么呢？毫不夸张地说，我们一些机关的公务员真是“水”得很，他们的日常“工作”不过是“喝喝茶水，玩玩山水，领领薪水，品品酒水”。有民谣曰：“一杯茶水一支烟，一张报纸看半天。”可以断言的是，由这样一些人肯定支撑不起一个责任政府。

高级官员们不会遇到“坑蒙拐骗”这样一些事情，因为他们不再需要与可能违法违规的商家们打交道，更接触不到那些低级的骗子。他们过去是普通公民时也可能遇到过受冤屈的事，可那早已成了写回忆录的逸闻趣事，激愤的情绪早已了无踪影，所以他们对于普通公民生活的艰难、生活的极端的不便利，已经难以有切肤之感了。他们要么对于这类事情毫不知情，要么觉得这样一些小事不足挂齿。

可是，一个人对待社会的态度，是建立在细微的、日常的生活经验之上的，从建立一个祥和、友善、尊重和信任的人与人的关系来说，小事不小。我们整天鼓噪着加强未成年人的思想道德教育，可不道德的成年人能培养出道德的未成年人吗？如果普通公民的合法权益受不到切实的保护，假如一个人没有觉得这个国家是可爱的，关于爱国主义教育的效果就可想而知。爱国主义教育要有比较好的效果，重要的是让每一个人真切地感到：社会是我们的社会，国家是我们的国家，国家是我们每个人合法权益切实的保护者。

我不知道我们的国家的领导人是不是知道这样一个事实：当普通公民有愤懑和委屈时，几乎没有宣泄一下情绪的渠道,你不能游行,也不能罢工,你不能写大字报,你不能有过激行为(当然跳楼、自杀除外),甚至不能有过激的言论。那些合法的渠道,比如投诉和上访,不仅成本极高——光时间你就耗不起，而且往往没有下文。这样日积月累积累起来的消极情绪就可以危及我们社会的稳定,危及我们社会的可持续发展。还有,我们媒体上整天宣传的“以人为本”“幸福生活”又何从谈起?!

我们正走在通往法治国家的大道上,法律为每位公民划定了权利与义务,也为政府圈定了责任与担当。公民自愿接受政府的管理,并向国家缴纳税款承担政府开支,就是将维护社会秩序的责任转交给了政府。如果我们的各级官员都是由上级命任的,那他就只会对“上”负责而不对普通的公民负责,因为普通公民无法影响他们仕途的升迁。这样的体制下,“为人民服务”就只能成为一句令人厌恶的假话和空话。难怪有良知的学者会尖锐地指出:“我们现在的政府职能转变远远没有达到市场经济的应有要求,解决政府权力过多过大过滥的问题还有很长的、关键性的步骤没有跨越过去。”(童大焕)用制度来保证公务员对普通公民负责,发达的国家早已有行之有效的措施和制度,在强调国际接轨的今天,在这一问题上为什么不接轨呢? 如果说,具体的一个一个的人是水,社会是舟,而水能载舟,亦能覆舟。这是千年古训,值得记起。

我谨以公民的名义，吁请尽快建立起一个责任政府,一个让所有公民的权利免受不法侵犯的政府,一个各司其职、廉洁高效的政府。

79 片面之辞

·一个伟大的人物,在才智、个性或品格方面一定有过人之处，你可能因为机遇和偶然成为巨富和名人,但绝不可能因为偶然而成为伟人。

·对于真诚的渴求、对于探索的兴趣中包涵着善的价值。对整个人类和一个民族而言,在文明战胜野蛮、光明取代黑暗、理性驱除愚昧的脚步中,蕴藏着对于崇高、道义与良知的吁求。

·自从一位名人说过“计算机要从娃娃抓起”以后，要“从娃娃抓起”就成为了一句套话,什么都“从娃娃抓起”,我们的娃娃恐怕迟早会被抓死的。还是慎提“从娃娃抓起”为好。

·我们总是担心孩子们“不学好”,总是担心他们会“变坏”,好像人与生俱来就有变坏的本能,于是需要我们成人——曾经的儿童——耳提面命,谆谆教诲。其实，俗话说得好:“好孩子是夸出来的。”

·因人设岗是人治传统的表现。现在一些机关出现了一个新的角色,名曰“调研员”。所谓“调研员”其实就是些既上不去,又下不来的政府冗员,他们真正被“吊”(调)在那里了。

·把一件事情上升到“政治高度”,早已成为一些掌握公权的人统一公众认识的撒手锏。凡事一旦上升到“政治高度”，其他一切工作都得给搞好这件事情让路，而这件事也立即成了一切工作的中心。这就是典型话语霸权。

·诗人气质对于人文学者和教师来说，都是一个宝贵的资质，但对于政治家来说却不是。政治家需要的是科学精神，特别是求真务实的品格，这也是区分政治家与政客的一个标准。

·撒谎和欺瞒是美国领导人的大忌。昔日总统尼克松，虽然兼备聪明才智和战略眼光，却深为美国人痛恨，原因就是他在“水门事件”上说了谎话，被美国人视为用“秘密而肮脏”的手段解决问题。美国有揭露撒谎和欺瞒的机制，可并不是所有国家都有。

·诗人气质对于文人来说，是一个可贵的品质，但对于政治人物来说却不是，因为决策需要的是冷静与理性，慎密的推理和全面的考量。

·“贤人政治”之所以靠不住，不仅在于“贤人”可能经不住诱惑而堕落，也在于贪官可以把自己伪装成“满口的仁义道德，一肚子男盗女娼”的正人君子。

·我们每一个人都有低极趣味的需要，只是我们习惯了道貌岸然而不敢承认罢了。其实，承认自己有低极趣味的需要，并不妨碍我们去成为一个高尚的人。

·中国至今仍是一个官本位的社会，就连大学的许多人也都要削尖了脑袋捞个一官半职。大学里各种各样的“长”，其实大多是些学问做不下去的人。如果学问做得好，又何必去当个什么“长”？（不过，鄙人连工会小组长都没当过，可也才摸着做学问的门边。）

·说教不仅是伪善的表现，也是肤浅和平庸的表现，是典型的“学问不够，‘政治’来凑”的变种。

·敬畏感是宗教情怀的一个重要元素。一个有着健全人格的人需要有一种敬畏感。如果一个人天不怕地不怕，那这个人就会很可怕。我们过去的无神论教育恐怕要对今天我们社会中触目惊心的道德沦丧负责任。

·成长才是儿童生命的主题，成长固然离不开学习，但除了学习，还需要有足够的休息、充分的睡眠、尽情的嬉戏，以至追逐、打闹、做白日梦和“面对着天空发呆”。

·我们这个民族是一个缺乏理论修养和深厚的理性精神的民族，这既是我们落后的原因，也是我们落后的表现。

·对于我们这个民族尖锐的批判意见，很容易被人扣上“民族虚无主义”的帽子。幸好有鲁迅先生的话语在，我们这些没有背景的人还可以发表点片面之辞。其实是“爱之愈深，责之愈切”，有人好像就是不明白这个道理。

·学校是一种社会机构，她的文化精神决定着她的品质，学校就应该笑声朗朗、书声朗朗、歌声朗朗。可我们许多学校却是死气沉沉，学生们是心事重重，暮气沉沉。

·我们每个人都是一个潜在的专制者，只是有没有机会的问题，因为我们没有受过民主思想的洗礼，没有经历过真正的民主生活，我们的性格中或多或少携带着专制主义的病毒。

·“很忙”是一些人表白自己地位显赫、身位优越的口头禅，可“忙”是“心”字旁一个“亡”字。心都死了，忙又是为了什么?

·各种各样的“奖”基本上不是评出来的。所谓“评奖”,确切地讲,是“分”奖。至于评委们的坐地分赃还不在此列。

·我们生活在都市由钢筋水泥所构筑的丛林之中,落日的余霞已远离了我们的视野,甚至连灿烂的星空也在都市明丽的灯火里消逝得无影无踪,我们很少能够看到 “一轮明月耀天心”的绚丽景象了。

·无论是男人还是女人, 永远不要把对方想得太完美,不管她有多么美丽的容颜,也不管他有多么绚烂的光环。既然是人,谁也逃不脱人性的弱点。早早地看清楚这一点,免得日后失望。

·“好人”的一个有意味的定义就是“好玩之人”。这一定义强调了人生的趣味。较之于人们普遍认可的“好人就是那些奉献多于索取的人”这一理解来,有更高的生命境界。其实,希望别人奉献,是我们普遍的心理,因为我们可以从中受益,这多少可以折射出我们内心的暗昧和人性的弱点。

·有民谚云:“可怜之人,必有可恨之处。”这固然有一点道理,但也充分地反映出我们的文化中宽恕与博爱元素的稀缺。

·人世间让我们为之动容的总是那些充满本色的事物,比如星光,比如彩云,比如细雨斜阳。假如连这些都不能唤起对于生活的热爱和礼赞,生命是多么枯长。

·“猝然临之而不惊,无故加之而不怒”是崇高的生命境界。急躁和易怒其实都是有情绪障碍的表现。

·讲究信用会降低交易成本, 从而使社会整体效益最大化;违约和欺骗会增大交易成本,最终损害双方的利益。让骗子无处藏身,让欺诈者血本无归,因为他们不仅损害了社会的整体利益,更重要的是它毒化了人际关系,进而毒化人们的心灵。

·中国有推行愚民政策的传统，欺上瞒下更是一些官吏的鬼蜮伎俩。尊重公民的知情权,是民主社会的重要特征。其实,在绝大多数情况下,公布真相也许会有一定的副作用,但掩盖真相的副作用无疑会恶劣得多。

·由于每一个人的天资、禀赋、家世、经历的不同,也由于无数的偶然和不可抗拒的力量,每一个人都走着不同的路,追求着不同的目标。正因为如此,世界才如此丰富多彩,安宁而充满活力。倘若大家走着同一条路,那就会拥挤不堪,就会充满纷争和嫉恨,甚至是血腥和杀戮。孔子说“君子和而不同,小人同而不和”,人与人融洽和谐的关系,需要以足够的物理空间和心理空间为条件。

·在我看来,市场经济和资本主义是同义词,可在当今的中国,市场经济却仍未脱离“仕场经济”的窠臼,这也是腐败大量产生的根本原因。深圳有关机构“推荐”学生看一位高官的女儿制作并主演的影片,再一次暴露了“仕场经济”的丑恶本质。

·过去,我们习惯于说西方国家的种种弊端,以满足我们虚假的优势感。其实,我们应该更多地发现异质文明中那些积极的东西,以此作为参照物,用来反衬我们社会文化中存在的问题，这才是自信和富有智慧的表现。

·时尚传媒不遗余力地传销时尚——铺张与挥霍,而眷注心灵的高尚人士力促人们过简单生活,倡导节俭与朴素。各敲各的锣,各唱各的调。社会就是这样在为人们提供多种多样的价值观和生活方式的选择之中迈向更加理性与文明。

·不论我们是否参观了圣寺或是皈依任何特别的信仰,我们都是精神的生物。我们都有与人分享意义的需要,并渴望了解别人内心的生活。当精神发育受到扭曲而发生病变时,才会出现一种窥探癖。

·学生告状,这样的事情在我们的学校中往往得到鼓励,这样做的后果,就是不让学生学会自己去面对问题和冲突,而是诉诸强权,形成阴暗的人格,不利于学生正直和磊落的人格培养。

·我不相信中国历史上有什么真正的“太平盛世”,用鲁迅先生的话说,不过是“做稳了奴隶的时代”。什么“打天下,坐江山”,什么“太平盛世”,这些观念都散发着浓厚的改朝换代的腐臭气息,与民主政治的观念相去十万八千里,需要我们来一次彻底的清理,让我们对这样的腐臭观念弃之如敝屣。

·“极左”的实质就是狭隘、平庸、肤浅,就是自私、假正经。“极左”中找不到人道、尊严与人性的闪光,有的只是冷酷、阴险和邪恶。

·我对王朔的作品是基本肯定的,它的价值就在于对于中国文化中那些假道学、伪崇高的无情的嘲弄和讥讽。

·在过去很长一段时间,由于“无产”、由于“集体”永远优先于“个人”、由于“大锅饭”和“铲平主义”,个人的自主性和独立性被销蚀了,更遑论个性魅力。

·如果一个人不具有对于永恒的追求,那他就只会在乎眼前的利益，只会在乎各种低俗的欲望的满足，而不会有对历史负责的情愫；他的“道德”行为不过是“聪明人的远虑”，这样的人可能很有心机，但绝谈不上智慧。

·暧昧是一切美感的元素，大自然中许多“不明不白”要比“大明大白”更美好，如清晨的薄雾、黄昏的暮霭、月光下的田园、云岫里的丛树；两性之间的美感也必定需要一点暧昧。

80 一声叹息

·如今的报纸上爱提这样一句话：你如果 20 岁不年轻，30 岁不强壮，40 岁不富有，50 岁不睿智，那你这辈子就别想年轻、强壮、富有和睿智了。我们穷苦的农民兄弟，基本上是晚熟早衰，年轻、强壮、富有和睿智，这些对于他们都太奢侈了。

·中国大学里的教授，理工科的我不太熟悉，不敢妄加评论。文科的教授不少都是徒有虚名：他们不能作出任何一个有意味的命题，不能就任何一个问题作出有说服力的解释，甚至说不出一句能够打动人心的话……既没有学问，又没有才华。

·南宋的张载说："为天地立心，为生民立命，为往圣继绝学，为万世开太平。"这句话被广泛引用，作为中国传统知识分子具有高度的社会责任感的明证和显例。其实，这种过于浓烈的精英意识（甚至可以说是救世主意识），是特权意识进而是等级社会的心理基础。这种意识中是不太可能孕育出平等、民主和宽容的精神的。可这些携带有专制主义病毒的东西经常被当作优秀文化传统来弘扬。

·人口数量与资源之间尖锐的矛盾，是当今和未来相当一段时间内中国社会的主要矛盾之一。我们目前还没有解决这个矛盾的有效方法。在残酷的竞争压力之下，一个人从出世的那一刻起，就被抛入一个无休无止的大竞技场中。越是社会底层，年龄越小，压力越大。一个在过于强大的压力之下成长起来的人，是不太可能有平常心的，这也就意味着相当多的人不太可能有健康的人格。

·“权为民所用，情为民所系，利为民所谋”，在一些地方官员那里被习惯性地停在口头上，不但没有任何实际的行动，而且被用来作为敷衍上级、蒙混过关的口号。他们特别在意的是上级的喜怒，而非广大公众的疾苦，就因为他们的命运掌控在上级手中。对于这一事实，人们早有觉察，甚至深刻认识，就因为与一些人的现实利益密切相关，大家对此保持缄默。

·制度经济学家们认为，腐败是“公共权力的非公共运作”，是“利用公共权力达到私人目的”。山东泰安“胡建学案”被查处后，泰安市原市委书记胡建学坦白道：“官当到我们这一级别，就没有人能监督了。”也正是缺乏监督的权力，成了他们进入地狱的向导。

·重庆市农妇熊德明只因为对总理温家宝说了一句她丈夫的2000多元血汗钱被拖欠的真话，而成为新闻人物，可见在一个假话、空话、套话充斥的社会，说真话是何等稀缺，这是多么具有讽刺意味和令人悲哀。

·天随人愿，花好月圆是一个最古老也最美好的愿望。可生活中常常是“老天不肯遂人愿，天妒良缘终不长”，种种的不如人意，说不出也道不明。

·在一个研讨会的开幕式上，一个专家谈了许多个人的理性思考，可台下的听众却心不在焉，无所用心。这主要的原因，就在于大家的心态："开幕式"就是一个过场，一个仪式的要素，人们在乎的是形式，而不是内容。这也许可以视为"态度决定一切"的一种注释。

·如果我们没教孩子们任何她真正需要知道的东西，譬如：如何快乐地活着，如何与不同的人相处，如何面对冲突和挫折，如何有个人价值感和自尊心，而单教给她如何读、写、算，那又有多少意义？

81 同事之间

记得十年前，看过一部由牛振华主演的电影，片名叫《背靠背，脸对脸》，故事内容大致就是同事之间的“台上握手，台下踢脚”的面和心不和、相互倾轧、相互拆台的把戏与勾当。艺术源于生活，是对生活的提炼。现实生活中，从我个人的感受来说，一个单位的同事之间相互防范、相互挤兑、勾心斗角、人为地设置障碍的事简直是家常便饭。从小的方面说，这是我们的团队缺乏向心力、凝聚力的原因（其实，我们根本就不存在团队，“单位”这个概念最准确）；从大的方面说，这是中国落后的重要原因。我们大量的心思和精力都耗费在庸俗的、无聊的人际关系上了。

先贤们早有断言，“窝里斗”、内耗是中国人的劣根性。这些劣根性的背后是眼光短浅和心胸狭隘。而这又与中国几千年单一的、垂直的、等级的社会结构有关。孔子说：“君子和而不同，小人同而不和”，过于趋同，就容易导致相互忌恨、相互排斥的现象。我们知道，一个乞丐，他可能嫉妒另一个乞丐今天比他多乞讨到了 10 元钱，可他绝不会嫉妒一个亿万富翁今天又增加了几百万的财富，这就是所谓的“秋艳不招春妒”。可见，社会的多元化是多么重要，它不仅有利于社会的进步，也有利于个人内心的纯净和人格境界的提升。其实这两方面本来就是互为因果、互为条件的。

同事之间人际关系的不和谐，也有人类学上的原因。人是社会的动物，别看世界上有几十亿人，可真正与你有利害关系的就那么几个人，所以你整天琢磨的和整天琢磨你的人就那么几个。只是由于我们中国资源不丰富，生存竞争比较严酷，才会出现这种人际关系极度的不和谐的现象。当然，并不是所有的同事关系都不和谐，不同年龄、不同资历之间的同事关系一般会比较好，不和谐的现象主要存在于有竞争关系的同事之间。

我渴望人与人之间，首先是同事之间有一种明丽的、和谐的、融洽的关系，因为这影响着我们的生命质量和人格境界，影响着我们的心灵舒展和个性张扬，影响着我们工作的效率，影响着我们的文化创造力。为此，在许多事情上就需要做到公平、公正、公开，少一点暗箱操作，因为“阳光是最好的消毒剂”；多一点充分、真诚的沟通，多一点对人的尊重、理解和宽容；单位的主要领导多一点精神的追求，不搞小集团、小宗派；不把机会和荣誉过分地集中在少数人身上，从制度建设上铲除人身依附的土壤，少一点“扶持一小撮，打击一大片”的政策与措施，努力创造一种宽松、宽厚、宽容的心理氛围，营造一种不同风格、不同个性的人都能取得成功的环境。而要做到这些，又不能寄托在个人的人格修养上，民主恐怕是最为根本的一途。

82 大学的真相与真义

在当今的大学，是典型的“学而优，则仕”。部分的原因是“学而优者”比较有头脑、有才能，在群体中比较有声望，比较容易服众，所以“仕”。部分的原因是只有“仕”，才能获得更多的资源，比如巨额的课题经费、丰厚的奖励和炙手可热的学术权利，才不会受到歧视性的对待和被人欺侮，所以有人使出浑身解数一定要“仕”。“仕”那么几年，将四梁八柱给夯实停当，然后功成身退，接下来便是要风得风，要雨得雨，一切都在股掌之中。

公正地说，大学中有的领导是有境界和人格魅力的。王英杰先生曾经是北京师范大学的副校长，当然他也是一位优秀的学者。有一天因为工作关系，我和他通了一个电话，他言语间表现出的理性、公正、良好的判断力、敢于担待的品质、平和与责任感，令我对我们的社会有了更多的信心，令我真切地感到鲁迅先生讲的“民族的脊梁”确实的存在。

可有些人的“仕”是动机不纯的，比如学问做不下去了，“仕”一下捞点实际的好处，还标榜自己是奉献，真有些得了便宜还卖乖的味道。其实所有人的选择都是利害权衡的结果，只要不违法乱纪，也都无可厚非。可问题是那些学术创造力萎缩的人，会对那些有学术创造力的人怀有一种忌恨的心理，会利用一切可能的机会打压，甚至迫害后者。这既非杞人忧天，也并非无中生有。

大学也是人的地方。有人的地方就会有恩恩怨怨、是是非非，就会有正义与邪恶的较量，光明与黑暗的比拼。大学作为一种社会组织和社会机构，总得有人来做领导和从事管理的工作。不过，大家削尖了脑袋要去“仕”，肯定不是一种健康的现象。从理论上来说，应该有一个好的机制把那些有领导和管理才能而又公正无私的人遴选出来，把他们推上领导岗位。

大学中处境最不利的是那些有文化创造力、有“自由之意志、独立之人格”的人。他们不善于钻营，不“傍大款”，不搞人身依附，他们不属于“谁谁谁的人”，他们还时常有点惊世骇俗的个人看法，惹得某些人不快，他们率性而为，他们书生气十足，他们没有靠山，没有背景，这样的人当然是极个别的，他们是最受排挤、最受打压、最被边缘化的人物。其实，他们也是最有潜质成为某一领域的大师的人。可他们在缺乏必要的资源和机会的情况下，特别是在一个不宽容的环境中，一个经常受到不公正的对待的处境中，他们的潜力也就不能充分地发挥，最终也就不过是以一个永远的“另类”、一个永远的“异端”、一个郁郁寡欢的独行侠而终其一生。而那些“仕者”，脑满肠肥、八面玲珑、无比滋润地活着。我们的大学也就只能远远地落在世界一流大学的后面而望洋兴叹。可有谁对大学负责呢？

大学的真义就是无限的广大、无限的包容。英文中的“university”(大学)的词根“universe”的含义就是“宇宙的”“普遍的”“至大无垠的”。大学应该是思想最活跃、最富有创造力的学术殿堂，是新思想、新知识和新文化的策源地。它作为一种与社会的政治、经济机构鼎足而立的功能独特的文化机构，承担着重大的社会责任，应当具有一种超凡脱俗的独立品格和价值追求。蔡元培先生倡导的“学术自由、兼容并包”，在今天仍是必不可少的。如果说官场是个认权的地方，商场是个认钱的地方，那么学校呢，我们的大学呢，应该是一个认什么的地方？当然应该是学问，是知识创新，是道义和真理。如果是这些，那就不应该是权力话语说了算，而应该是科学、民主和自由，因为只有科学、民主和自由，才能给真理提供真正能够发展的精神生态环境。大学是高级知识分子聚集的地方，因而大学应该是理性、秩序和民主的地方，是自由社会的雏形。可现实并非如此。如果大学中人总是小肚鸡肠，总是睚眦必报，大学恐怕就没有品位，没有魅力可言了。这还是不能寄托在个人的道德修养之上，民主的制度才是大学具有恢弘气度的保障。

83 说三道四

1.我的一位朋友对我说，每次在他们同学聚会结账时实行的是AA制，可他一位在部委机关工作的同学从来都是一毛不拔。我说，这不难理解，都是公款消费惹出的毛病。有那样一些人就属于“自家的钱基本不花，自家的酒基本不喝，自家的烟基本不抽，自家的床基本不睡”的“四基型人物”，不管他们作何消费，他们都不习惯于自己埋单。可见，权力腐败对人格的矮化与扭曲是何等可怕。

2.在机场或一些大型的购物场所，我们不难看到一些各种名目的捐款箱，说实话，我很少捐款，我也很少看到别人捐款。虽然，捐款箱中也躺着一些花花绿绿、大大小小的纸币，我不知道那也是不是“托”。我不捐款的理由是，我不知道这些善款又会被谁贪污了去。在 个缺乏诚信的社会中，公益事业怕是难以发展起来的。

我平时最恨骗子，我觉得他们毒化了人际关系，侵蚀了社会的信用系统，使得我们的社会生活成本奇高，应该加重对他们的惩罚力度，以保证社会的有效运转。

3.当学生问我“考试怎么考”或“您这样讲，我们考试怎么办”时，我往往无言以对，真有那种“秀才遇到兵，有理讲不清”的力不从心和无奈。在初中、高中，关注考试还情有可原,可大学生为什么仍在意的是考试？这无疑是应试教育的结果。中小学12年,他们得到的规训就是“考试成绩就是一切”,“一切为了考试”,“为了一切考试”。“大考小考,老师的法宝,考分考分,学生的命根”。他们从来没有感受过学习过程的快乐,他们从来没有体验过学习带给他们精神成长时的愉悦。

考试是必要的,它只是作为教育要素之一的评价的一种手段,可它成了目的,成了掌控教育的魔力。这是教育的异化,也是教育的悲哀。

4.每到期末考试,我都会对学生说,你们考得不好没关系,你们可以用一生去学习和探索;考得不好我还有办法帮助你,如果你考试作弊,我就没办法帮你了,那是你一生抹不去的污点。

有的老师对学生作弊睁只眼闭只眼,这很难指责这些老师,按规定对考试作弊的处罚是很严厉的,要真按规定处罚,有学生就会要死要活,更有甚者危及当事教师的人身安全。可谁来保护教师的合法权益呢?靠《教师法》吗？这恐怕是其他职业的人很难想象的教师的无奈与尴尬。

5. 我的一位在校部机关工作过的朋友说:“大学中的黑幕也是触目惊心的,大学也是藏污纳垢的地方。”我不知道他的话有多大的可信度,但据我院一位领导在全院大会上说,审计机关在我校做的审计,审计出一些问题,既有个人的,也有机构的,有的还比较严重。至于详情,我们普通教师自然不知道。

6.2003年“感动中国”的十个人物之一的梁雨润,在评委的颁奖辞中有“为老百姓办事,需要莫大的正气和勇气"的话语。我感到的是,我们社会中以权谋私的邪气是何等猖獗,正义的力量是何等脆弱和渺小!

他解决了17年的沉冤，固然可嘉，但我要问谁对"17年的沉冤"负责呢？那些失职和渎职的人该如何处理呢？如果我们不去掉我们心中的"清官"情结,如果我们不把维护社会的正义诉诸于法律的尊严,而是寄托在一些"清官"身上,那么,法治社会的建设将遥遥无期。

7. 我力图创造丰富和充满愉快的课堂。我不敢说所有学生都喜欢我的课，完全可能有学生听不懂我的课,因为要能听懂我的课需要有一种专注的品质以及整合信息的能力。但我敢说那些基础比较好的学生、那些比较聪慧的学生、那些有良好的学习品质的学生一定喜欢我的课,并且能获得较大的成长。我是真正在用生命备课的,平时的学习、思考和生活,我都会想到课堂,想着和学生去分享我对事情的评论与感受。

8. 我们需要崇尚理性和秩序，也需要体验癫狂和原始本能的释放,以及冒险和挑战极限。人性的丰富和生命力的张扬,需要通过许多许多的途径来实现,比如肢体语言、表情、艺术创造、服装、饰物(包括纹身)、发型,更不用说通过语言文字,任何对人性的禁锢,不管是由于宗教或是所谓道德,都是邪恶的。足球、摇滚、极限运动、人体彩绘、行为艺术……都有着唤醒沉沦的激情、激活生命活力的价值。一个被贫穷、专制、迷信和假道学禁锢与压制的民族需要来一场彻底的矫枉过正,一场彻底的人性的解放。

84 何以浮躁

浮躁可谓当今中国社会的显著特征。人们耐不住寂寞，人们无法忍受清贫，人们缺乏内心的沉静，人们渴望暴富，想方设法寻求刺激。这是一个审美迷乱的时代，朝新夕旧，我们永远跟不上新潮的脚步。就像我们不知道电话号码还要升到几位数、列车是不是还要提速一样。这首先也许是由于几千年来，中国一直是一个“静的社会”；而近二三十年来，急速的发展，使一切静的东西都动了起来，人心思变，人心思富，恨不得一夜之间来个天翻地覆，因而表现出浮躁。过去中国普遍的物质匮乏，对于贫穷，人们有着刻骨铭心的记忆。猛然间社会财富多了起来，人们便免不了饥不择食、饮鸩止渴、火中取栗。可以说，浮躁是社会日新月异、快速发展的副产品。

浮躁也是因为长时间的一元、单调、死寂的社会生活，使得人们变得气量狭小、缺乏包容性，如是便有“天下本无事，庸人自扰之”的烦恼。人们习惯于攀比，从众心理十分普遍。什么事情都蜂拥而上，唯恐落在人后，彼此推波助澜，愈演愈烈。浮躁也是缺乏精神修养的表现，人们不是眷注内心，注重体验，而是过于在意外在的得失。付出一点点努力，就想收到立竿见影的效果，缺乏等待的心情，缺乏从容的气度。现在不少孩子是“对人不感激，对己不克制，对事不努力，对物不爱惜”，这是不是我们成人社会中的浮躁在孩子中的表现？

古人劝善的言论中，关于要“宁静”、要“淡泊”的训诫俯拾皆是。《菜根谭》中就有：“静中念虑澄澈，见心之真体；闲中气象从容，识心之真机；淡中意趣冲夷，得心之真味。观心证道，无如此三者。”（九十六 宁静淡泊，观心之道）古人云：“风恬浪静中，见人生之真境；味淡声稀处，识心体之本然。”先贤还告诫世人：“性躁心粗者一事无成，心和气平者百福自集。”《大学》中说：“知止，而后有定；定，而后能静；静，而后能安；安，而后能虑；虑，而后能得。”怕是因为一个人的志向要在清心寡欲的状态下才能表现出来，而一个人的节操会从贪图物质享受中丧失殆尽。一个宁静而安详的内心世界更容易接纳、包容和感悟真理。古人讲修养，就是改造内心世界，强调只有内心静如止水，就可收到“百邪不入，寒暑不侵”的效果。对于贪婪之人而言，正所谓“人心不足蛇吞象”，由于个人欲望永不知足也就永远生活在痛苦之中，终究会水满自溢，物极必反，否极泰来。

一个人的夜晚，在灯下静坐，你是不是也时常会有这样的念头——抬头看一看星空？也许我们不知道那些星星的名字，我们只是希冀着那来自于天庭的宁静的力量让我们躁动不安的心静下来，静下来，聆听冥冥中那个无所不知无所不在的声音……康德说：世界上有两件东西能够震撼人们的心灵：一件是我们心中崇高的道德标准，另一件是我们头顶上灿烂的星空。深邃、纯美的思想只能从纯净的内心中流溢出来，杂务缠心、用心不专都只可能使内心荒芜和虚空。对于真理，对于绝对命令，唯静心沉玩者，乃能得旨。

古人云：“性定菜根香。”其实，现实生活中，还是多些心静，少些欲念，多些禅意，少些喧嚣争斗好，这样有利于自我反省，修身养性。所谓“静中观心，真妄毕见”的现实意义即此。能过吃粗茶淡饭生活的人，他们的操守多半像冰玉般纯洁；而讲求华美饮食奢侈的人，多半甘愿做出卑躬屈膝的奴才面孔。“静以修身，俭以养德”，浮躁无疑是无益于精神的成长和人格的丰满的。

学风与制度建设 85

学风问题不单纯是一个个人品德的问题,也是一个制度建设的问题。人们一般对于不良学风予以道义的谴责,在我看来,不仅有几分浅薄,而且也是“泛道德主义”遗风的一种表现。

我们的某些政策或做法简直就是鼓励“能者多捞”,甚至是逼良为娼。譬如某高校,为了鼓励全校教师多争取课题经费,对经费获得者给予重金奖励。大家知道,在我们社会中能否获得高额经费资助,依据的主要不是申请者的学术能力,而是他(她)的职位。这就不难理解为什么有那么多人不惜削尖了脑袋要捞到一官半职。

制度是人类追求秩序化的一种方式。道格拉斯·诺斯指出:“制度是一个社会中的一些游戏规则;或者更正式地说,制度是人类设计出来调节人类相互关系的一些约束条件。”他曾提出一个重要的论点,即经济的增长的关键在于制度因素,一种提供适当的个人刺激的有效制度是促进经济增长的决定性因素,并认为,如果一个社会没有实现经济增长,那就是没有从制度方面去保证创新活动的行为主体应得到最低限度的报偿或好处。

其实,不仅仅是经济增长取决于好的制度,知识的创新和文化的进步,均有赖于好的制度建设。西方学术的发达就得益于“学术自由”与“知识产权”的制度：前者从积极的方面鼓励大胆质疑、自由研究，保证真正的“学术无禁区”；后者从消极的方面有效防止重复研究、剽窃与抄袭。

制度比人品更要紧的一个重要理由是：我们能设计一个制度约束人的行为，但是我们不能搞清所有人的品质——个人的品质不单纯是一个外显行为的问题，它还涉及到个人的内在动机，有效的制度可以大大地降低社会的管理成本。如果我们以“好人”作前提来创新制度，这个制度可能是无效的甚至是一个“坏”制度，但如果我们以“坏人”作前提来创新制度，这个制度可能是高效的甚至是一个“好”制度。制度实质上是一种契约，是所有个人与整个社会签订的一种契约。这个契约是保证社会高效、有序、公正运行的必要保障。这些年来我们越来越意识到制度创新的重要性，也在制度创新方面做了不少工作，但是我们一些明明存在许多漏洞的制度也仓促地出台，导致了制度上的腐败。

学风问题不单纯是一个个人品德的问题，这不是要推卸个人的道德责任。其实，我们倒是值得注意制度设计者们的用心良苦，如果缺乏必要的监督，他们总是不可避免地朝着有利于自己利益的方向进行制度的建设，而且往往会假以冠冕堂皇的理由，这就有点厚颜无耻了。所以，更进一步的问题是，不单单要强调制度建设，而且要通过民主的程序，集思广益，建设一个公正的制度。

玖

书的芳香

SHU DE FANG XIANG

86 书的芳香

“书香”一词怕是早已有之。在教育还是有闲阶级的特权的时代，出生于“书香门第”无疑是一件引以为豪的事情。

书之所以“香”，大概不是缘于油墨的气味。即便是由于油墨的气味，那也是爱屋及乌。书中有什么？书中有光明，可以烛照我们的内心；书中有警示，让我们的人生之舟绕过暗礁和险滩；书中有天籁之音，让我们回到自然的怀抱，返璞归真；书中有历史的回响，让我们领略刀光剑影、世事沧桑……书中睿智的心的跳荡、纯美情怀的流淌、起伏跌宕的故事的延展、诗意盎然的表达，才是书香的真正原因。古人云：宁静以致远，淡泊以明志。其实，世上能让思想致远的，还有什么比得过那一脉书香呢？

由于书中有这样一些宝藏，我送给朋友的礼物大多是书。送自己写的书，也送别人写的、我觉得可心的书，如《从东方到西方》（钟叔河著，岳麓书社出版）。

早就发现岳麓山下、与岳麓书院毗邻的岳麓书社出版的书典雅、精美，光是看装帧与版式，就有了购买与阅读的冲动。书不仅仅可以用来获取知识、启迪智慧，她还可以用来陶养性情和作为艺术品收藏。岳麓人深谙此道。怕是沾了岳麓书院的仙气，不论是寻常的小书，还是大制作的精品，都有着熠熠生辉的书香浮动。虽然，岳麓书社是一家不大的出版社，可在华人知识界有着广泛的影响。

深厚、健朗的湖湘文化孕育了岳麓书社，岳麓书院千年的辉煌成就了岳麓书社。现任岳麓书社社长的丁双平先生，是学历史出身的，崇尚古朴、稚拙、典雅、厚重是他的审美趣味，这非常接近于我的追求。当我把十年来集腋成裘的《教育的理想和信念》一书的书稿送与他时，他成竹在胸，信心十足："我一定把她当精品书来出！"果然他没有食言，真的很是用心，书出版了，便是好评如潮。于是我们便有了君子之约——今后我的文字全部由岳麓书社来打理，计划中的《教育的视界》《教育的智慧与真情》《教育的情趣与艺术》《肖川博士访谈录》等都将由岳麓书社陆续推出。这给了我思考、探索和写作的巨大动力。我时常想象着这些书整齐地摆放在书架上，随手翻阅时扑面而来的书香。

书是有生命和灵性的。善待书——从著书到出书再到读书，这是读书人的本分。著书的人精心打磨，用道义和良知来写作；出书的人注重品位，宁缺勿滥，精益求精；读书的人居敬持志，切己体察，读出弦外之音、象外之意，读出字里行间的意蕴。惟其如此，书中蕴涵着的历久弥新的思想、古朴的智慧、永恒的真理，才有可能使得书香永驻，使陋室溢满书香，也使我们的心中荡漾着书香。

87 读书之乐

说到读书，对于内心丰富而又敏感的人，还是要禁不住怦然心动的。对我而言，最大的享受就是读书。当我静静地阅读时，我的内心便会有一种莫名的涌动，感受到内心的充盈与温润。

当年胡适之先生自诩“读书可以忘了打麻将，打麻将可以忘了读书”，足见打麻将和读书是他老人家的两大嗜好。读书须心绪上的从容与淡定，才能沉浸其中，玩味其中。明末清初的学者张岱曾说：“人无癖，不可与之交，以其无真情也；人无疵，不可与之交，以其无真气也。”他同时代的学者张潮也曾有过这样的比喻：“山不可以无泉，石不可以无苔，水不可以无藻，乔木不可以无藤蔓，人不可以无疵。”所谓“癖”即稳定深刻的兴趣和爱好，没有稳定深刻的兴趣爱好，是不可能有深邃的内心世界的，一切都只是浅表性的接触，没有心灵的真切的眷注，何来深刻的头脑和丰富的内心？

阅读是最重要的学习方式。读书之乐，乐在精神的相遇。作者的思想与情怀、作者的亲历与遭遇，勾起你相同的感怀，遥远你记忆的归程，禁不住慨叹唏嘘一番。不堪回首的往事或是刻骨铭心的喜悦，凝结成世事沧桑的悲情与感伤。人的生命如逝水，一去而不复返。惟文学与艺术，往往可以追回人们曾经有过的生命体验，或进入另一种足资向往的可能的人生。正因为如此，当你工余饭后，案前林下，一卷在手，古往今来，神游物外，可增长知识，陶冶性情，滋润生命，抚慰心灵。故古人有“开卷有益，不以为劳”之说。有一些书能够让我们增加善念和怜悯心，扩大智慧和见识，远离鸡虫得失的无谓争斗，把目光投送到更远大的天地，关注更根本性的、深沉久远的事物。

好书不在厚，也不在深，更不在玄，而在透——即在富于独特洞见、理智的穿透力、理论的彻底性，只有这些才真正具有启发性。透明而芳香的书，读着读着，内心就温润了起来，望望窗外，阳光灿烂，天高气爽，树叶在空中轻轻飘动，心情也就豁朗起来。所谓“精妙处，忍不住击节叫好；伤感处，止不住泪眼婆娑；激荡处，耐不住拍案而起；谐趣处，憋不住哑然失笑”，读书人一旦学会了回味，也就学会了回味人生，实现着生活的积累、势能的积蓄、思想的积淀，如此，则可参悟天地。北宋哲学家程颐说：“外物之味，久则可厌，读书之味，愈久愈深。”清代学者金兰生在《传世言》中也有言：“读书者不贱，守田者不饥，积德者不倾，择交者不败。”

阅读是我们获得思想资源最为重要的途径，也是我们眷注内心的最重要的方式。著名作家林清玄对于“窗子”和“镜子”有过精彩的比喻：“一个人面对外面的世界时，需要的是窗子；一个人面对自我时，需要的是镜子。通过窗子才能看见世界的明亮，使用镜子才能看见自己的污点。其实，窗子或镜子并不重要，重要的是你的心，你的心广大，书房就大了，你的心明亮，世界就明亮了。”

高品位的书对于我们既是“窗子”又是“镜子”。明代于谦说:“书卷多情似故人,晨昏忧乐每相亲。眼前直下三千字,胸中全无一点尘。”读书人一旦读出悠然、超然、淡然的好心致,还怕品不出书魂、书香、书韵?

真正美好的阅读是来自心灵的洗礼。在物质时代,关于心灵的阅读已经成为了一件很奢侈的事情,更多的人放弃了对内心的美好世界的追求而进入一个完全被世俗的物质充斥的世界。正因为如此,古人“幽窗夜自吟”的充实与安详的心境是值得向往和追求的。在那幽静的夜晚,我们守在小窗前,望着那灿烂的星空,憧憬着美妙的人生境界,吟咏着自己宽广而又温柔的心灵,沉净出一份清明的智慧。久而久之,我们的身心都与那广阔的星空、美妙的境界融为了一体,实现着人生的超越。在阅读中,我们在前人的思想空间里面游戏、涵泳,使自己保持对文化、思想一种静观的余裕,于我们短暂的生涯,不啻是精神的盛宴。高尔基说:“读书,这个我们习以为常的过程,实际上是人的心灵和上下古今一切民族的伟大智慧相结合的过程。”“我读书越多,书籍就使我和世界越接近,生活对我也变得越加光明和有意义。”这就是说,通过读书获得知识是青年学生学会生存的航标,它指使你更好地工作、创造和发明,开拓新的生活境界。古往今来,凡生命灿烂辉煌的人基本上都是酷爱读书学习的人。

“书犹药也,善读之可以治愚”(刘向);“书是我们时代的生命”(别林斯基); “书是人类进步的阶梯”(马克思)。 它使人生丰富多彩、妙趣横生,使人生健康和圆满。倘若能够经常感谢一本书,想念一本书,是一件这么让人幸福荡漾的事情。它使我们此时此刻的心情变得温暖而又柔软,也许,还夹杂着一种丝丝缕缕的想说却又一时说不出来的感伤……每每想起就会带给我们一份天籁一般的纯净和明媚!

尽管有许多出版垃圾,但我对于书籍是始终怀有神圣感和崇仰之心的。在书店或是图书馆,看到书斜倚着、卷曲着,都会生出一种隐隐的怜惜。我想,这是所有真正的读书人都会有的情感。

88 在期待之中

《在期待之中》是一位美好的法国女人 S·薇依(Simowe Weil,1909—1943)的一部著作。薇依以她自己的生命和思想创造出一种生动的基督思想和哲学,却终身拒绝进入教会。她对苦难、不幸、爱与友情的体验都具有永恒的启示意义。

薇依告诫世人:“慈爱与信仰尽管不同,但却是不可分离的,慈爱的两种形式更是不可分离。不管什么人,只要能够同情不幸的人,那他就可能暗含地、然而却总是真正地对上帝拥有了爱和信仰。”

“所有在纯粹状态下对邻人充满爱心并且接受世界秩序的人(也包括不幸的人):所有这些人,即使在表面上他们作为无神论者而生而死,他们也肯定得救。”

“基督并不拯救所有向他说‘天主、天主’的人,但他会救助一切最少想到他,但却以一颗纯净的心灵把面包施予饥饿者的人。”可见,得到拯救的是那些悲天悯人、乐善好施的人。重要的是我们能否本心善良、对于苦难的人给予同情和对需要救助的人给以无私的救助。

爱有两种:利他主义的爱和自我中心的爱。利他主义的爱表现为在别人的需要上看到自己的责任——爱就是恒久忍耐,且有慈恩;而比如教师关爱学生,并希望学生能更好地合作,顺从自己的意志和努力学习,以求回报,重视的是一种契约关系、互惠行为,这就是一种自我中心的爱。宗教情怀会使得我们有更多的利他主义的爱。

宗教精神与神秘主义之间有很高的关联。神秘精神都祈向有限的个体灵魂与某种超个体的、富含神圣意蕴之无限的融合。如果一切都是可以量度的,可以重复和可以检测的,把一切都交给大脑、交给认知、交给科学,我们就会漠视我们的心、我们的情怀,就会泯灭我们的灵性。守护不可言说的神秘之境,是神圣的光辉和圣洁的情怀的源泉。

期待是一种对未知之境的开放,一种毋固、毋我、毋蔽的心态;期待赋予我们承受无常的人生可能带来的苦难的能力。我们可以期待,它指向明天,指向未来,指向浴火重生、凤凰涅磐。即使在“山重水复疑无路”的时候,我们仍可以期待“柳暗花明又一村”。

期待令孕育中的母亲拥有美丽和安详,期待令成长中的孩童充满美梦与欢笑,期待为爱情增添了无限的遐想与柔情,期待为战胜苦难增添了勇气与力量。

在期待之中——这也许就是我们的生命的存在状态——期待着启示,期待着人生的奇遇,期待着辉煌灿烂的刹那与永恒。在期待之中探索,在期待之中规划未来,在期待之中迎接每一轮日出,在期待之中送走最后一抹阳光……在感恩中期待,在反省中期待,在敬畏中期待,期待着内心的充实与丰盈,期待着世界的和平与安静,期待着神秘的体验,期待着喜出望外的收获与快慰。

在期待之中，我们走向无限，我们走向永恒——我祈祷。

人对死亡的知晓是与生俱来的，我们走在通往坟墓的路上。“人固有一死”，使我们唯有期待精神的永生，超越人生的有限。因为期待，平凡的生活被赋予诗意的光辉；因为期待，永恒在那一刹那里珍藏。

课程改革：需要理论导航 89

我真正走遍了中国。我有限的经验告诉我：江苏和湖北在教师的素质方面，在全国是最好的。江苏的一些县（或县级市）我都去过，像高邮、丹阳、吴江、通州、如东、宝应等等，我发现这些地方的领导、校长和教师的水平都非常高。江苏有一大批优秀教师，我比较熟悉的就有薛法根、凌宗伟、陈明华、秦志强、王笑梅、袁卫星、谈永康、凌龙华……他们课上得很好，文章也写得十分漂亮。江苏的教育报刊办得很好，文章很有思想内涵；江苏的教育学会在教育理论界有很大的影响，做了许多有意义的工作，这在全国也是少有的。江苏不愧是文化和教育大省，她一定会有美好的明天。

当我看到由江苏教育出版社最近推出的杨九俊、吴永军主编的一本解读新课程的作品——《建设新课程：从理解到行动》，我没有感到意外。在一个文化和教育大省出现一本高水平的为课程改革导航的理论读物，是一件理所当然的事情。

课程改革是十分必要的。但是缺乏深厚和坚实的理论准备，一直是它的严重缺陷。作为理论工作者，有责任来夯实课程改革的理论根基。而《建设新课程：从理解到行动》就是这样一本著作。作者就课程改革的背景、目标、课程改革中教师的专业发展，课程改革实验的规划与推进策略等备受一线教育工作者和教育研究者关注的话题，作了深入的探讨。它的形成是本书的作者群在对新课程持续不断的实践中合作研究与合作表达的产物。

当下，课程改革正在华夏大地如火如荼地展开，受到各方人士的关注。“课程改革之所以受到政府和整个社会的普遍关注和期待，重要原因在于，我们希望通过课程改革，使基础教育为社会和国家政治发挥更大的作用。20 世纪 80 年代，尤其是 90 年代以来，国际竞争新格局的形成使每一个国家、每一个民族的生存、发展意识都得到前所未有的强化。人们纷纷关注自己的国家、民族在新世界格局中究竟处于什么样的位置。对外，国际竞争空前激烈，对内发展战略就必然会受到普遍重视。以科学技术和教育的发展作为支撑，适应国际竞争的新形势，是我国世纪之交发展的必由之路。为此，我们只有把课程改革和基础教育的发展与国家、民族所处的大环境结合起来，才能更深刻地理解到课程改革的必要性。”（《建设新课程：从理解到行动》，第 2 页，下同）作者对于课程改革背景和意义有非常准确的理解。只有具有明确而理性的目标的改革才会成功，否则就可能无的放矢，甚至倒退。“本次课程改革在对国内外环境作出分析的基础上，结合目前的社会经济文化状况提出课程改革的根本目标：造就新型公民……所谓新型公民就是具有新的‘生命形态’的公民”。（第 30 页）一个美好的目标是必须的，但目标的实现必须关注实践领域，对课程而言，其实践领域就是学校的具体教学，如书中所言，“课程改革目标的实现:重建教学文化”(第44页)。同时还必须能够高屋建瓴地对所要改革的对象有清晰的认识,“如何理解课程的内涵,决定着我们将要改什么、如何改。……本次课程改革所给予的课程观与以往的课程改革相比,发生了很大的变化……我们认为,‘课程’是指‘设置教学情景并使学生在这种情景中获得经验的过程’”(第44页)。

本次课程改革用“课程标准”代替了长期以来被中小学教师视作生命和根本的教学大纲。“国家课程标准所要体现的国家意志,突出地表现在国家所规定的国民素养或公民素质的基本要求上……既然国家课程标准体现的是一种国家意志,于是国家课程标准就具有了统一性、普遍性和强制性。所谓统一性,是说国家课程标准中规定的公民素质的基本要求,是一种对未来公民素质的统一要求;所谓普遍性,是说这种标准适用于基础教育阶段所有开设这门课程的学校;所谓强制性,指执行义务教育阶段的国家标准,必须达到课程标准所规定的公民素质的基本要求。”(第50~52页)

新课程标准力图体现素质教育的基本精神和理念,以确保课程与教学成为实施素质教育的重要载体。如《品德与生活》课程涉及的基本理念所体现出来的尊重儿童、理解儿童、欣赏儿童、促进儿童人格和身心健康发展的理念和强调学习方式的多样性与不同学习方式的等价性,从而提出间接经验和直接经验、间接学习与直接学习、书本学习与实践学习同等重要等。(第57页)

课程结构的均衡化和提高课程的综合化程度是本次课程改革的两个重要的目标。课程均衡化需要考虑科目设置、课程与儿童的生理心理相适应、课程与不同地区相适应等等问题。“新课程方案试图吸收课程发展史上的有益经验，兼顾学科课程、综合课程、综合实践活动这三类课程在人的发展、中小学教学过程中的不同作用。考察课程结构的均衡化，除了关心科目的变化、课时比例的变动情况外，还要关注课程设计者如何根据学生的成长和不同年龄特征，纵向安排各种课程门类。……

“新课程方案在课程的整体安排、科目的纵向安排、课程结构的变化三个方面体现了九年一贯的整体性、均衡性。”(第 93 ~ 95 页)提高课程的综合化也是本次课程改革的一项重要目标。作为教育和课程发展的一种基本趋势，综合化的要求渗透到了教育的每一个环节和阶段。新课程通过增强学科教学的综合性、设置综合课程、增设综合实践活动等方式实现课程的综合化。

新课程改革作为新世纪万民关注的一项重要的改革，其成功与否关系到 21 世纪中国在国际上的地位，关系到中华民族的伟大复兴，关系到我国国民性的改造。每一个关注课程改革的人，每一个课程改革的实践者，都必须对此次课程改革的理念有深入的了解。《建设新课程：从理解到行动》这本书无疑为我们提供了一个好的阶梯。特别是书中对课程改革实验状况的研究与分析，更是在同类的书中凸现出来。编著者独特的研究视角和对教育实践的关注，这一点是最难能可贵的。

伟大心灵的成长历程 90

启功先生是我直接交往过的最富有人格魅力的文化名人。80年代末，我刚留校参加工作，外地的一位朋友千里迢迢跑到北京要托我向启功先生求一幅墨宝。我很是为难，因为我在教育系，启功先生在中文系，从来没有打过交道。况且，启先生声名远播，找他的人特别多，已是古稀老人，给他添麻烦很有些于心不忍。禁不住朋友的软磨硬泡，我只好硬着头皮带着他去启功先生家。那是初夏的一个傍晚，我们的运气真不错，恰好只有启功先生一人在家。我们作了自我介绍，说明来意，启先生对我说："既然是一个学校的，我们就是同事。"他留下我们的名字，叫我们第二天去取写的条幅。

第二天我们按约定的时间去启老家，又正好只有老先生一人在家。启先生将写好的条幅给我的朋友。临走时，朋友将从家乡带来的一些土特产和一个装有润笔费的信封送给启先生，启先生从土特产中挑选了一点东西，对我的朋友说："这个我收下了，别的你都拿回去，都放在我这里就该浪费了。"我们拗不过老先生，提着一大堆土特产离开了启先生家。

这件事过去了十多年了，我仍然记忆犹新。我想，启先生能这样对待我们，也一定是这样对待所有的人。这是多么的不容易。一代名家对待素昧平生的不速之客，是如此的宽厚和热忱。这件事一直令我对启先生充满感激和敬意，却又找不到回报他老人家的机会。我想，我所能做到的就是不再去打扰他老人家。记得90年代初，我和我在出版社做编辑的朋友马朝阳先生去拜访在京的一个非常著名的作家，他也非常热情，还送给我他刚出版的一套书，我却丝毫没有感到他人格的魅力，相反还有些许的市侩气，可见有名气和有境界是多么不同的两回事情。

对于满清王朝我没有什么好印象，我觉得那真是一个该死的朝廷，它给中华民族带来的内忧外患实在是太多了；对于八旗子弟就更是不屑一顾，实足的纨绔子弟。可对于有满族血统的启功先生却是由衷地充满敬意，我从他的为人为文之中，感受到的是一种高贵的气质和大家风范。后来我在全国各地看到启功先生题写的字，便有一种特别的亲切感和自豪感，对于启功先生的文字以及关于启功先生的文字也有一种特别的关注。最近，看到由北师大出版社出版的《启功口述历史》，便怀着崇敬的心情，仔仔细细地几乎是一口气读完。

如果说“诗歌的意义在于唤醒内心的浪漫，散文的精彩在于呼应心灵的回声，小说的神奇在于延伸生活的憧憬”，而口述史的价值在于再现历史的真实和丰富。我从《启功口述历史》中看到的不仅是中国社会百年的沧桑巨变，更是一个伟大的心灵的成长历程，一个历经沧桑的智慧老人的内心独白。书中的真实的人生，令人感慨万千。卡西尔曾说：“人总是倾向于把他生活的小圈子看成世界的中心，并且把他的特殊的个人生活作为宇宙的标准。”其实，忠实于个体生命感觉是人文学术得以可能的一个重要前提，学术本身更是一种主体生命能量的释放，是为自我的人生信念及其追求所作的注释和辩护。

尽管我们不能将《启功口述历史》视为一本传统意义上的学术著作，可这本书不仅能够给我们以治学为文的教益，也能够给我们为人为师的开悟。启功先生一直非常钟情于教师的工作，他从自己的成长历程中，对人的成长有深切的感悟。在《我的童年和求学之路》一章中，他老人家感慨道："我想，能培养人的兴趣，激活人的潜质，激励人的志向的教育才是最成功的教育。"（第48页）童年时的淘气仍然令他留恋，他感叹"这种童真和童趣是非常值得珍惜的，有了它，人格才能完整。而开明的老师，常能容忍孩子们的这种天性，这对孩子的成长是有利的"。（第58页）

在《我的几位恩师》中，启功先生对他的几位恩师充满了爱戴和敬意。"戴老师为我打下的深厚的古文功底，帮我建立的独具个性的学术思想和善于因材施教的教学方法，却一直指导着我，恩泽着我……这是我永生也不能忘记的。我终身的职业是教师，而且主要教授的是古典文学，而教授这些课的基础恰是这些年随戴老师学习夯实的。"（第70页）

启功先生追忆和陈垣校长的交往的细节是最令人感动的文字，我们也可以从中领略到陈垣校长的大师风范。"老师的书斋名'励耘'，老师用他全部的身心和热血为我解释了为什么叫'励耘'，如何做一个辛勤的耕耘者，如何做一个提携后进的长者。"（第102页）启功先生在为陈垣校长撰写的挽联中有“信有师生同父子”(第105 页)的真情表白,师生之情如此深厚,这对于所有的为人师者都是何等有益的劝勉,何等巨大的感召。

在那个黑暗的岁月里,启功先生因生计所迫在日伪政权下干过三个月小差事,而后来“找到陈校长,非常惶恐地向他说:‘我报告老师,那年您找我,问我有没有事,我说没有,是我欺骗了您,当时我正做敌伪部门的一个助理员。我之所以说假话,是因为太想回到您身边了。’陈校长听了,愣了一会儿神,然后只对我说了一个字:‘脏!’就这一个字,有如当头一棒,万雷轰顶,我要把它当作一字箴言,警戒终身”。(第 91 页)看到这里,我有种难以言表的沉重和苦涩的感觉,为着命运对启功先生的捉弄和不公,也觉得陈垣校长有点言重了。我想这也是启功先生心中永远的伤痛,他要把这段历史说出来,需要多大的道德勇气。好在古人早就有言:君子之过,如日月之食。是的,日月之食,无损于日月之明。我相信,一切心灵和头脑都很正直的人们绝对不会因为这件事情而减少对于启功先生的敬意。

书中有许多的趣闻逸事,读来颇有教益。“著名学者王闿运先生是风云一时的人物。当年袁世凯请他进京,特别优待让他直接进新华门,他却指着新华门说这是‘新莽门’,意在讽刺袁世凯是窃国大盗,就像西汉末年篡汉建立‘新朝’的王莽。”(第 78 页)“齐(白石)先生也有梗直的一面,沦陷时期,国立艺专聘他为教授,他在装聘书的信封上写下‘齐白石死了’五个字,原信退回。”(第 78 页)。王闿运先生是儒学大师,曾有言“大江东去,无非湘水余波”,大气磅礴可见一斑。王闿运和齐白石,都是湖湘文化的传承者和光大者，令人仰之弥高的文化巨人。

有许多的趣事更是令人忍俊不禁，笑过之后却有光风霁月般的内心感受，难怪启功先生说：“文人很有意思，有时开个玩笑都显得那么高雅、有品位。”(第116页)启功先生本人就生性风趣幽默，我想这也是他老人家健康长寿的秘诀。

赵仁珪先生在书的《后记》中说道：“启功先生的身份虽有他的特殊性，但他的人格魅力却可以代表中国很多知识分子的品格特征：正直、务实、宽容、谦逊、聪慧、睿智；富于同情心，知恩图报；富于责任感，忠于事业；富有爱心，会接受别人的爱，也会爱别人；充满感情色彩，能以性情之心去对待周围的一切；不乏理性色彩，能以达观的心态待人处世；有自知之明，能以谦和的态度看待自己的成绩。这些美德也能从他的回顾中流露出来，给人以启迪。”赵仁珪先生和启功先生有非常密切的交往，他对于启功先生的评价在我看来是十分中肯的。在大师稀少的时代，启功先生不仅是北师大人的自豪与骄傲，也是每一个炎黄子孙的自豪与骄傲。

最后，特别值得一提的是，书的设计和装帧美轮美奂，令人爱不释手，一定是藏书家的最爱。

91 为儿童创设丰富的语言环境

任何一种语言，都是其所赖以依存的文化的精华。不了解其语言，就不能真正地了解其文化。语言的学习是儿童分享人类所创造的精神财富的最重要的内容与途径。维特根斯坦就曾指出："想象一种语言意味着想象一种生活形式"，"语言是一种活动的组成部分，或者是一种生活形式的组成部分"。

语言能帮助儿童学会推理、思考和理解他们周围的世界；语言能帮助儿童建设积极的与同伴、与成人之间的人际关系。文字交流也一直是人际沟通和处理生活的重要手段。儿童对事物所作的反应及儿童的进步在很大程度上都取决于他自我表达的能力，取决于他对口头语言的兴趣和精通程度。语言帮助我们扩大认识的范围和帮助我们更精细、更准确地表达。

儿童生活的语言环境的质量也许是在长期的成长过程中促进儿童智力发展的唯一关键因素：孩子说了多少，他谈话的内容是否互相关联、是否独特而丰富，都是语言质量的基本要素。语言能帮助孩子认识事物，发展内部思维，并且能帮助他理顺各种事物之间的复杂关系。没有语言的发展，儿童智力的发展、情感的发展、社会性的发展等等，都是不可想象的。

语言的世界也就是人的生活世界，“我们总是早已处于语言之中，正如我们早已居于世界之中”，我们是在对世界本身的熟悉和了解，了解我们与世界的关系中学习语言的。哈贝马斯之所以把交往的理论定义为言语行为理论，就因为交往的世界，就是语言的世界，也是人类生活的世界。人生活在现实中，在语言中交往，在语言中理解现实，感悟现实。

英语在表达的语法结构上与汉语有一定的差别，这种差别归根到底是思维方式的差别，文化精神的差别。从小就能让儿童以他们自己的方式“把握”这种差别，从小就能感知到：对于同一个事物不仅可以从不同的角度去思考，也可以用不同的语言去表达。不同的语言之间还可以起到文意互会的作用。这对于发展儿童思维的灵活性、内心的敏感以及价值多元的观念，都有着重要的价值。

另外，外语的学习，绝不仅仅是个学点语法、掌握一点词汇、会用几个句型的问题，而是能用语言进行人际交流、思想与情感沟通的大问题。因此，文化背景知识在语言交际中的重要作用已经受到越来越多的重视。一方面，学习一种语言，就是走进一种文化；另一方面，了解一种文化，有助于我们更好地掌握一种语言。一种外语的学习也就为儿童开辟了一片“学习需要”的心理场域。

在儿童生活的早期，发展儿童的语言能力，不仅是极其必要的，也是完全可能的。大量的观察和研究表明，幼儿有极强的语言学习的能力。《新幼儿英语》为幼儿学习英语提供了一个很好的范本。它贴近幼儿的生活，适合幼儿的认知水平；而且，图文并茂能够给予儿童丰富的视觉刺激，从而能很好地开发幼儿对于色彩和图形的感受力。

我建议广大家长能够很好地利用《新幼儿英语》提供的学习资源，为孩子学习英语创设丰富的语言环境，让他们在丰富的语言环境中、在充满真情与智慧的氛围中健康成长。

让精神的旗帜在校园猎猎飘扬 92

在全国范围内,为教师出版论文集的学校,并不鲜见,但为教师自己写的著作出版一套丛书,这在全国恐怕就少见了。北京小学总是能开风气之先,这就是北京小学作为中国名校名不虚传的又一明证。北京小学的吴国通校长是一位非常优秀的校长。在我看来,一个好校长就在于:他有明确的办学思想和教育追求,有坚定的教育理想与信念,能够为学校提出富有感召力并且通过努力可以实现的奋斗目标;公正、廉洁,有责任感和事业心,进而富于个性魅力和人格魅力;善于在教师中发现和培养领袖。而这几点在吴国通校长身上有非常生动的体现。在北京小学,也有许多优秀的教师,《建设学校精神家园》一书的作者高玉丽老师就是他们中的杰出代表。

高玉丽老师就像她的名字一样,玉洁冰清。这也是我理想中的女教师的形象的代表。教师本身就是课程,因为教育力量源自教师的人格魅力、心灵的纯净和丰富。她写的书就更像她的名字,清新、高洁,这大概就是人们经常所说的文如其人吧。

学校是一种社会机构,正如书中所昭示给我们的那样,应该成为师生共同拥有的精神家园,成为学生终身美好记忆的巨大宝库，一个人的心灵可以皈依的场域。

何谓精神家园？在我看来，就是我们内心向往的地方，我们心灵可以自由安详栖息的地方，可以“万物静观皆自得，四时佳兴与人同”（宋·程颢·《秋日偶成》）的地方，是荡漾着美、诗意、真情和智慧的地方。正如本书的作者所认识到的：“在我看来，学校的精神家园是一个没有边界的无限美好的世界。在学生们的校园生活中，如果没有真善美的情感筑巢，那我们的道德教育就只能像一只倦飞的归鸟，却久久寻不到栖息之所。”“在我的理想中，学校的精神家园是儿童精神世界的发祥地，是至纯至真的所在。它的地基集聚着生命源头的灵性和坚固；它的色彩浸染着初履人生的纯洁和鲜亮；它的风格展现着生活童话的瑰丽和灵慧。它沐浴着阳光，承载着坚强，环绕着绿洲，孕育着辉煌！”

认知、交往和审美，是人作为万物之灵本源性的精神需要。而教育过程就是师生共在的精神生活的过程。在这一过程中，师生的共同探索、答难问疑，发展着彼此的理智的好奇心和提升着探索的内在冲动；师生之间、学生与学生之间真诚的交往——心灵的晤对融洽和谐，抑或冲突分歧，都是儿童成长的精神资源，让儿童从同伴那里学习，从直面冲突和学会解决冲突中学习；在这一过程之中，通过感受人类文化的灿烂与辉煌，感受人性的美好，校园生活的美好，从而使学生形成臻美向善的品质。

我执著地相信：德育，应该从教师的言行开始；美育，应该从教师的仪容开始；美好的理想、美好的情怀、美好的言行和美好的氛围，这应该是学校作为精神家园的应有之义。

我非常认同和欣赏本书作者的观点：应该将对学生道德成长的关切融渗在日常的、细微的学校生活，特别是教育工作之中。“在生活中学习道德，在积极中引导消极，在冲突中追求和谐”，这些都是充满教育智慧的举措。

我一直是提倡和鼓励教师写作的，因为写作是教师专业化水平提高的十分的重要的途径。如果不能像北京小学的教师一样著书立说，至少应该写一些散文、随笔、教学札记。写作的过程就是我们自我确证和不断成长的过程。

在这里我真诚地祝福高玉丽老师，祝福北京小学，祝福中国教育界我所有的同事和朋友！

* 本文是为高玉丽老师所著的《建设学校精神家园》一书所写的《序言》，该书已由方志出版社出版。

93 名师带给我们的启示

《现代教育报》的记者雷玲女士主编的《听名师讲课》，从多个角度展示了国内中小学名师精湛的教学艺术和良好的教育素养。雷玲女士嘱我为书写序，盛情难却，只好从命。不过，也正好借此机会表达我对中小学名师这一特殊群体的祝福和祈望。

名师，即非常有名气的教师，他们无疑是教育实践领域中的佼佼者。他们何以能那么有名气？首先是因为课上得好，教学效果显著，受学生的欢迎，受同行的认可。在全国各地，他们上过许多的公开课。在很多地方，听说名师要来上课，大家都想一睹名师的风采。

其次是他们勤于写作，常有文章见诸报刊，有的还著书立说。我一直认为，能写好文章的人，也一定能上好课。因为，一节课和一篇文章的要素几乎是一样的，都包含主题、材料（素材）、技巧和语言四个基本的元素。

而要能上好课，需要的就太多了。首先是深厚的文化底蕴。只有具有深厚的文化底蕴，才能很好地解读教材、驾驭材料和创造性地使用教材，才能创造一个丰富的、开放的课堂，让学生的心灵氤氲在博大、温暖的氛围之中。

其次是良好的教育素养。教育素养首先是对于教育的理想和信念。教育不是简单的操作性行为，而是建基于信念的行为。同样一句话，有没有信念打底，其效果是很不一样的。只有基于信念的言说，才具有打动人心的力量，才具有感染力和感召力。教育素养的第二个方面是驾驭课堂、调控课堂、设计活动、与儿童沟通和交流的能力。

要能上好课，教师的个性表现力也是十分重要的，像于永正老师、窦桂梅老师、吴正宪老师的个性表现力就很强。特别是像窦桂梅老师东北女子的那种开朗与热情，非常宜于创造生命化的课堂，非常能够带给学生刻骨铭心的美好回忆。

书中的名师的课我差不多都听过，他们的确有一些共同的值得肯定的地方，比如热情洋溢、活力四射；比如声情并茂、情真意切；比如师生平等、水乳交融；等等，还有设计精巧，妙趣横生，给了我很多的启示，很多的享受。前辈于永正老师虽年逾花甲，仍精神矍铄，风采依然，不仅课上得好，京剧也唱得很有水准，实属不易。在新生代的名师中，我尤其欣赏薛法根老师和韩军老师。薛法根老师浓浓的书卷气、质朴的个性和好学上进的品质，令人心仪和油然而生敬意。韩军老师底蕴深厚、思想敏锐，有大家气象，后生可畏，人才难得。

近年来，我也尝试着在基础教育界面对中小学生来上公开课。我先后在广州、深圳、厦门、福州、石家庄、赤峰等地尝试着从小学到高中的多门学科的教学，感受颇多，深知上好课的不易。我也非常愿意向中小学优秀教师学习。近年来，我每年都要听上百节课，不同学科和不同年级的课。我也发现了许多很有潜力的年轻教师，如福州的林莘老师、哈尔滨的吕晓滨老师和刘彩凤老师、厦门的洪延平老师、金华的王春燕老师、江苏通州的王笑梅老师和秦志强老师、石家庄的施艳霞老师、北京的高玉丽老师和王健稳老师、广州的王闽湘老师、深圳的尹丹老师等。他们也经常说,他们是看着前辈名师的教学录像成长起来的。我想他们一定会成长为非常优秀的教师,一定会青出于蓝而胜于蓝。

我曾写过《名师不可仿》一文,旨在提醒广大教师不要简单地模仿名师,重要的是学习名师的教学思想和个性修养。他们所代表的先进的教学理念是值得学习的,他们的成长之路也值得研究、借鉴,但他们的示范课的招式却不可简单模仿。其实,真正的好课是不太有观赏性的。因为,对于教学而言,学生实质性的参与需要沉静的心智活动。福建的黄瑞夷老师在《有灵魂的教育》一文中写道:“听过许多优秀之课, 课堂热闹得让你激动,学生愉悦得令你也欢快,教师活泼得如同孩子,而孩子们却智慧老成得像教师, 一种40分钟里就有腾云驾雾的本领收获之感觉,眩人耳目,可学生真正收获是什么?只要你私下找上一两个问一问便会发觉,他们其实并没有像课堂上表现的那么聪慧,他们回答你的收获是课文里的思想意义, 而这其实只要预习一遍就能回答的答案,却成为他们最后的最得意的收获。”有灵魂的教育是理智而又充满感情的,就像林莘教师的课。

雷玲女士有一双发现人们闪光之处的慧眼,这是作为记者的美好和宝贵的品质,其实也是任何一个受人尊敬和受人欢迎的人所共同具有的品质,特别是我们作为教师的应具有的品质。名望总是一种稀缺的社会资源,这使得不是每一个教师都能成为名师。 但我们每一个人都能成为优秀的、成功的教师。善于借鉴别人成功的经验,不断完善自我,是成为一个好教师不可或缺的重要品质。这也就是《听名师讲课》一书的阅读意义。

* 本文是为雷玲主编的《听名师讲课》一书所写的《序言》,该书已由广西教育出版社出版。

94 辞书可读

在这里对于所收集的辞条的解释,并非所有的都是我们的原创,而是我们在对于教育和人类文明历程的学习与探索中觉得有助于广大教师理解当代社会生活、理解教育的一些概念和对这些概念的阐释的集大成。我们不过作了些收集、梳理和加工的工作。当然,从辞条的选择到对辞条的释义,本身也都反映着我们对于社会和教育的理想、信念、诠释与追求。我们发现许多辞典中诸多的释义都显得思想僵化,有浓厚的意识形态的色彩,没有体现现代社会中核心的价值。这也是我们尝试着重新理解一些重要概念和术语的初衷。

对于教师来说,我坚信陆游说的"功夫在诗外",没有任何一门课程可以直截了当地教给你教育的智慧。教育的智慧只能从深厚的精神修养中内在地孕育和生长出来。《中庸》中说的"博学之、审问之、慎思之、明辨之、笃行之"仍然是个体精神成长的不二法门。对于一个概念,仅仅知道其字面意义是不够的,要能比较细致和充分地阐释,否则,那些概念就只是苍白的、空洞的。对于一个概念的掌握,也不是一蹴而就的,这需要一个仔细咀嚼、反复揣摩的工夫。我们的用意在于为中小学教师提供一些思想资源。对于这些概念我们这里的解释,并不是权威性的，仍然是探索的和开放的。

我在与中小学教师交往之中发现：许多老师对一些具有理论深度的文章看不懂，重要原因在于对一些概念和术语不熟悉，一些概念和术语成为了他们的阅读障碍。我希望我们的努力能够为广大教师广泛的阅读扫清障碍，并对广大教师进一步丰富、提升学识和修养有所帮助。正如语汇的丰富是心灵世界的丰富一样，概念的丰富就是学识的丰富、思想的丰富，因为概念是构成思想之网的纽结。概念既是思想者劳作的成果，也是我们思考的根据。任何概念都有作为我们认识和理解世界的"视镜"的意义，通过它我们可以看到那些我们视而不见、甚至是浑然不觉的问题，可以对许多问题有更为深入和丰富的体认。因为任何一个事物或任何一件事件的"在场"，都是无数"不在场"的东西的集结点，是无穷联系之网上的一个纽结。

基于对自由而充分的交流的崇尚和倡扬，作为一种写作方式，辞典是一个不错的选择。它简洁明了，借着寻根溯源和解词状物的由头，直截了当地说一点别的文体中需要许多的铺垫才能说的话。这就使得它信息量特别的大，从某种意义上讲，含金量比较高。值得指出的是，这里的一些辞条，其他辞典上早有释义，而我们试图剔除那些意识形态化的话语表达，力图消解由于狭隘的民族意识和狭隘的阶级意识所带来的对于许多问题认识的偏狭和肤浅，在新的时代精神基础上予以重新阐释。正如马克思所指出的："每一种事物都有它的特殊的否定方式，经过这样的否定，它同时就获得发展，每一种观念和概念也是如此。"在建设自由社会的进程中，我们需要以新的眼光审视人类历史，特别是西方近代以来的社会与文明。思想上的拨乱反正和正本清源仍是一项长期而艰巨的工作，它将伴随着我们走进一个新的世界。

加拿大著名后结构主义教育家史密斯（David G Smith）教授认为，“自我理解的真正提高是四重行为的不断递进：向他人开放；与他人交流；某种包含自我更新意味的自我反省；重新与他人交流”。《课程改革通识辞典》也许能够为我们的交流和审视自我搭建一个平台，并激励着我们共同的成长。

张文质先生和我在诸多问题上有广泛的共识，在表述上亦有相近的风格，所以我们决定共同完成《课程改革关键词》的撰写、编辑和出版。张文质先生一直关注教师的成长，特别是对于农村教师处境的改善和成长倾注了许多的心血，带给我许多的感动。我们也希望能以这本小书作为礼物，表达我们对于好学上进、热爱教育的老师们的真诚祝福和相互勉励。

* 本文系《课程改革关键词》一书的《序言》，本书已由福建教育出版社出版。

大胆作文，谨慎出书 95

作文需发人之未发，立意高远，观点鲜明。在我看来，闪烁其词，语焉不详的文字，是令人生厌的。在建设一个开放、民主、自由、法治、多元社会的今天，思想自由、言论自由不仅是我们的权利，也是我们所应有的道义和责任。它不只是写在《宪法》文本中的词汇，而且是每一个公民应该身体力行的道德准则。我把思想自由和言论自由视为高于生命权的一种公民权利，我常说："连真话都不敢讲，活着干什么？"先烈有言："不自由，毋宁死。"很多事情其实并不可怕，就因为很多人觉得可怕，天长日久就终于成了一件可怕的事情。在我看来，连真话都不敢讲的人，是多么猥琐、多么令人不齿，真不知道这样的人活着究竟为了什么。

有必要重申思想自由、言论自由的边界：不得诽谤、诬陷、侮辱他人，不得煽动危害公共安全，不得出卖国家机密，这就是言论自由的底线。思想自由、言论自由理所当然是良善法律框架内的自由。"法律面前人人平等，法律之内人人自由，法律之外没有民主，法律之上没有权威"是法治社会的四条最基本原则。

我偏爱热血文字，偏爱"铁肩担道义"的文字。在建设一个自由社会的进程中，总需要一些人挺身而出去清除那些妨碍民主制度建设的历史遗存的污垢，去揭露强权图谋私利的欺诈，去修正那些不公平的“霸王条款”。

“谎言重复千遍就变成了真理”——当这个世界的声音被强权随意涂抹的时候，善良的人们就容易分不清事实的真相。有鉴于此，我提倡大胆作文，用手中的笔，呼唤公平，匡扶正义，鞭笞丑恶，戳穿谎言，自由交流，达成共识，营造一个自由探索、乐于分享的精神氛围。

在我们今天所处的时代，谁都无法回避这样一个悲剧性的威胁：浸透生命情感的思想日益被技术所取代，个体灵魂的鲜活气息也有从生活中被驱除的危险。为了远离这样的危险，自由交流并彼此激活我们心底潜藏的渴望就是十分有意义的。

其实，每一个人的头脑都像一个仓库，保存你所有见到的、听到的、经历过的记忆，差别仅仅在于每个人都会以不同的方式表达他们的这种记忆。我一直觉得，写作是一种厚重充实而美好的人生经历的表达方式。有品位的人生需要一个后花园，在这里可以低吟浅唱，可以自由地舒展和充分地休憩。独抒性灵的写作无疑是一个不错的选择。假如我们想让自己愉悦，我们就得固执地坚持自己的某些小乐趣，留守一份美丽，并心安理得地接受其中的缺憾。

一些所谓的学者，出过不少书，却从来没有真正地写作过。出版一本书，对于一些人来说，是很容易的事情。而要凑够字数，也很容易。人们随处可见“字数不够，胡编乱凑”的无病呻吟。正因为容易，就需要格外地谨慎。这是对读者负责，同时也是对自己负责。粗制滥造，只能留下骂名。粗制滥造将败坏读者的阅读胃口，降低他们对于阅读的期待，徒然耗费别人的生命，无端浪费社会的资源，进而延误社会文明化的进程，可谓是罪莫大焉，所以我提倡谨慎出书。

我不想和任何人作对，我只是希望以我个人的方式，对推进中国法治化、民主化的进程做出我的一点努力。我自觉地做思想启蒙的工作，其对象主要是中小学老师。我希冀着他们在我们孩子的心中播撒民主、自由、公正、平等、人权、博爱、宽容的种子。因为如果一个社会是不好的，那么，这个社会中的人们绝大多数都不可能生活得幸福。唤起人们的社会意识，努力去建设一个好的社会，对于我们这些"获得多于付出"的人是责无旁贷的。

今天在中国教育界，教育随笔的写作已渐成气候。随笔——从经济学角度来看，这是高投入、低产出的活儿，写随笔者可能多少得有点这样类似于堂·吉诃德的精神。可令人欣慰的是，许多中小学教师的教育随笔写得非常之好，有真情，有实感。在我看来，随笔是中小学教师表达自我最合适的文体，因为自己的一段经历、一丝感触、一撮悲欢、一星冥想、一缕哲思、一点体悟……往日的凄惶、今朝的欢欣、未来的畅想、海天之阔、芥草之微，都可以成为随笔写作的素材，所思所想没有不可形诸笔端的。而我更愿意将我的写作定位在学术随笔上。台湾诗人兼学者余光中先生说过：写学术随笔要"功力深厚，且为性格、修养和才情的自然流露，完全无法作伪"，学术随笔说到底是要"反映一个有深厚的文化的背景的心灵"。我试图对教育学领域中最基本的主题用随笔的文体作一个系统的表述，这就是《教育的理想与信念》和《教育的智慧与真情》所力图体现的我的追求。

跋

想大问题　写小文章

所谓大问题，就是那些与人类文明的发展密切相关的问题，比如，什么是理想的社会？为什么美国会成为世界上最发达的国家？中国落后的原因何在？人类将面临着一个怎样的未来？

我们的思想需要一种"问题意识"。人类思想中总有一些"不能解答而又无法摆脱的"问题，虽然人们没能解决该问题，但该问题却不断地滋养着后世的思想。比如，究竟有没有神灵？什么是有意义的人生？我们是如何认识世界的？

我们教育中的大问题包括我们究竟应该为一个怎样的社会培养怎样的人？"理解"究竟是怎样的一个过程？什么是真正的学习情境？象形文字会不会妨碍抽象思维的发展？等等。

想大问题会使得我们超脱俗世的名缰利锁，使得我们超越琐屑和平庸，使我们从根本上确立起对世界与人生的态度；而写小文章能够培养我们的一种趣味，一种注重细节、精益求精的品质，一种细致思考的习惯。

作为思想者，关注的问题大致有两类：一是人类社会生活中永恒的问题，比如成功，比如幸福，比如公正和自由，每一代人都需要对这些问题作出回答；另一类是每一个时代面临的独特问题，比如今天中国面临的政治民主化的问题。对于这两类问题，我的思考都有所涉猎。我更试图对教育领域中一些大问题作系统的思考，并用随笔的文体表达出来，比如教育的存在形式、教育的精神元素、什么样的人是受过教育的人等等。

华东师范大学出版社和四川教育出版社的朋友非常恳切地希望我的作品在他们工作的出版社出版，令我心存感激。这两家出版社都是国内出版教育图书一流的出版社，有非常专业的出版队伍和很好的图书营销网络。只是三年前，我和岳麓书社的丁社长有约在先。岳麓书社是出版古籍的专业出版社，出版教育图书是对我的特别照顾和优待。

我曾问岳麓书社发行科的易言者科长影响图书发行量的最主要因素是什么，他非常诚恳地告诉我“图书的内在质量”，这个答案，对我来说也是一种警醒和鞭策。

《教育的理想与信念》一书出版后，在浙江金华师范附小、在江苏吴江盛泽小学、在翔宇教育集团、在武汉常青第一小学、在荆州江陵中学、在深圳华侨城小学、在成都实验小学……在许许多多的学校，他们将其作为校本培训的教材，有许多老师写出了几十篇读后感，有着太多的令我感动的故事。这对我也是一种激励和督促。

古人讲，“与今人相处时日短，与后人相处时日长”，高品质的为文为学是需要一点历史的眼光的 。每一个人都不过是人类历史长河中的匆匆过客，我能够为后人留下点什么，这也是我经常反身自省的问题。

对于自己真正付出了心血的文字，会有一种特别的珍惜。尽管今天出版已成为一件并不困难的事情，但对于精心之作仍会有一种“敝帚自珍”的感觉，这就是所谓的“一份耕耘，一份收获”。

能够写作的人是幸福的，能够将作品付梓的人是幸福的，我衷心地希望有更多的老师能够成为这个群体中的一员。

感谢刘铁芳教授在百忙之中为本书作序。他也是中国教育学界我最为推崇的青年才俊，他作为诗化教育学的倡导者和实践者，与我有着非常一致的追求。他用心地做着每一件事情，他去年出版的《生命与教化》和《守望教育》都是非常优秀的教育著作。感谢李澄女士为本书插图，感谢岳麓书社的丁双平社长的辛勤劳作，感谢所有给予我鼓励和帮助的亲人、师长和朋友，愿这本书能够带给他们阅读的愉快。

肖川

2005 年除夕于北京。

附录

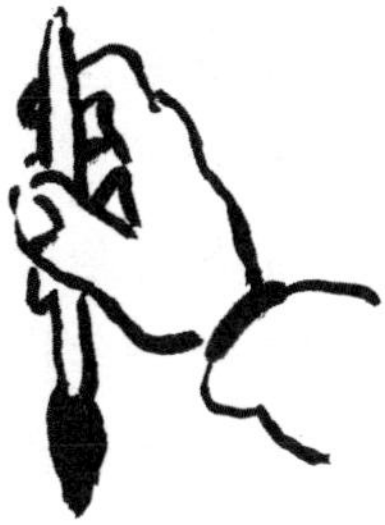

作者主要著作：

1.《教育与文化》，湖南教育出版社，1990 年。

2.《中国秦汉教育史》，人民出版社，1994 年。

3.《世界近代中期文化教育史》，中国国际广播电视出版社，1996 年。

4.《主体性道德人格教育》，北京师范大学出版社，2002 年 6 月。

5.《教育的理想与信念》，岳麓书社，2002 年 6 月。

6.《教育的视界》，岳麓书社，2003 年 1 月。

7. 《教师：与新课程共成长》，上海教育出版社，2004 年 8 月。

8.《课程改革关键词》，福建教育出版社，2005 年 3 月。

9.《办好学校的策略》，南京师范大学出版社，2005 年 3 月。

10.《教育的智慧与真情》，岳麓书社，2005 年 3 月。

作者学术演讲主题：

1. 教育必须关注完整的人的成长

2. 理解“教育”的关键词和核心命题

3. 生命教育的价值、目标与策略
4. 透视基础教育课程改革
5. 新课程中的教与学
6. 教师的学习与成长
7. 办好学校的三大支柱
8. 以务实的精神对待学校德育
9. 教育的方向和方法
10.为了孩子幸福的人生

图书在版编目(CIP)数据

教育的智慧与真情/肖川著. —长沙:岳麓书社,2005.3(2021.7 重印)

ISBN 978-7-80665-581-8

Ⅰ. 教…　Ⅱ. 肖…　Ⅲ. 教育—随笔—中国—文集　Ⅳ. G52-53

中国版本图书馆 CIP 数据核字(2005)第 015525 号

JIAOYU DE ZHIHUI YU ZHENQING

教育的智慧与真情

作　　者:肖　川

责任编辑:张铁燕

封面设计:刘　峰

内文设计:刘　峰

漫画绘制:李　澄

岳麓书社出版发行

地址:湖南省长沙市爱民路 47 号

直销电话:0731-88804152　0731-88885616

邮编:410006

版次:2005 年 3 月第 1 版

印次:2021 年 7 月第 2 版第 12 次印刷

开本:890×1240　1/32

印张:11.75

字数:218 千字

印数:95 501—99 500

书号:ISBN 978-7-80665-581-8

定价:38.00 元

承印:长沙鸿和印务有限公司

如有印装质量问题,请与本社印务部联系

电话:0731-88884129